国学百家

经史诗词卷

广州市文化馆 编

广州新华出版发行集团
广州出版社

图书在版编目（CIP）数据

国学进百家．经史诗词卷 / 广州市文化馆编．—广州：广州出版社，2020.11
ISBN 978-7-5462-2936-2

Ⅰ．①国… Ⅱ．①广… Ⅲ．①国学－普及读物 Ⅳ．①Z126-49

中国版本图书馆 CIP 数据核字（2020）第 113069 号

国学进百家 经史诗词卷
Guoxue Jin Baijia: Jingshi Shici Juan

出版发行　广州出版社
（地址：广州市天河区天润路 87 号 9、10 楼
邮政编码：510635
网址：www.gzcbs.com.cn）
封面题字　周春健
责任编辑　李素娟
责任校对　张　苹
排版设计　赣州神雕科技有限公司
印　　刷　广州小明数码快印有限公司
（地址：广州市天河区高普路 83 号 B 座 C5 号
邮政编码：510520）
规　　格　787 毫米 ×1092 毫米　1/24
印　　张　14.25
字　　数　280 千
版　　次　2020 年 11 月第 1 版
印　　次　2020 年 11 月第 1 次
书　　号　ISBN 978-7-5462-2936-2
定　　价　48.00 元

序　言

党的十九大报告指出，要深入挖掘中华优秀传统文化蕴含的思想观念、人文精神、道德规范，结合时代要求继承创新，让中华文化展现出永久魅力和时代风采。2016年以来，顺应国家弘扬传统文化的大势，广州市文化馆在多所高校和科研机构的学者的支持下，开办了面向广大市民的“国学讲堂”，从身、心、灵三个层面引领市民深入学习正统的传统文化课程，含英咀华，返本开新，努力实现文化馆在新时代的新愿景——“以德润身，以文化人”。

2016年4月，广州市文化馆策划并启动了国学系列课程。2017年，著名学者冯达文教授率领的中山大学禅宗与中国文化研究院团队在深入了解课程情况后，加盟指导，和文化馆一起精心设计课程，延聘高水平师资，汇聚了中山大学、华南师范大学、暨南大学、华南农业大学、深圳大学、广州社科院等机构的专家，以多种形式阐扬经典、分析哲理、解答疑惑、传授技艺，使整个国学课堂的规模不断扩大，内容不断创新，品质不断提升。课程深受广大国学爱好者、修习者的喜爱：2016年，授课141场，参与市民7530人次；2017年，授课179场，参与市民13422人次；2018年，授课达277场，参与市民已逾15000人次。

授课内容以国学专题讲座和经典研读为主，加入琴棋书画、太极拳、茶道、美学等内容，动静结合，修养身心，向市民全面传授传统文化的精髓。

家庭是社会的细胞，共同学习、彼此勉励是最好的家风。为夯实国学教育的基础，将普及与提高落在实处，在市民个人得到提升、走向完善之时，也需要让优秀传统文化走进更多家庭，满足更多家庭的需要。我们正在推进和落实从修身到齐家的“斯文在兹——经典与新六艺进百家计划”。

为了配合这个项目的推进，总结这三年来的经验，展示国学讲堂的教学成果，我们在老师们的讲座实录的基础上，整理出了这本凝聚古人智慧、老师心血和听众心声，可供学员随时温习的综合性读本——《国学进百家：经史诗词卷》。全书采用通论与例证相结合的形式，分为总论、经部、史部、诗词四个部分，兼顾学术性、普及性及可操作性，希望能达到开卷有益、掩卷有思、思而有悟、悟而有行、行而有得的效果。

正如一些学员所说：“将浩瀚的国学知识，结合专家学者的导读，把生活各个瞬间的心得转化成一个个知识点，用心记录下来、传承下去，就是最好的生活方式。”

诚然，“斯文在兹”，文化既要在自己身上传承，也要传递给家庭的每一个成员。让我们共同学习、分享、切磋、践行，为促进真正的智慧“回家”贡献力量。

编者

2020年6月

史部

诗词

目录

总论

经部

| 国学进百家·经史诗词卷 |

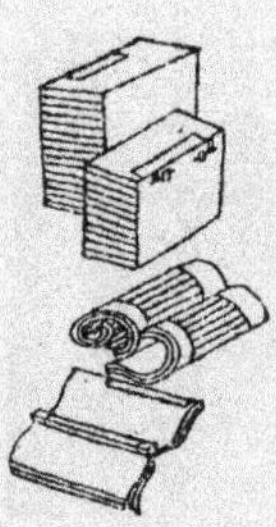

总论

孔孟儒学的生命智慧及其对国民性的影响

□中山大学哲学系　冯达文

国学这个词，可以追溯到春秋战国时期，当时有一本书叫作《礼记》，里面就有“国学”的提法了。但是《礼记》中的国学，主要指国家的学校——太学。太学教的是什么呢？教的是“六经”，就是《诗》《书》《礼》《乐》《春秋》和《易经》。我们现在讲的“国学”，已经不是原来意义上的国学了，它主要指中国传统的学问。西方的思想文化传进来以后，为了与西学相区别，我们把中国传统的学问称为国学，包括中国传统的哲学、宗教、文学、艺术等。它体现了中国人独特的思想信仰、治国理念、精神追求和生活方式。国学的范围是比较大的。

我们一般更重视的是传统的哲学和宗教，因为中国古人的精神教养、思维方式、价值追求，都是通过哲学和宗教来凝练和提升出来的。也就是说，中国人的国魂（即中国人的国民性），是由中国古典的哲学和宗教凝练而成的。这个“魂”是中国人的特质和价值信念，在中国历史上曾创造了无数的辉煌，包括汉、唐、清的盛世繁荣——汉代的“文景之治”、唐代的“贞观之治”和清代的“康乾之治”。中国古代这些辉煌、灿烂的历史都跟中国人的国魂有关系，是由其指导、支配并开辟出来的。汉代虽然人口只有几千万，但它的宫殿面积却相当于紫禁城的二十几倍，这是多么的宏伟。唐代长安的面积，相当于它现在面积的六倍以上，那也是非常壮观的。这些成就都是我们的国魂所缔造出来的。近代以来，由于西方的入侵，我们的国家也曾经衰落过。于是，许多人对我们的国魂产生了怀疑。经过了一百多年的磨难，从20世纪的下半叶开始，我们国家又得到振兴。我们的成就，已经引起了世界的瞩目。现在许多国家的人们重新掀起了学习汉语的热情，因为他们看到中华民族在振兴。随着中华民族的振兴，中国的国魂也会受到更多的关注。所以，作为中国人，学习我们传统的思想文化，是一件非常重要的事。

从思想文化的角度来看，缔造中国国魂的，主要可以归结为四大思想流派：一是儒家，二是道家，三是法家，四是佛家。我们的国魂，或者说中华民族的精神教养、思想信仰，主要就是由儒家、道家、法家、佛家共同缔造的。

在这几家当中，儒家跟法家属于正面建构，对于社会、人生、治国都有正面建构的意义，或者提供一种正面建构的理论；道家跟佛家是从批判、反省的角度来切入问题的。一个是正面建构，一个是批判、反省，这就构成了中华民族思想信仰的一种张力。在正面建构当中，儒家从道德理想方面来建构，而法家从现实主义的角度来建构。一个是理想的，一个是务实的，这也构成了一个张力。可以说，中华民族的精神文化就是由这样的两重张力共同营造的。儒家跟法家是正面建构，是入世的；道家跟佛家批判反省，是出世的。这样一重建构所塑造的中国传统知识分子（或者说知识分子的基本原则），就是以出世的精神做入世的事业。所谓出世的精神，就是不要过分看重名誉，不要过分看重利益，要淡泊名利。但是，如果只讲淡泊名利，不讲入世担当，就会走向虚无主义。所以，要讲出世，也要讲入世。如果入世没有出世的精神作为支撑，就可能会迷失在对名利的追逐之中而不能解脱。所以中国传统知识分子很强调要以出世的精神来做入世的事业。这是传统知识分子基本的人格精神。而这正是由正面建构和反省批判这种张力构成的。

另外一种就是儒家的道德理想和法家的务实精神的张力。它构成了中国古人处理事情的方式，叫作"极高明而道中庸"。"极高明"就是有远大的理想，要在远大理想的引领下去做事。但是如果光有远大的理想，没有切实的功业，没有在日常的事务中做具体的努力，也是不行的。所谓"道中庸"就是回归日常，在具体事务上贯彻远大理想。这就叫"极高明而道中庸"。所以我们能看到，儒家、道家、佛家和以法家为代表的经世致用思潮，共同构成了中国传统的思想文化，或者说中国的国魂。我们就是要通过学习来了解这些思潮是怎样建构我们的国魂的。在这个过程中，我们自己的精神也会得到陶冶。

我今天讲的主要是儒家，以孔孟的智慧为主要内容，分三个方面讨论：第一个是孔孟原创儒学的根基是什么？第二个是从比较文化看儒学有什么样的独特意义？第三个是儒学对中国人的国民性建构有什么影响？

一

孔孟原创儒学的根基

在讲孔孟儒学之前，让我先简单介绍孔子和孟子。孔子姓孔名丘，出生在春秋末期，是山东曲阜人。他的父亲是一个没落的贵族武士，力气非常大。但是孔子出生得比较晚，对父亲基本上没有什么印象，是由母亲抚养长大的。孟子名轲，生活在战国中期，出生在现在山东邹城。孟子也是由他母亲抚育长大的，他继承了孔子的思想。

孔子曾短暂地做过鲁国的官，后因遭受排挤，以授徒讲学为主业。孟子也授徒讲学，主要向学生传授五经。从他们的个人经历不难看出，他们主要是教育家。后来，孔子被尊称为圣人，孟子被尊称为亚圣。

作为教育家，他们为什么会影响中国传统思想文化，而且这种影响持续了2000多年，我觉得这是非常值得研究的。孔子、孟子是依据什么来创立儒学的？他们所依据的这些东西为什么会对后世产生这么大的影响？这也是非常值得研究的问题。

要研究这些问题，我们首先要研究孔孟所创立的儒学的基本特点——以道德理想来从事社会人生的正面建构。他们的道德理想又是怎么出来的呢？为什么这种道德理想在建构社会中有如此重大的意义？我们首先来谈这个问题。

研究这个问题，我们还是要回到春秋战国时期的社会背景。春秋战国是一个非常动荡的时期。社会的动荡，最初是由生产力的发展引起的，也就是铁器的发明和牛耕技术的出现。在周朝以前，是石器时代，人们所使用的工具是石头。虽然也有铜器的发明，但主要是用来做兵器和祭神用的器皿，很少用来做生产器具，因为铜器比较软，不适合做生产工具。但铁器不然。春秋时期发明了铁器，而且发明了牛耕技术，一下子把生产力提高了。生产力的提高意味着社会财富的增加。财富的增加使人们的财产状况发生了巨大变更：有的人掌握了先进的生产工具，就富裕起来；有的人没有掌握先进的生产工具，就逐步破产了。财富的增加使有的人吃不完、用不完，就把剩余的东西拿去卖。商业的发展使人口的变动加大。人口的变动和财富的变化进一步就会带来社会结构的变化。

原来社会的结构是氏族制，氏族是一个基本的单位，国家也是以氏族为单位进行管理的。国家要征收赋税，要征收劳力、兵马，都是以氏族为基本单位来进行的。但是，随着社会结构的变化、人口流动的增加，以氏族为单位来管理必然是不行的。所以春秋时期，管理的形式改成了郡县制，就是以地域划分为基本单位来进行管理。这是社会结构变化所带来的管理方式的变化。管理方式的变化进一步又会带来人才选拔方式的变化。在氏族制社会中，人才的选拔是由氏族长老来决定的。郡县制由于打破了姓氏的界线，所以，人才只能通过荐举的方法来进行选拔。

在战国时期，伴随着财富增加的更是人们欲望的扩张，欲望的扩张就好像打开了潘多拉的盒子，各种各样贪婪的欲望都被释放出来了。为了满足自己对土地、人口、财富的欲望，人与人之间，家族与家族之间，国家与国家之间，发生了激烈的争夺。面对这种争夺，人才当然就更加重要了，对人的才能的重视就更加突出了。所以我们看到，在战国时期，各种纵横家，他们讲的都是权术，根本不重视道德。由于整个社会只重视财富，只重视人的才干，而人才的竞争又加剧了整个社会的竞争，所以，整个战国时期，人心、人性都在堕落。这种堕落，比较一下春秋时期的社会风气和战国时期的社会风气就会看得很清楚。

春秋时期，人很讲究教养，很讲究才情。士大夫、君子之间的交往，都是通过赋诗的方式开始的。人们通过赋诗看到对方很有风度和才情，就会与对方成为很好的朋友。国与国之间的交往也是通过赋诗的方式来切入的。两个国家之间如果发生争端，甚至发生战争，只要你派一个很有风度的使者去谈判，战争往往就会化解。春秋时期有个叫韩宣子的出使到郑国，他在离开郑国之前，郑国的六卿（六个部的部长）摆了酒宴给韩宣子饯行。韩宣子说："请每人赋首诗，我看看你们的志向是什么。"郑国的六卿每个人都赋了一首诗，赋的都是《诗经·国风》中关于郑国的诗歌。可见当时的人是很讲究才情、很讲究风度、很讲究教养的。这种风气在中国传统社会一直都存在，只是春秋时期表现得特别突出。这是一种贵族的精神教养，他们不看重功利的争夺。

但是到了战国时期，整个社会风气就不同了。功利和财富的争夺占据了社会的主导地位。战国的末期，有个叫韩非子的思想家，认为当时的社会中，人际关系是一种"互市"的关系，即人与人之间的关系是市场上的买卖关系：做国君的如果要给某人高官厚禄，不是看这个人是否忠心，而是看他有没有用。大臣为国君卖命，也不是因为他很有道德，而是因为如果不卖命就得不到高官厚禄。韩非子还举例，做轿子的都希望大家很有钱，这并不是因为他心肠好，而是如果大家没有钱，轿子就卖不出去；做棺材的希望人们快点儿死，这也不是说他的心肠很黑，因为如果人不快点儿死，棺材就卖不出去。这是“利之所在”。当时的社会风气就是这样。

我们知道，秦朝有个很出名的丞相叫李斯，李斯和韩非是同学，他们都跟荀况学习传统思想文化。李斯学得差不多了以后，告别老师说：“老师，我家里很穷，这是我的耻辱，我觉得非常不光彩。所以我一定要去谋一个官职来改变我的地位。”后来他到秦国去了，因为很有才能，被秦王嬴政看中了，他辅助嬴政统一了六国，建立起秦朝，后来做了丞相。做了丞相以后，他觉得自己的功劳很大，可以过很豪华的生活。有一次，秦王在一个山腰上看到有一队很豪华的车马从下面经过，就问他身边的卫士，那是谁的队伍。他身边的卫士告诉他，这是李斯丞相的车马。秦王就很不高兴。过了一段时间，秦王又看到李斯的车马了，但这次却变得非常俭朴。嬴政知道是他身边的卫士向李斯告了密，所以李斯才改变了作风。秦王觉得他身边的卫士不可靠，所以把身边的卫士全部杀掉了。那个时期人与人之间的关系，国君与大臣之间的关系就是这样，互相猜忌，互相不信任。

春秋时期人们绝对不会这样想，你看孔子的学生颜回，即使只有一碗简单的饭、一碗淡淡的汤水，只要有书读，他就很快乐。

当时，孔子和孟子已感受到社会风气的逐渐败坏，感受到了人心在堕落，人性在堕落。怎样救心救世？这就成了他们思考的主要问题。非常有趣的是，孔子、孟子所面对的问题，也是同一个时期世界几个文明古国所共同面对的问题。这一时期，所有的文明都面对同样的问题：随着社会格局发生巨大的变动，人心、人性发生了巨大的变化。古希腊、古罗马，还有古中东、古印度，这时都处在社会的巨大变动中。这个变动很可能跟铁器的发明有关系。铁器的发明，一方面是生产工具的升级，同时也是武器的升级。用铁做武器，在战争中是非常有利的。

虽然世界文明古国的圣贤都感觉到需要救心、救世，但是运用的方式却大不相同。

古犹太与古印度的圣贤们把救世、救心的希望寄托在神、佛的身上。古犹太人创立了犹太教，在犹太教基础上又发展出了基督教，他们都相信有上帝，相信上帝是全知全能的，可以拯救世人；上帝为了拯救世人，为了为世人赎罪，派了他的儿子耶稣基督下来，耶稣基督以自己的献身来为人类赎罪。这是在古中东形成的一个信念，是以色列人的信念。他们把希望寄托在上帝身上。古印度是寄希望于佛陀。他们认为，人类之所以会遭受种种的灾难，是由于人类有很多欲望；欲望导致争夺，有争夺就会有罪行。为了得救，人类需要减杀欲望，甚至弃去肉身，这样在下一世就会得救。

另外一种救世方式是古希腊的认知理性的方法。古希腊的圣贤们认为只要多讲理性，多接受一些知识的训练，就可以认同一些共同的道德信念，整个社会就会变成一个有道德的社会。这样，社会就会获得安宁。

跟这些古代文明国家所走的道路相比，中国的孔子、孟子所开创的道路是非常不同的。孔子和孟子走的不是信仰的道路，也不是知识理性的道路。他们认为，我们不需要找神、找佛，也不需要诉诸所谓的知识建构，人世间的情感就可以起到自救的作用。他们是回到世间的情感中来思考问题的。

为什么孔子和孟子会觉得世间情感可以成为救世的起点和基础呢？有什么根据呢？他们的根据是，我们每个人都生活在一个家族里面，家族里自然就会有一种亲亲之情。我们每个人都知道亲爱自己的父母，亲爱自己的亲人，父母也会亲爱自己的子女。这种情感是天然就有的。凭着这种情感，我们每个人就可以走出自我，走向他人。《论语》中孔子讲的都是很平常的话，许多时候在谈家族、亲族的情感问题。孔子说："父母在，不远游，游必有方。"父母健在的时候，不要走太远，如果要去远的地方，就要告诉父母自己在哪里。孔子又说："父母为其疾之忧。"这句话有两种解释：一种解释说，父母最牵挂儿女有没有病痛；另外一种解释是，儿女最牵挂的是父母有没有病痛。所以我们外出，要及时报平安。这虽然是很平常的事，但其中渗透了我们的亲亲之情。这个亲亲之情其实是我们每个人都有的，我们都会关爱父母，关爱子女。这个关爱就表示我们已经走出了自我，走向了他人。

我们不仅会关爱自己的亲族，而且也会关爱社会中的其他人。孟子就讲了一个例子来说明这一点，这个例子成了后来的学者们经常讨论的一个问题。一个小孩，差点儿跌到井里去了，我们每个人第一个念头是，很危险，赶快去拉他一把。这时，我们并没有想到这样做会讨好他的父母，会获得左邻右舍的称赞。当我们按着后面的这些想法去救他时，就落入了功利的圈套，那是不纯粹的。我们最纯粹的念头就是，他是人，他是生命，我们要去救他。这是普遍人性，这人性是我们每个人都有的。从这里可以看到，我们每个人都会有关爱他人的一种本心。而且，在孔子和孟子看来，不仅是平常的人会有这种关爱他人的一种本心，即使是犯罪的人也还是有良知的。明代有个官员，有一次他抓到一个强盗，开始审讯他："你把别人辛辛苦苦赚来的钱财抢走了，良心上过得去吗？"这个强盗不承认人有良心，说："这个年头，谁还讲良心？"他跟这个官员争吵起来。当时天气很热，这个强盗问："可不可以脱衣服？"官员说："可以，你脱吧。"最后，强盗只剩下一条裤衩没脱。官员就问："你裤衩怎么不也脱了呢？"强盗说："那样不太好吧。"这个"不太好"就是他的良知。这在儒家叫作"以日用现在指点良知"。你看，这个罪犯也是有羞耻感的，他还是考虑到了他人的存在，这就是人的良知。所以，一个犯罪的人本来也是有良知的，只不过这种良知被后来的功利心淹没了。正是凭借这一点，孟子才说人在本性上是善的。他说："恻隐之心，人皆有之；羞辱之心，人皆有之；辞让之心，人皆有之；是非之心，人皆有之。"这四心是人皆有之的，所以人在本性上是善的，在根底上是善的。这就是孟子的性善论。

孔子和孟子通过发掘人世间的情感，找到了可以救心救世、走出自我、关爱他人的一个基本力量。当孟子把人的这种亲亲的情感、关爱他人的情感赋予一种人性的意义的时候，就意味着人走向道德、走向善良是必然的，因为人的内在本性就是这样的。人走向犯罪和堕落是偶然的，是外在因素的影响导致的。所以，孔子和孟子对人充满了信心。在孔子和孟子看来，人要成为一个有道德的人其实并不难：只要把自己内在的善良本性发挥出来，推广出去，就一定会成为一个好人、一个有道德的人、一个高尚的人。所以孔子说："己欲立而立人，己欲达而达人。"自己要做成什么事，也希望别人做成同样的事。孔子说："己所不欲，勿施于人。"自己不想得到的，也不要把它强加给别人。这就是好人。

孟子在孔子这个说法的基础上，进一步发挥为："老吾老以及人之老，幼吾幼以及人之幼。"我们不但应该把自己的老人当老人那样去尊重，也应该把别人的老人当老人那样去尊重；我们不但要把自己的小孩当小孩去爱护，也要把别人的小孩当小孩那样爱护。这就是"仁爱"，人的修养其实就应该是这样的。至于治理一个国家，做国君的，做大臣的，做到"以不忍人之心，行不忍人之政"，就会将国家治理得很好。孟子曾经就这个事情和齐宣王进行过讨论。齐宣王说他总觉得仁义不能够治国，而且，他总是觉得，人性是否是善的，这还是个问题。孟子就问齐宣王：您曾经看到厨师们正拉着一头牛从下面经过，您询问拉这头牛去干什么。厨师说，拉去宰了给您吃。您看着很不忍，就说不要宰牛了，换一头羊吧。既然您对从眼前经过的牛都有一种不忍之心，您对人肯定更有不忍之心，所以，您的本性是善良的，您可以行仁政。以不忍之心来行不忍之政，这样就可以使天下大治，可以建设一个理想的社会、一个有道德的社会。这是孔孟的一个基本理论架构：从开发人的情感的角度来讨论人如何救心、整个社会如何救世的问题。

二

从比较文化看儒学的独特意义

我们应该怎么样来评价孔子和孟子这样的思想理论呢？我们还是要从比较文化的角度来讨论问题。这是我们要讲的第二个问题。

我刚才说过，世界各个文明古国，在面对同样的社会动乱时所走的道路是不一样的。古希腊所走的道路就是多学点儿知识，理性一点，他们认为这样就可以救世。但是实际上，多学一点儿知识，更理性一点，并不一定能够让人成为一个有道德的人。有时候知识越多，可能他的诡计就越多，他错得就越厉害。所以这条路子，在西方的历史上一直有争论。有知识和有道德，其实根本是两回事。这条路子不一定能成功。另外一条路子就是寄托于信仰。寄托于信仰的路子，能够成就人的超越追求。从成就人的道德角度来讲，宗教信仰的功能是无可怀疑的。从这一点上说，它跟孔孟的思想有相似的价值。但是，宗教信仰有它的难处。这些难处我们可以概括为这样几点：

第一，宗教信仰的族群性问题。一种宗教信仰总是跟一定的族群相联系。信基督教的，不信犹太教。信犹太教的，不信伊斯兰教。不同宗教信仰之间的互相排斥非常厉害。我们看到，犹太教、基督教、伊斯兰教本来是同一个来源的，都认同几个共同的先知。但是，到今天，这三种宗教之间的冲突仍然非常厉害。因为宗教信仰是跟一定的族群相联系的，虽然在信仰的本族内它可以让人们获得超越，但是，它不能具有普遍的意义。它的普遍性是一个问题。

第二，宗教信仰的实存性问题。所谓宗教信仰的实存性，是指每一个宗教都认为自己信仰的神是真实存在的。有一年我在美国，认识了一个基督教徒。他跟我说，《创世纪》里面讲的上帝用六天的时间创世是可以用科学来证明的。可见，宗教都把自己所信奉的神及其创世看作实实在在存在的，这就经常会遭到科学的挑战，科学的挑战所带来的就是信仰的恒久性问题。所以，宗教信仰的这个难题也是比较难解决的。

第三，宗教信仰的彼岸性问题。无论是基督教、犹太教、伊斯兰教，或者是佛教，都把自己信仰的神和最终归宿放到了跟现实生活完全分隔的彼岸。他们认为，人生来就带着肉身，就有欲望，所以会堕落。要回归彼岸，要获得神的拯救，就一定要消灭人的欲望。这种宗教信仰的彼岸性所带来的问题，就是不够人性。它太强调神性了，对人性本身的关注不够，不能够回归到现实的日常生活中来。这也影响了宗教信仰的普遍性。

第四，宗教信仰的偶然性问题。许多信徒都会说，我之所以信神，是因为我获得了神的灵召，所以才成了信徒。但并不是每个人都有这种机会的。用宗教信仰来救心、救世，也有困难的。

相互比较起来，我觉得儒学是非常独特的。它回到日常，回到世间来思考问题。在日常生活中，每个人都离不开亲族，这是无法改变的。我们每个个体都离不开亲族，在日常的真实生活中便都有亲亲之情。这是我们真实的情感，是人人也都有的。而且，我们不仅离不开亲族，也离不开社会他人。人跟动物不同，人需要生产才能够获得生活资料，而人一定要结成社群才能够从事生产。我们每天吃的、用的，都不可能离开他人。我们从每天吃的、用的当中，就可以体会到他人对我们的意义。这亦是我们真实的生活。在真实生活中，我们都会感受到他人对自己生命成长的意义，都会感受到他人对我们的爱。同时，我们也经常会有爱的冲动。从父母的每一句话中，我们都会感受到父母对我们的爱；从他人、朋友平常的一声问候中，我们也会感受到关爱。而且我们也希望爱别人，只是有时候由于羞涩，或者出于别的考虑，我们不能够表达出来，但人都是有这种爱的。所以，在真实生活中，每个人都会有一种真实情感自然流露出来。这种真实的情感是靠我们的感受来体认的。我用“感受”这个词，它的意义在哪里？我们需要用身体来感受，我们使用的词“切身体会”“设身处地”都是讲身体的，因为有身体才能感受。这意味着在感受中是有“我”的，不需要去掉“我”。从我的感受出发，同时感受到他人对我的意义，既承认有我，又走出自我。这和宗教是不一样的。宗教是不讲“我”的，是要去掉“我”的，它认为只有这样，我们才能够获得神的救赎。二者相比较，在儒家这里，不需要求助过分虚无缥缈的神的伟力，也不需要追逐过分复杂的理论建构，通过感受，我们就能够很自然地走出自我，走向他人，走出功利，走向道义，从而使我们的灵魂甚至社会获得拯救。通过开启、激发我们的情感，或者说通过点化我们内在生命的光明面来使我们获得拯救，这是孔孟建立原创儒学的一个基本特点。当今世界一些有识之士认为，世界要获得拯救，必须运用2000多年前的孔子思想。从这个意义上来讲，孔子是伟大的。特别是当神的存在性受到怀疑的时候，孔孟原创儒学所提出的回归日常生活和日常情感来救心救世，应该说是一个有独特价值的思想体系。

三

儒学对中国人的国民性建构的影响

那么，孔孟原创的这样一个独特的思想价值体系是从哪些方面影响中国人的国民性的？它所铸造的中国魂、中华民族的文化精神是怎样的呢？这是我们要讲的第三个问题。

如上所说，孔孟儒学立足于世间情感来建构价值体系，既不同于古希腊的理性主义，也有别于古中东、古印度的信仰主义。但其实也可以说，它既有理性的一面，又有信仰的一面。孔孟儒学是立足于世间情感来寻找救心救世的力量的，这就体现为理性；在世间被孔孟认可能作为救心救世的力量的，不是知识、技艺，而是情感，这又是从价值层面而言的，就情感不必受制于理性的意义上说这种价值亦可被视为属于信仰范畴。由此，孔孟创建的儒学传统，便显示为在理性与价值信仰之间既获得平衡又保持张力的一种独特传统。如果说，儒学在很大程度上铸造了中国人的国民性，那么这种国民性也可以被认为是一种在理性与价值信仰之间保持平衡与张力的独特品性。在孔孟创建的这一传统中，由于价值信仰经过理性的洗礼，便不至于过分地走向狂热与迷失；而理性有着价值的守护，又不至于过分地工具化与功利化。这便体现着理性与价值信仰的一种平衡。孔孟创建的儒学传统有时会向理性偏斜，如孔孟儒学初创之际更多地关涉人这一主体的情性而对外在客观“时命”未能做出很好的回应，于是有荀子往知识理性方面的展开；有时又会向信仰偏斜，如鉴于知识理性导向的过分工具化、功利化所引发的价值缺失，于是有董仲舒往神学信仰方面的延伸。这两个方向的偏斜便体现为理性与价值信仰之间的一种张力。有了这种张力，儒学在后来的发展中又得以呈现出更广泛的包容性，如荀子的理性主义倾向，就是吸纳了道家与名辩思潮的思想因素而完成的；董仲舒的信仰主义倾向，则是吸纳了阴阳五行说的宇宙论而构筑的。儒学在历史上很少发生对其他思想信仰的极端排斥，中国在历史上亦很少爆发较大规模的宗教战争，既便因经济政治上的原因出现过割据的局面，却最终都会走向统一，这都体现了儒学及其所铸造的国民的广泛包容性与认同感。就儒家学说而言，它恰恰是通过不断消融不同时期不同学派的理论，使自身朝着不同方向得以最大限度地展开，从而确保了儒家恒久的生命力。

可见，儒家的学问与思想体系值得我们好好研究，它营造的价值体系值得大家好好守护与珍惜。当然，我们也需要面向现代社会的巨大变迁，对儒家传统做创造性的新诠释。

『流年碎影』『自得于心』

——漫议儒学与现代家庭生活

□中山大学哲学系 周春健

一

众所周知，儒学是对中国古典社会产生了极大影响的思想学说，无论在修养个人心性方面还是在奠定社会秩序方面，均发挥过重要作用。那么，传统儒学在现代社会究竟以一种怎样的方式生存并发挥作用？这是一个值得深入思考的问题。

谈到我个人对于儒学与现代家庭生活的思考与践行，首先应当从我自己的成长环境说起。先父云亭先生曾任中小学教师多年，又曾供职于山东省阳信县地名普查办公室，于文史、书画、中医、音乐等领域皆有不凡修养。犹忆幼时，经常聆听先父给我及姐姐们讲授书画、戏曲知识，并经常拿传统经籍中的名言警句训导我们晚辈。至今铭记心中者，诸如“出必告，反必面”“事父母几谏”“父有争子，则身不陷于不义”等儒家语录，分别出自《弟子规》《论语》《孝经》。长此以往，自然就容易在家庭中形成一种喜爱传统思想的氛围。这些语录中的思想，一直深深地影响和指导着我的言行。

受家庭环境的影响，我自幼对文史、书画、收藏等很感兴趣。本科选择的是中文系，研究生则攻读的是文献学、历史学学位，后来在高校工作，从事的也都是中国传统文化的教学与研究，并且乐此不疲。

近几年来，在教学、科研之余，我做了两件事：一是建立起了家庭式的儒学博物馆，名为“习之堂儒学馆”；二是编纂了一部家庭式的儒学讲堂讲义，名为《学而国学小讲堂》，受到社会各界的关注与鼓励！这两件事，都可算作对于儒学乃至整个中国优秀传统文化在家庭层面的一种践行。

今天的课程，就主要谈谈我开展这两项工作的缘由、过程、形式及意义，希望能有更多的家庭加入这项活动，也算是对传统儒学在现代社会生存方式的一种初步探索。

二

我在创建家庭式的习之堂儒学馆和设立学而国学小讲堂的儒学实践上，当然有一些机缘，但背后更多的是对儒学史的一些观察和思考。这一点，可算是我本人对家庭儒学实践的学理支撑。

若去通观整个儒学发展的历史，不难发现，无论是儒学还是孔子本人，几千年来都充满着“幸运”与“厄运”的交织。儒学发展的历史进程，还经常引发人们对于政治、学术乃至人性的反思。

关于儒学在现代社会究竟能否发挥作用和发挥什么样的作用的问题，20世纪两位著名学者曾经提出过自己的看法，在学术界影响甚大：一位是美国学者约瑟夫·列文森，他提出了“博物馆说”；一位是美籍华裔历史学家余英时，他提出了“游魂说”。

1. 关于“博物馆说”。列文森的“博物馆说”，是在他的名著《儒教中国及其现代命运》中提出的。他的基本用意是，借用这样一个比喻来说明儒家传统在中国现代社会的死亡。他的一个基本立场，即儒学与作为意识形态的共产主义是对立的。因此，他曾这样描述孔子及儒学在中国现代社会的地位及作用：

共产党不是要剥夺他生存的意义，而是取代他所拥有的文化作用。简而言之，保护孔子并不是由于共产党官方要复兴儒学，而是把他作为博物馆的历史收藏物，其目的就是要把他从现实的文化中驱逐出去。（《儒教中国及其现代命运》，337—338页）

又言：

因此，孔子给现代民族留下的只是他曾有过的历史作用，或者说他已不代表任何阶级：也就是说他与现在的历史活动无关。（《儒教中国及其现代命运》，338页）

与儒家推崇的孔子不同，共产主义者时代的孔子只能被埋葬、被收藏。现在，孔子对传统主义者已不再起刺激作用，因为传统的东西已经被粉碎，孔子只属于历史。（《儒教中国及其现代命运》，342页）

简言之，在列文森看来，孔子及儒学在中国现代社会只属于历史，只能作为博物馆的陈列物，已经无法对现代社会产生影响。这就是著名的“博物馆说”。

虽然列文森也说，“博物馆不是‘历史的垃圾箱’，珍藏孔子的博物馆有可能储存着某种价值和启示”，但他依然认为：

陈放在博物馆中的孔子仍然没有发言权。……对许多革命者来说，孔子在今天仍然是智慧的象征，而且越是年长的革命者，越会更多地肯定孔子所具有的聪明和智慧。但孔子也只是属于周朝人物而已。（《儒教中国及其现代命运》，342—342页）

当然，这是列文森对20世纪60年代中期之前中国儒学发展情况的观察，固然富于洞见，但他似乎还不太真正了解中国的儒学史，不了解历史进程中儒学对中国社会的实际影响。学界对此也有回应，比如美国学者本杰明·史华慈便将其“博物馆说”修正为“图书馆说”，图书馆里的图书是有生命的，是会影响现代社会的。20世纪60年代中期以来发生的政治事件，又一次掀起了批判传统的狂潮，批林批孔、砸毁孔庙等举动引起了列文森的困惑：“为什么早已死亡的历史陈迹会引起人们如此广泛的兴趣，并值得人们用如此认真的态度去对待它？”这说明，即便对传统的批判完全服务于现实政治斗争中某种功利的目的，它至少表明，儒家传统所具有的象征意义仍然能够在现实生活中发生重要影响。

当代儒学研究者郑家栋也认为，列文森对待现代儒学存在一个认识上的误区。这启示我们，儒学在现代社会并非只有“博物馆化”的存在价值，而且即便是“博物馆式”的存在方式，依然有其意义。换句话说，博物馆里的收藏物，虽属“流年碎影”（借用张中行先生回忆录书名），对现代人之生活观念却也着实能够产生影响。“对列文森的‘博物馆说’反其道而行之”，这是我创建儒学博物馆背后的一点学术思考。

2. 关于“游魂说”。余英时先生曾于1988年和1996年分别撰写了《现代儒学的困境》《现代儒学的回顾和展望》两部著作，探讨儒学在现代社会的处境问题。在两本书中，他提出了著名的“游魂说”。

余英时的基本立场在于，他认为儒学的根本特征在于“践行”而非“托诸空言”的论说，践行的依托在于“建制”。他认为，儒学不是一种单纯的哲学或宗教，而是一套全面安排人间秩序的思想体系——从一个人自生至死的整个过程，到家国天下的构成，都在儒学的范围之内。而在2000多年中，通过政治、社会、经济、教育等种种制度的建立，儒学已一步步进入百姓日常生活的每一角落。

儒学绝不限于历代儒家经典中的教义，而必须包括儒家教义影响而形成的生活方式，特别是制度化的生活方式。（《困境》54页）

由此他提出了“建制”的概念：

“建制”一词取其广义，上自朝廷的礼仪、典章、国家的组织与法律、社会礼俗，下至族规、家法、个人的行为规范，无不包括在内。凡此自上而下的一切建制中都贯注了儒家的原则。

然而，这一儒家建制的整体，自辛亥革命以来便迅速崩溃了。建制一去不返，儒学遂失其具体的托身之所，变成了“游魂”。（《回顾与展望》132页）

个人以为，余英时的这一观察还是比较客观的。在中国现代社会，儒学的“魂”其实并未丢失，但的确一直以来在外“游荡”。家庭是社会最基本的单位，中国自古以来秉持“家国同构”之观念，因此在中国现代社会弘扬中华优秀传统文化的一个根本做法便是重视家庭，如此一来，家庭儒学便开始推广。正基于此，我才在自己家庭中创设了学而国学小讲堂。

坦白地说，家庭博物馆、家庭小讲堂的创立，并非哗众取宠，而是“躬行实体，自得于心”，试图将其作为一种自得的生活方式，真正能让“游魂”回家。

三

关于习之堂儒学馆之设立，有一段特殊的因缘，这在甲午（2014年）仲秋写就的《习之堂日记》的“弁言”中有所交代，今移录如下：

甲午夏，余携小女谈艺赴山东曲阜，参加“儒源儒家文化体验基地”（又名孔子礼仪文化学校）之国学夏令营。为期一周，家长少儿同步听课。课程以仁义礼智信孝为纲，辅以诸多互动体验。课程结束，又幸得随团至孔府、孔庙、孔林之三孔圣地参观瞻仰，益愈感喟孔子之伟大，诚万世师表、千古素王也。

夏令营课程将终，曾要求学员将各自梦想写于长条布幅之上。当时，余之发愿有三：一乃于桑梓建成周家祠堂，二乃创建一民间书院，三乃建成一国学博物馆。三者殊途而同归，皆感于时人对于传统之隔膜，欲自民间乡村之基础筑夯焉。

自曲阜又经西安、合肥等地返穗，与诸同道谈及博物馆及书院之设想，皆得鼎力勉勖。又念国学博物馆之范围过宽，乃取影响后世最巨之儒学，专力经营之，并取《论语》首句意，名之曰“习之堂”。举凡儒学相关之人物画像雕像、经学典籍、手稿真迹、科举考卷等实物，无不纳焉。吾之愿望，乃借以展示历代儒学之源流沿革、功过是非，以为今人鉴。过犹不及，于儒学，切未可爱则加诸膝，恶则坠诸渊，历史客观审视剖断，古为今用，进德修业可矣！

博物馆之形制，看似静止，实乃流动之历史，吾决意毕生为之。创始者固难为功，然猛志常在，持之以恒，其事定可成矣。为表纪念，建此日记之簿，记录习之堂创立之点滴，以志成事之不易云尔。

其后，吾又将习之堂儒学馆藏品依照《周易》八卦之序，厘为八类，其基本布局和包含内容如下：

一、乾：儒家道统篇（儒家道统人物之画像、拓像、雕像、弟子图等）

二、坤：儒学经籍篇（代表性儒学经籍，四书五经、十三经注疏等）

三、震：六艺器物篇（礼、乐、射、御、书、数之实物，玉器、陶器等）

四、巽：童蒙科举篇（“三百千千”读物、八股文钞、状元卷等）

五、坎：儒学厄运篇（历代反儒资料，打倒孔家店、批林批孔等）

六、离：儒学外传篇（俄、英、法、韩、日、西班牙等之译本等）

七、艮：现代儒学篇（《中国儒学史》，名家手稿信札，视频、音频等）

八、兑：儒学游艺篇（儒学为主题之书画，手抄经书、《诗经》折扇等）

截至今日，习之堂儒学馆相关藏品已达2000余种。

四

学而国学小讲堂之设立与其配套教材之编纂，也是基于某种机缘，其始亦在甲午岁（2014年）。事情之来龙去脉，我在这套国学教材的序言中有所记述：

去岁某日，曾突发奇想，于家中设立国学小讲堂。每日睡前，由吾为内子、小女二人讲解国学名篇，既以熟习经典，又以进德修业，怡养性情。其初，曾于讲堂讲授《诗经·关雎篇》及《道德经》之首章。且当时不唯讲解，并须成诵，颇为受益。盖因五经、诸子不宜初学，讲堂事仅持续数讲，遂有耽搁。

乙未春分某晚，小女偶然问及“四书”之名，吾为其讲解，内子巧云遂乘机建议重开讲堂。小女颇有兴致，吾亦鼎力赞同支持。当晚，为其讲授“四书五经”“唐宋八大家”诸名词，小女皆迅速记得，并与学校所学知识密切关联，堪称绝佳“第二课堂”。晚授新课，翌日清晨温习之，小女乐此不疲，吾亦温故知新，获益匪浅。由之亦探得家庭国学讲堂之定位，乃自国学之有趣知识点入，举凡文化名人、重要典籍、历史典故、风物习俗等，皆可讲授。继而涉及文学名篇、格言警句，亦皆积累成诵。不求系统齐全，唯求愉悦性情、尚友古人而已矣！余又单独建一簿籍，记录每次课程内容大要，以示正规。

讲堂之名，取自《论语》开篇首二字“学而”，既以督励讲堂之持久，又与“习之堂儒学馆”交相呼应。荀子有云：“不积跬步，无以至千里；不积小流，无以成江海。锲而舍之，朽木不折；锲而不舍，金石可镂。”学而国学小讲堂之设，既为吾之小家之一种生活方式，又愿替吾中华之大家建成全民阅读之书香社会，献上一瓣心香。幸甚至哉，勖哉勖哉！

学而国学小讲堂之相关内容，吾均以小字行楷笔之于仿古线装书册，正文共计五册，又补足目录一册，计一函六册。整个教材共一百讲，每讲多则三条，少则一二条。为保持听者之兴趣，每讲内容，既有国学知识点，亦搭配古典诗文名篇，深浅适中，定位于家庭及少儿。每讲内容讲授完结，费时二三十分钟，正合家庭及少儿之用。如此体例，亦缘于目前市面相关国学教材，往往部头较大，一套书动辄几十本，并不能直接适用于大众。

此书之编纂，亦得诸多同好真心鼓励，以为于家庭国学真正切用，值得提倡。吾亦准备再行修订，找寻合适时机，影印或排印出版。

需要特别说明，在编纂这部国学教材时，本人有意识地将吾幼时自先父那里听闻的训导编入教材之中，然后再讲授给小女。如此一来，一家三代，便自然形成了一个良好的文化传承，营造出融洽的家庭文化氛围，此亦为吾编纂此教材、践行此活动之用心。

五

习之堂儒学馆之创立及学而国学小讲堂配套教材之编纂，皆在我教学和科研之余所为，而且几年来一直成为我们整个家庭的一种生活方式，真正成为一种家庭式行为。比如学而国学小讲堂配套教材便是我在家中亲身讲授国学之记录；每每淘到心仪的宝物，我们全家人往往会一起愉快分享。内子巧云是作家、诗人，也常常以此为题撰写文字，以作记录……这些都成为家庭生活中美好的回忆。

2016年1月24日，广州迎来百年不遇之雪天。当天下午，我郑重邀约中山大学哲学系诸师友，在锡昌堂708室正式举行了习之堂儒学馆开馆仪式暨微型藏品展。开馆仪式前后，诸位师友作诗道贺，给我以莫大鼓励！兹择要抄录如下，以享诸君：

为春健“加油”

陈少明

羊城飘雪日，百年遇一寒。
问道何处有？中大习之堂。

再贺习之堂

张永义

劫后余烬遇暖风，习之堂中话西东。
怀抱礼器归张楚，真儒不是叔孙通。
荀卿拒食显悔意，荆公就道撼祖宗。
思孟典型今何在，南海笑对太炎公。

贺春健教授习之堂儒学馆开馆

张丰乾

守藏故事仍可观，兰台新命开生面。
儒学多难今尤烈，遗真有幸避严寒。

题周师春健先生儒学馆

李智福

尼山传薪火，岭表振斯文。
木铎序天地，黉宫纳古今！

为习之堂撰联

孙海燕

谈书说剑喜春服既成岭海游从六七子

约礼博文惟弦歌不辍草堂珍重十三经

赠周春健师

熊文文

周邦虽旧命维新，春景交兴飨客宾。

健笔如钩舒逸致，师尊懿德自存邻。

诸位师友之贺诗，更坚定了我将习之堂儒学馆和学而国学小讲堂坚持下去的勇气和信心。不过，当以儒学史的视角再来审度儒学在几千年中的坎坷命运时，依然颇多感慨，故又和答师友云：

五言答智福兄

周春健

斯文泽被长，百代数茫苍。

天地一指事，甘苦习之堂。

语云："如人饮水，冷暖自知。"无论其间甘苦几多，相信家庭式儒学馆及家庭式小讲堂自有其重要之价值，吾愿为此努力而前行！

透视国学热

□华南师范大学马克思主义学院 陈椰

清明故事长
人在青烟上
一脉心香悠悠转
都在方寸间
故人踪影茫
行人又断肠
一抔尘土风云散
故事谁讲完
谁抖落手中的线
让一世一世血脉相连
谁看见谁又看不见
这一张一张黄色的脸
谁划断绵延的线
任一寸一寸飞絮散乱
谁遗忘谁在尘世间
这一张一张黄色的脸
谁遗忘谁在尘世间
这一张一张黄色的脸

——《清明》

这是广州民谣乐队“秘密后院”的原创民谣《清明》，现在的节气是清明，恰好应景。这句歌词我特别有感触，“谁抖落手中的线，让一世一世血脉相连”。中国的传统学问讲求对生命的体会，尤其讲求把身心放到自然、节气的更替中去感受。在清明这样一个特殊的节气中去怀想你的祖先，从中感受到血脉相连的一种生命的清澈感。这种“血脉”不仅是生理意义上的血气，还连带着精神层面的血脉，因为中国的历史文化、先贤的精神生命跟我们也是血脉相连的。由这首歌引发我们今天要谈的这个话题——透视国学热。本讲主要围绕五个问题来谈：第一是谈什么是国学；第二是回顾国学的百年历程；第三是盘点国学热的一些代表人物；第四是国学热当前的困境；第五是我们的态度及因应之道。

一

什么是国学

“国学”这个词其实是舶来品，是从日本传过来的。日本在江户时代遭遇欧美西学的冲击，他们讲求日本的学问要区别于西学、中国之学，于是大谈他们的“国学”“国粹”。晚清去日本留学或流亡日本的中国人如刘师培、章太炎、梁启超等就把“国学”这个词带到中国来，可见这是一个不中不西、不古不今的概念，是在晚清遭遇“国将不国”的时候才提出来的。就像我们一直生活在广东，一辈子不认识其他地方的人，我们就不会去思考广东人或岭南人这个概念。你得走出去或遇到北方人，才会意识到自己是广东人。因此，国学是遭遇他者映照之后产生自我意识才被提出的。它的核心相对明确，而外延或边界却很模糊。国学主要有三个定义：

第一个定义是指以儒学为中心的学问。传统儒、释、道三家，儒学是最根本的骨干。现代新儒家的代表人物马一浮先生（1883—1967）就是这么认为的。马一浮先生自学成才，在美国、德国、西班牙留过学，回国后索性隐居，躲在文澜阁读《四库全书》。三所高校校长蔡元培、陈大齐、竺可桢先后请他出山去大学讲学，他用一句话就高冷地拒绝了，“只闻来学，未闻往教”——只有学生来我这里学的，没有听说老师要跑出去教的。后来战火蔓延到了浙江，浙江大学南迁到江西，马一浮也随之流亡。之后他以大师的身份在江西泰和、宜山给浙大师生讲国学，继续散播民族文化精神火种，也留下了课堂的一些语录结集成《泰和宜山会语》。他提出以六艺统摄一切学问。什么是国学？他认为就是以六艺为核心的儒学。什么是六艺呢？即《诗》《书》《礼》《易》《乐》《春秋》，儒家的六部经典，也是孔子用来教学生的教材。他说：“此是孔子之教，吾国二千余年来普遍承认一切学术之原皆出于此，其余都是六艺之支流。”他认为，诸子百家都是儒家六经分出来的支流。“故六艺可以该摄诸学，诸学不能该摄六艺。”该摄，即统摄。“今指定国学者，即是六艺之学，用此代表一切固有学术，广大精微，无所不备。”他认为六艺之学可以统摄西方的一切学问，如：《诗经》统摄文学，《尚书》统摄政治学、社会学，《礼》可以统摄宗教学，《易》统摄哲学和宗教，《乐》统摄艺术，《春秋》可以统摄历史学。总之，六艺基本可以统摄一切的人文科学，甚至自然科学也可以由《易》来统摄。这是那一代传统学者的气魄，因为他们遭遇到西学的强烈冲击，不断反省自己能拿出什么学问来和西学对抗，甚至把它消化掉。马一浮认为儒家六艺之学才能做到。解放后马一浮作为浙江文史馆的馆员，受到周恩来的尊重，被称为“现代中国最后的理学家”。他书法一流，也是一个佛学家。但他后来基本不读西学，完全浸泡在传统学问里面，拒绝用白话文写文章，给人比较高冷孤傲的感觉，有隐君子的风度。

第二个定义以儒、释、道三教为主流，包括其他各学派流变的中国学术思想。

20世纪历史学家钱穆先生（1895—1990）就这么看。对广大读者来说，钱穆先生影响最大的一本书是《国史大纲》，写于抗日战争时期。他用这本书来讲我们中国的历史，他也是不满当时的人——从知识分子到民众都崇洋媚外，历史虚无主义盛行，觉得我们的历史文化样样不如人。写《国史大纲》，就是为了振奋我们的民族精神，讲出中国历史文化中的精神气魄。钱穆先生认为国学应该是以儒、释、道为主体，兼顾诸子百家的学问，中国古代从先秦到明清的主要学术思想流派都囊括在里面，从先秦的诸子百家、两汉的经学、魏晋的玄学、隋唐的佛学到宋明的理学、清代的朴学都囊括其中。两汉儒家定于一尊，经学指儒家的经典。魏晋时期兴起崇尚道家的思潮即玄学，热衷谈论三本很玄的书——《周易》《老子》《庄子》，像大家熟知的竹林七贤、魏晋风度就是这时期的产物。隋唐时期是佛学的黄金时代。佛学在汉代从印度传到中国来，经过近一千年的消化，到隋唐已经完成了中国化，出现了各个中国特色的宗派，比如华严宗、禅宗、天台宗等，其中禅宗影响最大，这个时候一流的思想家都是和尚。宋明理学，代表人物是程朱陆王，即大程子程颢、小程子程颐、朱熹、陆九渊、王阳明，这个时期可以说是中国文化的一个顶峰期，儒学融汇了佛教和道教，形成一套新的学问，叫新儒学。清代就不讲太玄乎形而上的学问，做很实在的训诂、音韵、考据，叫朴学。从先秦到清代，整个中国古代学术、诸子百家都囊括在国学里面。钱穆本身很有修养功夫，读书用功，也是自学成才。当了很多年小学、中学老师，后来才去北大教书，全靠自己的著作打入学术圈。1949年移居香港，后来又移居台湾。在香港创立了一个书院叫新亚书院（后来被并入香港中文大学）。如今香港中文大学山顶最高处的就是新亚书院，有一个景点叫作合一亭，就是取自天人合一的“合一”，造型像一个公交车站，可以让人歇息，旁边有很浅的一潭水和一棵大榕树。这个亭子主墙上面刻着一篇文章，是钱穆先生临终前不久口述、妻子胡美琦笔录的《天人合一论：中国文化对人类未来可有的贡献》。他在文中提出中国文化最核心的、对未来人类有所贡献的、最伟大的一个洞见就是“天人合一”思想。钱穆先生的著作有几部是我极力推荐的国学入门书——《中华文化十二讲》《论语新解》《中国思想通俗讲话》。

第三个定义，也是今天我们用得最广泛的，即中华传统文化的同义词，比如诗词歌赋、琴棋书画、气功武术、茶道饮食、戏曲舞蹈、中医养生、工匠艺术等都是传统文化。凡是中国古代历史文化遗产，统统都叫国学。这些年所谓的国学热，其实就是这些在日常生活中能切身感受到的东西。本讲要讲的国学论，也是从这个社会大众层面意义上来探讨国学热。前面两种关于国学的定义，老百姓觉得和他们关系不大。儒、释、道学问的研究是专家学者的事情，每个时代都不会太热，也不可能大热。这些年学院派的国学研究确实也热闹起来，但跟整个社会的国学热潮相比算不了什么。

二

国学的百年浮沉

过去一个世纪，国学可以说是命途多舛，波澜起伏。光绪二十七年（1901年），清政府颁布了《兴学诏书》，从教学体制上就已经注定了国学的衰落。清政府要建新式学堂，废除旧式的私塾书院，新学堂建立起来后就得学具有现代意义的知识，如科学、自然、化学等。更致命的是，光绪三十一年（1905年）从隋朝开始沿用了一千多年的科举制度被废除。这对作为传统学问的儒学来说是致命性打击——读书人的出路变了。以前，读书人从小时候开始就被送去学堂念书，学而优则仕。废除科举后吃科举这碗饭的很多人就失业了。不用科举，意味着从国家的教育层面，儒学的传承已经失去了现实教育制度的支撑。官学（即官方的学问），也不再是四书五经这套传统的学问了。虽然科举被废除，但清朝还保留着两种制度：一个是学校一定要祭祀孔子，开学要给孔子行礼，各个学校都要派生员以及老师去孔庙祭祀孔子，这是国家规定的祭典。第二个是新式学堂里还保留一门学科，叫经学，也就是说所有学生还是要学四书五经的，只是它不再是唯一的必修课了。

进入民国，蔡元培担任第一任教育总长，废掉读经尊孔。紧接着新文化运动开始，吹响了"打倒孔家店"的集结号。学者们把传统的儒家文化跟民主和科学对立起来，觉得只有破旧才能立新。很多年轻人都把家庭看成万恶的根源，要打破家族封建礼教的约束，奔向新生活。巴金的《家》《春》《秋》，都是讲那个时候新青年试图突破家庭束缚的追求。但其实那一代人也很纠结，他们在私生活方面依然很传统。新旧思想在这一代人身上的冲突是很明显的。他们都是爱国者，为谋求我们民族和国家的出路而殚精竭虑，这是值得肯定的。但他们认为西方文明就代表着先进文明，又刻意放大了中国文化里的糟粕，这种偏颇的心态开启了后来激进的革命思潮。

那个欧风美雨的时代还是有人站出来为中国文化说话，只是被以上喧嚣的声响掩盖了，也因此显得尤其可贵。第一个是梁漱溟（1893—1988），他24岁就写了一篇关于印度哲学的文章叫《究元决疑论》，得到蔡元培赏识，被聘请到北大哲学系教书。北大是当时新文化运动的阵地，都在批孔子，可梁漱溟先生说，我要为孔子说公道话，于是他在北大里面讲儒家哲学。后来他觉得中国传统学问、儒家的学问不在书斋里面，而是扎根于农村的乡土生活。但是农村的问题很大，不断在凋敝，他要救农村、救中国文化，于是毅然辞去北大教职，跑到山东省邹平县搞乡村建设。后来他又创立民盟，斡旋于国共两党之间，积极推动和平建立新中国。到了“文革”的时候，他发言表态，说自己不批孔子，还引了孔子的话来表达决心，“三军可以夺帅，匹夫不可以夺志”，风骨凛然。梁漱溟先生一生都在思考中国文化的出路。他认为世界文化有三个代表：一个是欧美文化，一个是中国文化，一个是印度文化。欧美文化很善于处理人跟自然的关系，优势在于征服自然，开发各种资源来解决我们的物质生活问题。中国文化善于讲“人伦”，讲做人，都是从现实社会里面去处理好人跟人之间的关系，这是中国文化的精髓所在。印度文化善于处理人跟自己的关系，安顿自己的身、心、灵。他认为这三者是人类必经的不同阶段，人类要先走欧美的道路来处理好人跟自然的关系，接下来是走中国文化的道路来处理人跟人的关系，最后都会走向印度文化来安顿自己。这些思想写在他的著作《东西文化及其哲学》《中国文化要义》里。梁漱溟先生和马一浮、钱穆都是20世纪愿意为中国文化呐喊、真诚探求中国文化出路的大师。

当时构建民族文化、振兴民族精神的呼声也很高，尤其是抗战期间，激发了民众的民族主义情感，传统文化的际遇比新文化运动时期稍有好转。比如出现了振兴国术的社会运动，传统武术依托“重振国人体魄”的口号复兴起来，最典型的就是创办了中央国术馆，当时汇聚了几个门派的高手。近些年很多电影都在追怀民国时期的国术热，像王家卫的《一代宗师》、徐皓峰的《师父》，还有徐皓峰前几年写的口述史《逝去的武林》，采访了形意拳武术家李仲轩先生，讲的是民国时期的武林，可见那是一个群星灿烂的时代。为响应这场社会运动，全国各地都办起这种国术馆，包括我们广州的精武会。学过古琴的朋友都知道，我们岭南琴派的宗师杨新伦先生（1898—1990），他除了是古琴家，同时也是广州精武会的武术家。

改革开放后，氛围宽松起来，西方的思潮也进来了。20世纪80年代，读书人喜欢读西方的尼采、弗洛伊德、海德格尔，很文艺；喜欢写诗，将文学作为思想解放的前锋。国学迎来一阳来复的生机，稍微缓过气来。那些熬过来的研究传统文化的老先生重新出来讲学。由北大哲学系的汤一介老师牵头，和其他老一辈学者共同发起成立了中国文化书院，邀请海内外的名儒硕学弘扬传统文化。梁漱溟先生依然很活跃，有一段录像是92岁高龄的他戴着小瓜皮帽站着讲学，发言依然振聋发聩："我不是一个书生，我这一辈子都是拼命干的。"中国文化书院办了很多期培训班，培养了很多人，今天已成为学界的中流砥柱，为后面的国学热奠定了基础。

从20世纪90年代开始，出现了一阵传统文化热。《人民日报》在1993年8月有一篇文章《国学，在燕园又悄然兴起——北京大学中国传统外研究散记》。接下来到2004年，由季羡林、许嘉璐、杨振宁、王蒙等先生联合签署了《甲申文化宣言》，呼吁我们要尊重、珍视自己的民族文化。民间各种文化热潮差不多在这一年兴起。2008年北京奥运会开幕，大家印象很深的开幕场景是孔子弹琴，众多弟子缓缓出场，导演想展示的是孔子传承下来的礼、乐、诗、书文化。我们开始在全世界建孔子学院教授汉语，进行文化输出，向世界展示一个中国新形象。政府也不断地强调弘扬传统，习近平总书记更是身体力行。2014年9月25日，国际儒联在北京举行纪念孔子诞辰2565年大会，习近平出席并发表讲话。体制里的传统文化教育也在不断升温，多所高校如人民大学、武汉大学办国学院，深圳大学、华南师范大学开设国学班。民间动作就更大了，民间书院私塾大量涌现，推动了读经运动、汉服运动的开展，各地祭孔子、黄帝、炎帝、祖先的热潮涌现，央视的《百家讲坛》《中国诗词大会》《经典咏流传》等节目更是深入人心，备受追捧。

回顾这十几年的国学热，用武汉大学国学院院长郭齐勇老师的话说："近十多年以来，中国内地自发形成民间社会和民间儒学的再生运动。民间儒学透过广大城乡的家庭、学校、社区、企业机关等现代公民社会的组织形式，通过冠、婚、丧、祭之家礼的宗教性仪式，在每个国民的心中扎根。"

三

盘点国学热的代表人物

这些年引领国学热的代表人物，第一个要算南怀瑾先生（1918—2012）。很多人是看他的书对传统文化产生了兴趣。儒、释、道三教的学问他都讲，也有实修经验，更有纵横家的气度，结交各路人士。他的诗词我觉得也写得不错，有一个纪录片，片尾曲是他写的词，叫《去大后方》，讲的是中国抗战时期军民不断往西南撤退，坚守大后方，这是中华民族历史上关系生死存亡的一次民族大迁徙。词是这样的："收拾起山河大地一担装，去后方，历尽了，渺渺途程，漠漠平林，垒垒高山，滚滚大江，似这般寒云惨雾和愁苦，诉不尽国破家亡带怨长，雄城壮，看江山无恙，谁识我一瓢一笠走他乡。"他晚年创立太湖大学堂，身体力行推广传统文化教育。第二个人物是推广读经运动的王财贵，办有文礼书院。全中国各地办私塾书院联盟，很多都用王财贵的读经方法。他有六字口诀——"小朋友跟我读"，提倡不理解地整本背经典。我相信王先生是有忧心悲愿的人，但这种填鸭式的方法我不赞同。另外一个是清末民初的善人王凤仪，一生建了很多学校。他认为金、木、水、火、土对应肺、肝、肾、心、脾五脏，再对应仁、义、礼、智、信五种德性，把古典的儒家、民间的宗教、中医三者结合起来。

那么，什么是国学大师？一个时代可以没有大师，但是不能没有大师的标准，那会让这个民族永远失去产生大师的可能。中山大学历史系的著名学者桑滨教授有一句话说得好："太多的利益欲求主导各种评价，使得学术界弥漫追求头衔之风，而真正的大师是一种口碑，是整个圈子抛弃利益成见的非功利的评价。"国学大师应该是怎样的？我想大师应该是经得起时间考验的，学问好，人品好，德艺双馨。饶宗颐先生（1917—2018）是其中一位。饶宗颐先生是我们潮州人，长期定居香港，精通书画、古琴、诗词以及多种语言，学问涵盖十几个现代学科领域，比如敦煌学、甲骨学、经学、宗教学等，传统的经、史、子、集各个方面都有涉及。饶先生这种人是不世出的，首先有天赋，其次是运气好。他出生在一个富商家庭，父亲饶锷是开银庄的，建了一个天啸楼——粤东地区藏书丰富的藏书楼。他整天泡在里面读书，自学成才。对他打击很大的一件事是17岁时父亲就去世，他就把父亲没写完的《潮州艺文志》续完，后来去日本、法国研究甲骨文献、敦煌文献。还有一点值得讲的就是他长寿，当然这和他注意保养有关系。他自幼就练静坐，后来还习过瑜伽，有自己的养生方法。现在有很多人在收藏他的字，像"万古不磨意，中流自在心"，讲做学问、做人的一种境界，大意是你的心念永远都不会随时风左右，就像中流砥柱一样立在那里。他说做学问是很孤独的，一个人去承受就可以，没必要让更多人去受苦。

四

国学热的当下困境

当前流行的国学有几种形式：第一种是鸡汤式。阿Q式的自我麻醉，认为反正只要心好了，一切都好了。第二种是说书式的。我现在大概就属于这种，讲讲几本书，说说故事。第三种是玄谈式的，空谈虚妙的道理。第四种是世俗式的，讲经营管理、权谋策略、成功之道。还有一种术数式的，就是讲占卜、风水等。

国学热适应不同人的需求：有些人有权谋法术的需求，相信学历史能启发自己将生意做得更好；还有些人有附庸风雅的需求，把汉服唐装一穿，盘个手串，自我感觉飘飘然有古人风；还有些人有为人处世的需求，让小孩学经典，学会待人接物，在生活方式上讲究养生，学个茶艺、古琴，把生活装点得更雅致；还有人有民族认同的需求，站在国家的角度试图借国学来增强民族凝聚力。

但这些也带来一些问题，需要我们警惕。首先是邪教化。其次就是功利化。再次就是低俗化。比如某些推广读经的私塾，让小孩摇头晃脑死记硬背，不求甚解，甚至使用体罚，压制了很多小孩的灵性和活力。

清朝学者王筠，朴学家，一代儒宗，有一本叫《教童子法》的书写得很好。他说："学生二十岁不狂，没出息；三十岁犹狂，没出息。"他能鼓励学生，让他们有狂气。书中这样教小孩："学生是人，不是猪狗。读书而不讲，是念藏经也，嚼木札也。钝者或俯首受驱使，敏者必不甘心。人皆寻乐，谁肯寻苦？读书虽不如看戏乐，然书中得有乐趣，亦相从矣。"老师不讲、不解释，只让学生去念经，就好像啃木头。笨的小孩可能就忍着听，聪明的小孩肯定不甘心。让小孩读书读得有乐趣，不能让他们读傻了。他还说："小儿无长精神，必须使有空闲。空闲，即告以典故。"小孩没太大耐心，必须让他们有空闲，不要给他们塞太多的东西，多给他们讲解书里的典故。他有个例子，说给小孩讲个故事：甲说他的鸡被乙偷了，乙说鸡本来就是他的，两人告到官府，怎么办？县官问那只鸡刚刚吃了什么，甲说吃了小米，乙说吃大米。那好，县令说那就把鸡杀了，直接看肚子里面装着什么就是了。这样的故事小孩子就很乐意听了。然后王筠说这个故事其实是来自《南史·傅旦传》，是傅旦当县令的时候遇到的一件真事。

五

我们的因应之道

钱穆先生《国史大纲》里有一句名言："所谓对其本国以往历史略有所知者，尤必附随一种对其本国已往的历史之温情与敬意。"对传统，我们的确应该怀有温情与敬意，不去苛责古人，也不必神化先贤。对当下的一些乱象，我们也应保持清醒，平心静气去辨别哪些"有毒"、哪些"无害"，莫跟着瞎起哄。看到央视的《诗词大会》火起来，就有家长问我小孩怎么背诗词，要看什么书。我说像武亦姝这种才女是要花很多心思培养的，不要以前追奥数、学英语，现在就来背诗词，一窝蜂凑热闹很容易出问题。诗词很好，让小孩多背也对，但前提是得讲解，这就要求家长本身要懂，要学习，有活到老学到老的精神，小孩自然受熏陶，所以国学最终要回归每个个体的自我修养与教养里才能焕发出更强劲的生命力。

国学热持续了十多年，自身也慢慢在反思中走向正轨，回归人文教化、教育修养、生命礼俗的熏陶上来。体制外的教育探索，即完全不让小孩进学校而送去私塾读书的现象，会慢慢减少。曾经拥有全世界最多私塾的深圳梧桐山，高峰时有两三百个私塾，这些年已经萎缩，没剩下几家了，因为体制内的学校也开始重视国学教育。2017年，中共中央办公厅、国务院办公厅发布了《关于实施中华优秀传统文化传承发展工程的意见》，明确提出要将优秀的传统文化贯穿国民教育始终，从启蒙教育到基础教育、高等教育、职业教育、继续教育等领域，还要"丰富拓展校园文化，推进戏曲、书法、高雅艺术、传统体育等进校园，实施中华经典诵读工程，开设中华文化公开课，抓好传统文化教育成果展示活动"，这个方向无疑是正确的。当然这一切关键还是要有师资。"人能弘道，非道弘人"，我们作为教育工作者，还是乐观其成的，也愿竭尽所能。

除了教育领域里的知识传授，国学还是要落实到身心修养上。比如恢复一些礼俗、祭祀来安顿现代人浮躁的身心。这些年国家也慢慢重视传统节日，像清明、端午、中秋都有放假，但在传统节日里我们除聚餐娱乐之外，应该通过恢复一些礼俗活动来提升自我。从个人的修习层面而言，从读经典入手去亲近国学是很好的途径。现代人时间、精力没那么多，只能选取最重要的经典去读。经典里面我认为"四书"是最好的，真是中国文化经典中的经典。《弟子规》《三字经》可以看一看，了解相关知识就行，但是像《论语》《孟子》是历久弥新的，不断精读不断有新体会，增长生命的智慧。另外一个途径也很重要——游艺入道。北京大学的楼宇烈老师提倡"新六艺"就是一个很好的启示，"新六艺"是指太极、诵读、茶道、香道、花道、古琴，从这些传统艺术入手来了解古人传统文化中的终极真理，就是所谓的道。道是国学的最高范畴，统摄一切。每个国学修习者，同时也是一个修道者。道在哪里？道就寓于日常形形色色的技艺里面，这几种技艺都是健康而雅致的，不难上手。文化馆也开太极课，也教古琴、书法、茶艺，这里是我们的国学道场，因缘殊胜，值得我们一起护持。我相信经过一段时间的熏陶，我们会发现自己的气质有很大的提升。这，就是今日我们修习国学的意义所在。

国学进百家·经史诗词卷

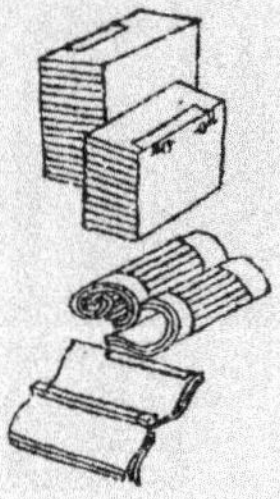

经部

读《论语》，知其人

——认识孔子三大弟子：颜回、子路、子贡

□华南师范大学文学院　郭浩瑜

读《论语》有很多方法，在这里，我们要讲的是其中一种，就是通过了解《论语》中的人物来阅读这本书。

《孟子·万章下》里有这么一句话，“颂其诗，读其书，不知其人，可乎”，意思是诵读一个人的诗句、阅读他的文章，却对这个人一无所知，这是不行的。如果我们不了解《论语》中所描写的人物，那么我们对他们所讲的话、所提出的观念也是无法理解得准确而透彻的。

孔子是大家最熟悉的人物，有关他的书和文章不胜枚举，相关的讲座如今也是数不胜数了。因此我们且绕过《论语》的第一号男主角，去谈谈孔子最重要的三位弟子，颜回、子路、子贡。

一

安贫乐道的颜回

根据李零《丧家狗——我读〈论语〉》附录中的统计，“颜回”在《论语》中共出现21次，比起“子路”出现的42次，少了一半。但在众多弟子里，孔子对颜回的赞誉是最高的。在孔子心目中，颜回是他真正的衣钵传人。

《史记·仲尼弟子列传》中，司马迁如此介绍颜回：“颜回者，鲁人也，字子渊。少孔子三十岁……回年二十九，发尽白。蚤（早）死。”虽然孔子对颜回期许很高，但颜回并没有等到自己接过老师衣钵的那天，就早早离开了人世。

（一）志高

是怎样的弟子才能被孔子视为继承人呢？有一次，孔子和颜回、子路谈及志向的问题：

颜渊、季路侍。子曰："盍各言尔志？"子路曰："愿车马、（衣）轻裘，与朋友共，敝之而无憾。"颜渊曰："愿无伐善，无施劳。"子路曰："愿闻子之志！"子曰："老者安之，朋友信之，少者怀之。"（《论语·公冶长》）

刘强在《论语新识》评价这段话说："本章可谓'师徒言志'，涉及夫子乃至儒学之终极理想。师徒三人所言，层转层深，如顾恺之食甘蔗，渐入佳境，真天下绝妙文字也！……子路是忘物爱友，求仁也；颜渊是忘我去私，不违仁也；夫子则大而能化，成己成物，安仁也。"子路的志向是一种朋友间的轻物重义；颜回的志向是不夸耀自己的功劳和才干，忘我近仁；孔子的志向则与《礼记·礼运》中"大道之行"时的"老有所终，壮有所用，幼有所长"类似，有惠及天下的抱负。颜回在志向和抱负上超过子路，尚不及孔子。

顺便说一句，很多人不喜欢颜回，认为他死板、木讷、平庸，毫无功绩，当不起孔子继承人的重任。可是颜回的"无伐善、无施劳"不是正好说明了他恰恰是一个有才干和功劳的人吗？只不过因为他是最善于秉承孔子的"敏于事而讷于言"理念的一个，又早早夭亡，故而历史上没有多少记载。要是他真的很平庸，那孔子又为何一而再、再而三地赞赏他，并屡屡为他的早逝而感到悲痛与遗憾呢？

（二）好学

颜回的出色，首先表现于他在孔子的弟子里是唯一“好学”的那个。《论语》的记载中孔子有两次以“好学”推举他，当时颜回已死，孔子感慨说，颜回死了以后，再也没有谁可以称得上“好学”了。

哀公问：“弟子孰为好学？”孔子对曰：“有颜回者好学，不迁怒，不贰过。不幸短命死矣！今也则亡，未闻好学者也。”（《论语·雍也》）

季康子问：“弟子孰为好学？”孔子对曰：“有颜回者好学，不幸短命死矣！今也则亡。”（《论语·先进》）

“好学”为什么是一个很高的评价？我们同样要在《论语》中寻找答案。

子曰：“由也，女（汝）闻‘六言六蔽’矣乎？”对曰：“未也。”“居！吾语女。好仁不好学，其蔽也愚；好知不好学，其蔽也荡；好信不好学，其蔽也贼；好直不好学，其蔽也绞；好勇不好学，其蔽也乱；好刚不好学，其蔽也狂。”（《论语·阳货》）

这是从消极的角度论证“好学”的重要性，如果不“好学”，会因为每个人的性情和禀赋的不同，带来“愚”“荡”“贼”“绞”“乱”“狂”等许多可怕的后果。

然则何谓“好学”？

子曰：“君子食无求饱，居无求安，敏于事而慎于言，就有道而正焉，可谓好学

也已。”（《论语·学而》）

子夏曰：“日知其所亡，月无忘其所能，可谓好学也已矣。”（《论语·子张》）

可见，孔子所谓的“好学”不是指我们今天的苦读文献、成绩优异，而是指对于道的终身追求和践行。所以孔子说“吾十有五而志于学，三十而立，四十不惑，五十而知天命，六十而耳顺，七十而从心所欲，不逾矩”（《论语·为政》），他之所以能达到“从心所欲，不逾矩”的境界，是五十多年贯彻“志于学”的结果；而这样的学，其对象绝不仅仅是文献。所以前面说颜回“好学”的时候说他“不迁怒，不贰过”，这显然更接近德行方面的评价。

孔子对自己的评价也是“好学”，这就难怪他会视颜回为自己学说的最重要的传人。因为在最关键的品性上，颜回是最像他的。

子曰：“十室之邑，必有忠信如丘者焉，不如丘之好学也。”（《论语·公冶长》）

子曰：“默而识之，学而不厌，诲人不倦，何有于我哉？”（《论语·述而》）

叶公问孔子于子路，子路不对。子曰：“女奚不曰：其为人也，发愤忘食，乐以忘忧，不知老之将至云尔。”（《论语·述而》）

颜回不但好学，而且善于学习，连聪明绝顶的子贡也自叹弗如。

子谓子贡曰：“女（汝）与回也孰愈？”对曰：“赐也何敢望回？回也闻一以知十，赐也闻一以知二。”子曰：“弗如也！吾与女弗如也。”（《论语·公冶长》）

最后一句有两解，一说是“我同意你不如他”，一说“我和你都不如他”。有人认为孔子不可能不如颜回，可是我们只要想想颜回比孔子年轻多少岁就知道，以颜回的年龄能达到如此修为，孔子说不如他有什么奇怪的呢。毕竟孔子积累了更多的经验和经历，退回到三四十年前，在颜回的年纪，孔子是极有可能尚未达到颜回此时的水平的。而且，这也确实像孔子说出的话，他是谦逊而诚恳的人。《淮南子》里有一段话似乎可以拿来作为佐证：

人或问孔子曰：“颜回何如人也？”曰：“仁人也，丘弗如也。”“子贡何如人也？”曰：“辩人也，丘弗如也。”“子路何如人也？”曰：“勇人也，丘弗如也。”宾曰：“三人皆贤夫子，而为夫子役，何也？”孔子曰：“丘能仁且忍，辨且讷，勇且怯。以三子之能，易丘一道，丘弗为也。”孔子知所施之也。（《淮南子·人间训》）

所以孔子毫不吝惜他对这个最像自己的弟子的赞美。颜回恰像是孔子自己“学而不厌”“发愤忘食，乐以忘忧”的形象在弟子身上的投射，可以想见孔子对颜回的夸奖中所饱含的喜悦和欣慰。

子谓颜渊，曰：“惜乎！吾见其进也，未见其止也！”（《论语·子罕》）

子曰：“语之而不惰者，其回也与！”（《论语·子罕》）

（三）安贫

颜回的家境贫寒，孔子有一次这样比较他和子贡：

子曰："回也其庶乎！屡空。赐不受命，而货殖焉，亿则屡中。"（《论语·先进》）

颜回以传儒家之道为己任，家中常常陷入空乏状态；子贡不受天命，以商贾为业，常大获其利。孔子说这些话的时候，估计也有一些无奈。当然，孔子既不轻视贫穷，也不鄙视富贵。他很理性地对待贫富问题，认为关键在于人获取财富的方法和面对财富的态度。

子曰："富而可求也，虽执鞭之士，吾亦为之。如不可求，从吾所好。"（《论语·述而》）

孔子认为，"不仁者，不可以久处约，不可以长处乐。仁者安仁，知者利仁"（《论语·里仁》）。不仁之人，是不可能长久地处于贫困之中的，也不可能长久地处于富贵快乐之中。那么颜回呢？颜回恰恰是能安于贫困的人。

子贡问曰："贫而无谄，富而无骄，何如？"子曰："可也。未若贫而乐，富而好礼者也。"子贡曰："《诗》云，'如切如磋，如琢如磨'，其斯之谓与？"子曰："赐也，始可与言《诗》已矣！告诸往而知来者。"（《论语·学而》）

子贡有一次问老师："贫而无谄，富而无骄"，做到这样，是否可以了？孔子的回答是还不够，不如"贫而乐，富而好礼"。

子贡是孔子弟子里头脑聪明、口齿伶俐的一位，他的问学里总是有一些言外之意，需要我们把他的话还原到当时的环境下去看，而这个环境就是《论语》里的记载。

子曰："贫而无怨难，富而无骄易。"（《论语·宪问》）

子曰："贤哉！回也。一箪食，一瓢饮，在陋巷。人不堪其忧，回也不改其乐。贤哉！回也。"（《论语·雍也》）

从上面两段话我们可以看到，"贫而乐"原来就是颜回的境界，而"富而无骄"恐怕是子贡彼时所达到的境界吧。贫而乐要实现很难，富而无骄则是相对容易的事情，难怪孔子要说"未若"了。子贡也很聪明，知道自己暂时达不到，且去"如切如磋，如琢如磨"，继续修炼了。

安于贫困的颜回同样也和孔子很合拍，因为孔子也是这样的人啊。

子曰："饭疏食，饮水，曲肱而枕之，乐亦在其中矣。不义而富且贵，于我如浮云。"（《论语·述而》）

"饭疏食，饮水，曲肱而枕之"可不就是"贫"的写照，"乐亦在其中"可不就是"乐"的写照么？如此想来，孔子收了颜回这样的弟子，能不喜形于色、备加激赏吗？

子谓颜渊曰："用之则行，舍之则藏，惟我与尔有是夫！"子路曰："子行三军，则谁与？"子曰："暴虎冯河，死而无悔者，吾不与也。必也，临事而惧，好谋而成者也。"（《论语·述而》）

孔子说"惟我与尔有是夫"，他认为如果没有被人任用，只有自己和颜回能做到安于退隐，这正是孔子所谓"人不知而不愠"（《论语·学而》）的君子的境界啊。如此独一无二的评价，也难怪要引起子贡、子路等弟子的小小"羡慕嫉妒恨"了。

（四）安仁

在孔子众多的弟子里，也只有颜回能做到"安于仁"。

子曰："回也，其心三月不违仁；其余，则日月至焉而已矣。"（《论语·雍也》）

孔子的弟子多数对"仁"望而却步，冉有还公开说"非不说子之道，力不足也"。孔子很失望地说："力不足者，中道而废。今女画。"（《论语·雍也》）因为孔子说过"仁远乎哉？我欲仁，斯仁至矣"（《论语·述而》），又说过"有能一日用其力于仁矣乎？我未见力不足者。盖有之矣，我未之见也"（《论语·里仁》）。仁要实行原本不难，他并没有见过力量不足的人，然而兢兢业业恪行仁道的，只有颜回。其他的弟子呢，恐怕都做不到这一点。

孟武伯问："子路仁乎？"子曰："不知也。"又问。子曰："由也，千乘之国，可使治其赋也。不知其仁也。”“求也何如？”子曰：“求也，千室之邑，百乘之家，可使为之宰也。不知其仁也。”“赤也何如？”子曰：“赤也，束带立于朝，可使与宾客言也。不知其仁也。”（《论语·公冶长》）

之所以会如此，大概跟他们无法做到“好学”是有莫大关系的。

（五）夭亡

就是这样一位杰出的弟子，有望成为孔子学说的传承人，却过早地夭亡了。我们不由得想起孔子和弟子们在匡地落难的时候，孔子和颜回的一段对话：

子畏于匡，颜渊后。子曰：“吾以女为死矣。”曰：“子在，回何敢死？”（《论语·先进》）

颜回视孔子如父，《礼记·曲礼》云“父母在，不许友以死”，《论语·先进》说“有父母在，如之何其闻斯行之”，刘强《论语新识》说“夫子乃弘道传道之人，任重道远，死而后已；作为道业之接力者，弟子岂可先师父而赴死”。孔子还在，颜回是不能轻易去死的。

“子在，回何敢死”的话还历历在耳，颜回却终究先孔子而去。

颜渊死。子曰：“噫！天丧予！天丧予！”（《论语·先进》）

颜渊死，子哭之恸。从者曰：“子恸矣。”曰：“有恸乎？非夫人之为恸而谁

为？”（《论语·先进》）

为什么孔子的“恸”显得如此沉重，让旁人觉得这个最重礼的人已经悲戚过度了呢？这让我们想起他在匡地遭难的时候说的话：

子畏于匡。曰：“文王既没，文不在兹乎？天之将丧斯文也，后死者不得与于斯文也；天之未丧斯文也，匡人其如予何？”（《论语·子罕》）

如果上天要让我的道流传下去，那么匡人是不能把我怎么样的。可是，在孔子已经衰老得“不复梦见周公”的时候，他认为最有希望的继承人都死了，这不是“天之将丧斯文”吗？孔子此刻的悲痛是双重的，既是对如儿子一般钟爱的弟子早夭的悲痛，也是对自己的道面临失传的悲痛。故而朱熹《论语集注》曰：“悼道无传，若天丧己也。”

这正如刘强在《论语新识》里所说的：“孔子晚年所遭受之最大打击，伯鱼死于前，颜回夭于后，血脉之嗣与精神之裔皆告凋零，夫子心中之痛，可谓无以复加矣。”

二

重义轻利的子路

中国现存最早的叙事完备的编年体史书《左传》中有一段关于子路的记载：

小邾射以句绎来奔，曰："使季路要（约）我，吾无盟矣。"使子路，子路辞。季康子使冉有谓之曰："千乘之国，不信其盟，而信子之言，子何辱焉？"对曰："鲁有事于小邾，不敢问故，死其城下可也。彼不臣，而济其言，是义之也，由弗能。"（《左传·哀公十四年》）

小邾国的叛国者说，只要是了路跟他定约，就不需要和鲁国进行正式的盟约。别人都以为这是很有面子的事情，季大夫也派子路的同学冉有来劝他。然而子路不肯，他说："鲁国如果和小邾国之间有战事，我一定拼死作战。但是这样的不臣之人，我要是帮他达成心愿，那就是让人认为他的背叛是符合道义之事。我不能答应。"

从上面的记载里，我们既可以看到子路的"信"，也可以看到他的"义"。他这番言语，让两千多年以后的我们感受到了其中的凛然正气。

如前所述，李零先生统计出"子路"在《论语》中共出现42次，这是所有弟子里出现频率最高的。根据《史记·仲尼弟子列传》记载："仲由字子路，卞人也。少孔子九岁。"子路和孔子的年龄比较接近，这是他们关系亦师亦友的一个原因。《史记》还记叙了子路拜师的过程，非常有戏剧性，"子路性鄙，好勇力，志伉直，冠雄鸡，佩豭豚，陵暴孔子。孔子设礼稍诱子路，子路后儒服，委质，因门人请为弟子"。子路耿直、勇敢、坦率的性格跃然纸上。

（一）品性

1. 刚强。

子路的品性，首先是刚强。

“柴也愚，参也鲁，师也辟，由也喭。”（《论语·先进》）

“喭”的意思就是刚猛、鲁莽。李泽厚《论语今读》对这样的子路非常喜欢。他说：“《论语》一书以子贡、子路的形象最为人（至少鄙人如此）喜爱欣赏，盖以一智一勇，又均是平常活人也。”这跟读《西游记》的人特别喜欢猪八戒是同样的道理，因为鲜活、生动、接地气，有缺陷但是可爱。比如下面的描写，就看起来让人忍俊不禁：

闵子侍侧，訚訚如也；子路，行行如也；冉有、子贡，侃侃如也。子乐。（《论语·先进》）

几个弟子在老师跟前服侍，有的温和恭顺，有的刚强亢直，有的侃侃而谈，各有其特点。几个人在一起大概就是“和而不同”的状态吧。但是，子路这样的性格在春秋末世是很危险的。所以孔子又为他感到担心：

“若由也，不得其死然。”（《论语·先进》）

2. 好勇。

子路刚强的性格自然和好勇联系在一起。还记得孔子夸奖颜回时的场景：

子谓颜渊曰：“用之则行，舍之则藏，惟我与尔有是夫！”子路曰：“子行三军，则谁与？”子曰：“暴虎冯河，死而无悔者，吾不与也。必也临事而惧，好谋而成者

也。”（《论语·述而》）

孔子批评子路是“暴虎冯河，死而无悔”，真是形象而准确。一方面，他批评子路是赤手空拳打老虎、光着脚板过河的莽夫；另一方面又启发他，“必也临事而惧，好谋而成”，如果你一定要冲锋陷阵、勇往直前，事先一定要认真准备，精心谋划啊，这样才能成功呀！

子曰：“非其鬼而祭之，谄也。见义不为，无勇也。”（《论语·为政》）

子路曰：“君子尚勇乎？”子曰：“君子义以为上。君子有勇而无义为乱，小人有勇而无义为盗。”（《论语·阳货》）

勇而无礼则乱。（《论语·泰伯》）

好勇不好学，其蔽也乱。（《论语·阳货》）

孔子绝不是反对勇敢，他只是希望勇敢和智慧兼用，好勇与好学并行，勇敢也要合乎道和礼，不能为勇而勇。否则就很容易沦为乱臣贼子。

3. 急躁。

大凡性格刚猛、好勇的人都有一些急躁，子路也是如此。

子路有闻，未之能行，惟恐有闻。（《论语·公冶长》）

子路无宿诺。（《论语·颜渊》）

子路的表现和《礼记·中庸》中的“有弗行，行之弗笃，弗措也”类似。所以我们认为子路的“急”绝不是“急功近利”的“急”，而是急于追求“义”“信”“道”。也许他偏好勇敢、性格急躁，但是他对于道的追求、对于孔子的追随，却也恰恰因这种急切而显得格外耿直、热诚。

4.轻财。

子路如果活在唐宋时代，大概也是程咬金或李逵般的人物吧，轻财好义，古道热肠。

子曰：“衣敝缊袍，与衣狐貉者立，而不耻者，其由也与！”（《论语·子罕》）

颜渊、季路侍。子曰：“盍各言尔志？”子路曰：“愿车、马、（衣）轻裘，与朋友共，敝之而无憾。”（《论语·公冶长》）

孔子曾经说过，“士志于道，而耻恶衣恶食者，未足与议也”（《论语·里仁》）。可见子路就是那种真正的士人。从他的个性来看，他应该就是孟子所谓的“富贵不能淫，贫贱不能移，威武不能屈”的那种士人。

（二）才干

子路的信义和性情我们已经见识了，他能成为孔子最有名的弟子之一，绝不仅仅是因为他的憨直可爱。

子路、曾皙、冉有、公西华侍坐。子曰：“以吾一日长乎尔，毋吾以也！居则曰：‘不吾知也！’如或知尔，则何以哉？”子路率尔而对曰：“千乘之国，摄乎大国之间，加之以师旅，因之以饥馑，由也为之，比及三年，可使有勇，且知方也。”夫子哂之。“求，尔何如？”对曰：“方六七十，如五六十，求也为之，比及三年，可使足民；如其礼乐，以俟君子。”“赤，尔何如？”对曰：“非曰能之，愿学焉！宗庙之事，如会同，端章甫，愿为小相焉。”“点，尔何如？”鼓瑟希，铿尔，舍瑟而作。对曰：“异乎三子者之撰！”子曰：“何伤乎？亦各言其志也。”曰：“莫春者，春服既成；冠者五六人，童子六七人，浴乎沂，风乎舞雩，咏而归。”夫子喟然叹曰：“吾与点也。”三子者出，曾皙后。曾皙曰：“夫三子者之言何如？”子曰：“亦各言其志也已矣。”曰：“夫子何哂由也？”曰：“为国以礼，其言不让，是故哂之。唯求则非邦也与？安见方六七十，如五六十，而非邦也者？唯赤则非邦也与？宗庙会同，非诸侯而何？赤也为之小，孰能为之大？”（《论语·先进》）

这是《论语》里最长也是最精彩的一则。刘强《论语新识》评价说：“此章四弟子各道其志，可谓孔门教学之实录，篇幅为《论语》全书之最，又加叙事写人，精工简雅，起承转合，历历如画，闻声知人，呼之欲出；尤其曾点所言，寥寥数语，怡情怡景，如诗如画，诚为千古第一等绝妙文字！”

其中子路是第一个站起来回答的，这与他的年龄、身份、性格有直接的关系，所以文中说他“率尔而对”，孔子对他的回答报以“哂之”。那么孔子是不认同子路的志向吗？不是。在另一个场合，孔子曾经跟鲁国的大夫说起子路的才能：

孟武伯问：“子路仁乎？”子曰：“不知也。”又问。子曰：“由也，千乘之国，可使治其赋也。不知其仁也。”“求也何如？”子曰：“求也，千室之邑，百乘之家，可使为之宰也。不知其仁也。”“赤也何如？”子曰：“赤也，束带立于朝，可使与

宾客言也。不知其仁也。”(《论语·公冶长》)

这一段几乎和各位弟子对自己的期许是一样的。可见,孔子对自己的弟子的才干还是非常有信心的。他不满足之处只不过在于子路不够礼让,冉求、公西华不够自信罢了。下面这段话也是孔子对弟子们的才干充满信心的回答:

季康子问:“仲由可使从政也与?”子曰:“由也果,于从政乎何有?”曰:“赐也可使从政也与?”曰:“赐也达,于从政乎何有?”曰:“求也可使从政也与?”曰:“求也艺,于从政乎何有?”(《论语·雍也》)

“于从政乎何有”的意思就是对于他们来说,从政这样的事,有什么难的呢?多么有信心的老师呀。在这些人中,子路又是和冉有一起被列入“政事科”的,足见他在政治上的才能应该是高出其他弟子的。

德行:颜渊、闵子骞、冉伯牛、仲弓;言语:宰我、子贡;政事:冉有、季路;文学:子游、子夏。(《论语·先进》)

(三)殉难

子路的性格刚猛、鲁莽、好勇,这直接决定了他的最终命运。

子曰："由之瑟，奚为于丘之门？"门人不敬子路。子曰："由也升堂矣，未入于室也。"(《论语·先进》)

皇侃的《论语义疏》说："子路性刚，其鼓瑟亦有壮气。孔子知其必不得寿终，故每抑之。"刘强《论语新识》也说："夫子说'由之瑟'云云，必是子路弹瑟意气风发，刚猛有余，闲啬不足，未能充分体现瑟'惩忿窒欲'、中正平和之特质。"所以在《论语·先进》里，孔子就说"若由也，不得其死然"。他预感到子路恐怕是不得寿终的了。

孔子周游列国的时候，曾经几次在卫国停留，但最终都决定离开。最初是卫灵公在位，后来卫出公在位。卫出公是卫灵公的孙子，他的父亲蒯聩曾是卫灵公的太子，后来因为企图谋害南子而被废。卫出公即位以后，蒯聩试图返回卫国当权。故而孔子在卫国的时候，大家都很想知道他是否愿意为卫国做事。子路决心留下来辅佐卫出公，他咨询自己的老师该如何施政。

子路曰："卫君待子而为政，子将奚先？"子曰："必也正名乎！"子路曰："有是哉，子之迂也！奚其正？"子曰："野哉，由也！君子于其所不知，盖阙如也。名不正，则言不顺；言不顺，则事不成；事不成，则礼乐不兴；礼乐不兴，则刑罚不中；刑罚不中，则民无所措手足。故君子名之必可言也，言之必可行也。君子于其言，无所苟而已矣！"(《论语·子路》)

孔子回答说要"正名"，即正君臣、父子之名。而蒯聩是出公之父，又是出公之臣；出公是蒯聩之君，又是蒯聩之子，正是名不正、言不顺，政事何以能成？孔子的回答说明他不愿意在这样的局面下去辅佐卫君，而子路没有真正领会或者说没有能实践老师的这个理念，故而导致了后来的悲剧。这正是子路在道上面尚未“入室”的体现。

据《史记》记载，子路殉难的过程是这样的：

方孔悝作乱，子路在外，闻之而驰往。遇子羔出卫城门，谓子路曰：“出公去矣，而门已闭，子可还矣，毋空受其祸。”子路曰：“食其食者不避其难。”子羔卒去。有使者入城，城门开，子路随而入。造蒉聩，蒉聩与孔悝登台。子路曰：“君焉用孔悝？请得而杀之。”蒉聩弗听。于是子路欲燔台，蒉聩惧，乃下石乞、壶黡攻子路，击断子路之缨。子路曰：“君子死而冠不免。”遂结缨而死。(《史记·仲尼弟子列传》)

有人盛赞子路是为了君子“不免冠”的礼仪而死的，因为子路的冠缨（带子）断了，他为了系缨而被人杀死。其实子路是因为他和石乞、壶黡相斗的时候，被他们用戈砍到了要害重伤而死的，冠缨就是那时候被砍断的。《左传·哀公十五年》的记载就是“太子闻之，惧，下石乞、壶黡敌子路，以戈击之，断缨。子路曰：‘君子死，冠不免。’结缨而死”。显然子路是在临死的时候结好缨带而死，并不是为了结缨带而被人杀死。试想谁能在搏斗中仅仅砍断缨带而不砍伤对方的头部或颈部呢，因为冠缨就是从头上垂下紧紧系到下巴处的。如果冠缨被砍断，不是面部重创，就是脖子附近受了致命伤。有时候过分夸张子路对“礼”的遵守，其实是误解甚至丑化了子路。

孔子闻卫乱，曰："嗟乎，由死矣！"已而果死。故孔子曰："自吾得由，恶言不闻于耳。"是时子贡为鲁使于齐。(《史记·仲尼弟子列传》)

孔子是有强烈的预感的，以他对时局、对子路的深刻了解，知道子路要死在卫国了。——自从子路陪在他身边，再也没有人敢对孔子恶言恶语，这是一个勇敢的护卫者。也许他对孔了的思想理解不如颜回透彻，也不如子贡聪慧机变，甚至常常对老师有质疑和误解，但他忠诚地保护和崇敬着他的老师，这一点是毋庸置疑的。

子路之死，发生在孔子离世的前一年。这个时候，孔子的妻子、儿子及颜回，都已经相继离他而去。我们无法想象，孔子此刻心中怀着怎样的深悲剧痛。

三

富而不骄的子贡

根据《史记·仲尼弟子列传》的记载，"端沐赐，卫人，字子贡。少孔子三十一岁"。在孔子的弟子中，他属于"言语科"，所以《仲尼弟子列传》中又说"子贡利口巧辞，孔子常黜其辩"。

根据李零先生的统计，"子贡"在《论语》中出现38次，出镜率仅次于"子路"，子贡也是孔子弟子里非常受钟爱的一个。

（一）子贡与颜回

子贡在孔子弟子里是最富有的，很有做生意的头脑，同时又聪明好学，很受孔子喜爱。但他和子路一样，会不由自主地拿自己和颜回比较，比如之前我们提到的那段：

子贡问曰："贫而无谄，富而无骄，何如？"子曰："可也。未若贫而乐，富而好礼者也。"子贡曰："《诗》云，'如切如磋，如琢如磨'，其斯之谓与？"子曰："赐也！始可与言《诗》已矣，告诸往而知来者。"（《论语·学而》）

可见子贡对自己"富而无骄"的品质是很自矜的，而且大约认为颜回是"贫而无谄"，二者似乎可以相媲美了。然而孔子说"贫而无谄，富而无骄"的确是不错的品格，但是这样还不够，因为还有"贫而乐，富而好礼"。"贫而无谄，富而无骄"只是一种外在的姿态，而"贫而乐"则是发自内心的状态，后者要高贵多了；至于拥有了财富之后，如能做到"好礼"，则更是一件为社会造福的好事。子贡非常聪慧，立即有所领悟：颜回已经达到"贫而乐"了，而自己恐怕还未能做到"富而好礼"呢。

从这段话里我们可以看到，孔子绝不会因为子贡的富有而对其有成见，同时也委婉地给子贡提供了进步的方向。刘强《论语新识》说："子贡本来自得意，经夫子提点后，就以'切磋琢磨'发之，师徒之间，口传心授，教学相长，活泼如见，令人虽不能至，心向往之。"

（二）子贡与子路

子路和子贡作为《论语》中和孔子切磋交流最多的两位弟子，一勇一智，性格非常鲜明，但都对孔子忠心耿耿，生死相随。

两人的不同在是否辅佐卫出公的事情上体现得很清楚。

子路曰："卫君待子而为政，子将奚先？"子曰："必也正名乎！"子路曰："有是哉，子之迂也！奚其正？"子曰："野哉，由也！君子于其所不知，盖阙如也。名不正，则言不顺；言不顺，则事不成；事不成，则礼乐不兴；礼乐不兴，则刑罚不中；刑罚不中，则民无所措手足。故君子名之必可言也，言之必可行也。君子于其言，无所苟而已矣！"（《论语·子路》）

冉有曰："夫子为卫君乎？"子贡曰："诺。吾将问之。"入，曰："伯夷、叔齐何人也？"曰："古之贤人也。"曰："怨乎？"曰："求仁而得仁，又何怨！"出，曰："夫子不为也。"（《论语·述而》）

子路性格坦率，故而对孔子打算如何辅佐卫出公为政的问题采用了单刀直入的方法："卫君待子而为政，子将奚先？"他对老师的想法，以及为什么这样想，是比较茫然无知的。所以当孔子说出"必也正名乎"的时候，他不但不明白，反而直言批评老师"迂"。

子贡同样不知道老师的决定是什么，却采用了旁敲侧击的方法，问老师"伯夷和叔齐是什么人"。伯夷和叔齐是商末周初著名的贤人，子贡不可能不知。所以孔子的回答是淡淡的一句："古代的贤人。"到此为止，师徒俩的回答是有些不着边际的，但子贡接下来的问题就直中靶心了："怨乎？"伯夷和叔齐因为不想做周朝的官，逃到首阳山上饿死了。"他们临死之前是否后悔和抱憾呢？"这是很多人会追问的问题。

孔子的回答非常笃定："求仁而得仁，又何怨！"伯夷和叔齐追求的不是高官厚禄，不是苟延残喘，恰恰是"仁"，最后也得到了"仁"，生存并不是他们所追求的目标，他们有什么后悔的呢？聪明的子贡马上就知道，老师是不会帮助卫出公的。

从这两则对话里我们可以看出，子贡理解孔子的理念，他只是不知道或不确定老师在具体的某个问题上是否会坚持这个理念。

（三）言和行

子贡属于"言语科"，言辞巧妙，但不免有言行难以一致的时候。这大概也是上面我们提到的关于卫国政事，他一方面很懂孔子，但一方面又不确定孔子会不会辅佐卫君的原因吧。因为总有一些人，其理念、言辞和行为并不能完全一致。自己的老师是否能做到一致呢？他并不能肯定。

子贡问君子，子曰："先行其言，而后从之。"（《论语·为政》）

朱熹《论语集注》曰："先行其言者，行之于未言之前；而后从之者，言之于既行之后""子贡之患，非言之艰而行之艰，故告之以此"。

在孔子那个时代，越来越多的诸侯和大夫做事言行相悖，人们不得不靠盟约来维持诚信，到盟约都不奏效的时候就只好交换人质，甚至刀兵相见。春秋末期，这种趋势已经越来越明显。所以孔子在《论语》里一次又一次地强调“行”的重要性，批评“言过其实”的不合理性。

子曰：“巧言令色，鲜矣仁。”（《论语·学而》）

子曰：“君子食无求饱，居无求安，敏于事而慎于言，就有道而正焉，可谓好学也已。”（《论语·学而》）

子曰：“古者言之不出，耻躬之不逮也。”（《论语·里仁》）

子曰：“君子欲讷于言而敏于行。”（《论语·里仁》）

宰予昼寝。子曰：“朽木不可雕也，粪土之墙不可圬也，于予与何诛？”子曰：“始吾于人也，听其言而信其行；今吾于人也，听其言而观其行。于予与改是。”（《论语·公冶长》）

子曰：“有德者必有言，有言者不必有德；仁者必有勇，勇者不必有仁。”（《论语·宪问》）

子曰：“君子耻其言而过其行。”（《论语·宪问》）

这是孔子对自己众多弟子在言与行的割裂问题上煞费苦心的批评，也是他对时弊痛心疾首的针砭。

（四）子贡与仲尼

孔子去世前，他的妻子、儿子都已先他而去，颜回和子路也相继离世，只有子贡还陪伴在年逾古稀的老师身边。

子贡是孔子的忠实拥趸，我们从下面这段话就可以看出：

叔孙武叔语大夫于朝，曰："子贡贤于仲尼。"子服景伯以告子贡。子贡曰："譬之宫墙，赐之墙也及肩，窥见室家之好。夫子之墙数仞，不得其门而入，不见宗庙之美、百官之富。得其门者或寡矣。夫子之云，不亦宜乎！"（《论语·子张》）

子贡经商、出仕都很成功，按《史记》的记载，子贡出使各国，名声大噪。故而叔孙武叔这样的世俗人自然很容易有这样的看法：子贡比孔子更有才干！子贡的回答非常巧妙："我们拿房子的墙垣来打比方。我的墙只有肩膀那么高，人们自然能看见里面的房子如何漂亮华丽；而我老师的墙垣呢，有数仞高，那些不了解他的学问的人，自然看不到里面如何壮观巍峨。能略窥门径的人是极少数，所以叔孙先生那么讲，恐怕也很正常吧！"

崔述的《洙泗考信余录》说："子贡之推崇孔子至矣，则孔子之道所以昌明于世者，大率由于子贡，其功不可没也"，"圣道之显，多由子贡；圣道之传，多由曾子。子贡之功在当时，曾子之功在后世"。李竞恒《论语新劄》说："在流言蜚语和诽谤四起的形势下，正是子贡等孔门七十子，不断努力维护孔子的形象，坚守了早期儒学的阵地，使得古儒之学能不绝如缕，在后世激烈的竞争环境中生存下来，并得以不断发展。"

从史书记载来看，孔子临终时也是子贡相陪：

明岁，子路死于卫。孔子病，子贡请见。孔子方负杖逍遥于门，曰："赐，汝来何其晚也？”孔子因叹，歌曰：“太山坏乎！梁柱摧乎！哲人萎乎！”因以涕下。谓子贡曰：“天下无道久矣，莫能宗予。夏人殡于东阶，周人于西阶，殷人两柱间。昨暮，予梦坐奠两柱之间。予始殷人也。”后七日卒。（《史记·孔子世家》）

孔子去世以后，只有子贡在老师墓前守了六年。

孔子葬鲁城北泗上，弟子皆服三年。三年心丧毕，相诀而去，则哭，各复尽哀，或复留。惟子贡庐于冢上，凡六年，然后去。（《史记·孔子世家》）

可见，在孔子去世前后，能守护孔子、维护孔子形象、坚守儒学阵地的得力干将，就是子贡。故而司马迁在《史记·货殖列传》中这样说：

七十子之徒，赐最为饶益。原宪不厌糟糠，匿于穷巷。子贡结驷连骑，束帛之币以聘享诸侯，所至，国君无不分庭与之抗礼。夫使孔子名布扬于天下者，子贡先后之也。此所谓得执而益彰者乎？

《论语》中的『君子』

□中山大学哲学系　马永康

“君子”是《论语》中非常重要的概念。《论语》全文不到16000字，使用“君子”多达109次，每一篇都有涉及。其中除了孔子弟子等的少量使用之外，大部分出自孔子。更重要的是，孔子经常用“君子……（小人……）”的句式来传达他的思想。这表明孔子将君子作为他思想的践履者。有学者就称孔子的学说为“君子之学”或者“君子之道”。但是，孔子并非最早使用“君子”一词的人，在他之前的古籍中已有不少使用，比如《易》《诗》。这样，就需要考证孔了和前人对“君子”一词的使用有什么差别，同时探讨这些差别具有怎样的思想意义。

为此，不妨先从“君子”的基本词义讲起，然后看看孔子之前的古人怎样使用“君子”一词，以这些作为基础来对照《论语》中孔子的“君子”概念，最后再来探讨孔子的“君子”观念所具有的思想意义。

一

从“君”“子”到“君子”

汉字是表意文字，字形和字义存在一定的关联。一般来说，了解字形有助于把握字词的意义。要了解“君子”的基本词义，可以先来看它的构词要素“君”和“子”。

“君”字在甲骨文中写法差别不大，如、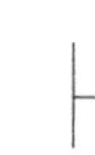。按照现代学者的解释，这些字形主要分为上下两部分。上半部分是一竖再加“又”字形，一竖表示棍子之类的

东西，“又”是手的形状，合在一起表示手拿着棍子等。这其实是“尹”字。“尹”在古代作动词用时，表示治理或治事，作名词用时表示官职。下半部分是“口”，表示用口发出命令。从字形上看，“君”就是用口发布命令来治理或治事。汉代学者许慎写有非常著名的《说文解字》，有点类似现代的字典，从字形上对汉字进行解释。其中对“君”字的解释是：“，尊也。从尹。发号，故从口。”也就是说，“君”有尊贵、尊崇、尊长等意思。这个字由“尹”和“口”两部分构成，其中“口”用来发号施令。根据这一解释，君与统治行为相关，具有相当的权力地位。当它作动词用时，就是统治、主宰等意思；作名词时，就指称具有相应权力和地位的人。

“子”在甲骨文里有几种不同字形，如，都非常形象。第一、二个字形，上面是头发，中间是脑袋，下面是两只脚。第三、四个是使用较多的字形，比前两个简单，方框和圆形代表脑袋，一横是两个手，一竖表示躯干。一般婴儿出生后，身体和脚被裹在衣物中，只露出手和头，所以躯干和脚看起来是连起来的形状。从这些甲骨文来看，“子”最初应指婴儿。《说文解字》对“子”的解释是：“，十一月，阳气动，万物滋，人以为称。象形。”许慎是汉代人，他的解释明显受到当时流行的阴阳五行学说的影响。古人有用子、丑、寅等十二地支来记月的做法，子月对应阴历的十一月。许慎解释中的“十一月”就来自地支记月的方式。许慎说，“子”代表的是十一月，这时天地的阳气开始发动，万物由于阳气发动而开始滋长，因而“子”就被用来泛指开始滋长的事物，亦即带有萌生特点的事物，比如孩子、种子之类。这是一个象形字，可能是从下往上看整个字形透出一股向上勃发的生命力，但许慎的解释和刚才看到的第一、二种带头发的字形不合。从带头发的字形来看，“子”最初造字应取形于婴儿。从婴儿这一初始意义，“子”引申出其他意义。如婴儿比较小，引申指细小的物件等。这些引申比较复杂，这里不多说。但在后来的引申中，“子”又演变为对男子的尊称。

“君子”由“君”和“子”构成。根据汉语的一般构词规律，“君”“子”的组合可能有两种关系：第一种是并列关系，“君子”就指君和儿子，就像夫妻、兄弟的构词方式一样。第二种是偏正关系，可以表示君的儿子，或者表示尊贵的人或男子，因为“君”带有尊贵、尊崇的意思，“子”可以指人或男子等。目前在甲骨文中没有发现“君子”一词的使用，在流传下来的古籍中，“君子”都是尊称，指尊贵或值得尊崇的人或男子。作为社会通用的尊称，怎样的人可被尊称为“君子”，在一定程度上反映出人们对尊贵或值得推崇所持的价值标准。从现在来看，古代的“君子”主要有两种用法：第一种，指有权力、地位的人，大致从构词要素“君”具有权力、地位的意义而来；第二种，指有道德的人，不是直接来自构词，大致属于延伸出来的意义。这两种不同用法所体现出来的尊贵或值得推崇的价值标准非常不同，一种是以人外在的权力、地位来判断，而另一种则是依据人内在的道德修养来判断。第一种用法现在已不再使用，第二种用法仍活跃在当前的社会生活中。这一变化与孔子对“君子”的阐述有很大的关系。而在用法的更替背后，可以看到价值观念的转换。所以，关注“君子”的用法，具有一定的意义。

二

孔子之前的“君子”

孔子之前的古籍，比较可靠而且使用“君子”较多的是《易》的卦爻辞和《诗》。可以以这两本书为代表，简要看看孔子之前“君子”一词的使用情况。

首先,《易》的卦爻辞有20个地方使用了“君子”。仅举两例来看看它的用法：

1.《易·屯·六三》：“即鹿无虞，惟入于林中；君子几不如舍，往吝。”“即”意为就、接近；“虞”是当时掌管山林禽兽的低级官员；“几”一般认为是“祈”的通假字，意为求取。整句的大意是：追逐鹿但没有虞人的协助，鹿跑回到树林里，君子与其继续追下去，不如舍弃，再往前走会有灾难。这里所说的“君子”能够出外打猎，可以寻求虞人这种低级官员的协助，应属于有一定权力地位的人。整句不带有道德意义。

2.《易·剥·上九》：“硕果不食，君子得舆，小人剥庐。”大意是：有硕大的果实而不吃，君子将获得马车，小人的房屋将会被剥除，亦即不同类型的人不食硕果会导致不同的结果。这里的“君子”“小人”也是就权力和地位而言。如果从道德角度来理解“君子”“小人”，比较难解释得通。首先，道德意义上的君子本身讲究义利之辨，与这爻辞带有明显的舍小利获大利的功利意识不合；其次，道德意义上的小人贪图眼前利益，现在不贪图眼前利益反而结果不好，也和一般的道德信念不合。

对于《易》中的“君子”，著名学者高亨在《周易古经今注》中曾明确提出：

“大人君子皆有官位者之称，小人乃无官位者之称也。”亦即《易》中的“君子”“小人”是以权力和地位来区分的。他的这一说法后来也得到不少学者的支持。

其次看《诗》。《诗》305篇，有60多篇使用了“君子”一词，比《易》的卦爻辞复杂一些。按使用情况，大体可以分为三类：

第一类，是女子对情人或丈夫的称谓，如《诗·周南·汝坟》《诗·秦风·晨风》等14篇。由于这种用法为女子特定使用，不是社会通用的尊称，与讨论的主题关系不大，不予讨论。

第二类，指包括君王、贵族等具有权力和地位的人，如《诗·小雅·关雎》有“关关雎鸠，在河之洲。窈窕淑女，君子好逑。……窈窕淑女，琴瑟友之。……窈窕淑女，钟鼓乐之”。这首诗现在通常被解释为爱情诗，描写一名君子对一名淑女的追求。引文的大意是，关关和鸣的雎鸠相伴在河中的小洲，这意象引出诗人认为美丽贤淑的女子是君子的好配偶，他要奏起琴瑟以便亲近她，敲起钟鼓来取悦她。此处的“君子”一般被认为是贵族。因为诗中“君子”可以用琴瑟、钟鼓等乐器来讨好淑女，就当时的生活水平而言，显然不是普通百姓可以做到的，需要有一定的权力和地位。也就是说，这里的“君子”指有权力和地位的人。《诗·小雅·采薇》：“驾彼四牡，四牡骙骙。君子所依，小人所腓。”这是一首军人描述军旅生活和思念妻子的诗。引文中，“牡”指雄性的动物，这里指公马；“骙骙”形容马匹非常强壮；“腓”是隐蔽、保护的意思。整句大意是，驾着四匹强壮的公马拉的车，君子坐在车上，小人借马车来隐蔽保护。这里的“君子”一般认为是指将帅，也是有地位的贵族。这类诗有40多篇。

第三类，指称有道德的人。有学者提出《小雅》中的《鼓钟》《青蝇》《巷伯》《节南山》的“君子”是在这种意义上使用的。由于诗比较简洁而有较大的解释空间，其中难免有争议。如《鼓钟》描述了诗人对有德君子的怀念，内有“淑人君子，其德不回”句，意为善良的君子，道德正直无邪。此处显然描述了君子的道德，但这些道德要求是君子的外在还是属于内在的含义，可能会存在不同的释读。在这四首诗中，较明确的是指责掌权者的《节南山》。“弗躬弗亲，庶民弗信。弗问弗仕，勿罔君子。式夷式已，无小人殆”，大体意思是掌权者不亲政勤政，已不能获得百姓的信任；不去咨询耆旧，不晋用才俊，不要再欺罔正人君子。施政应当公平躬亲，没有接近小人的危险。这里的“小人”应指那些道德有问题的人，而君子与小人相对，应指有道德的人。

由上可见，《诗》中的“君子”作为社会通用尊称时，绝大部分还是指有权力和地位的人，个别地方则指有道德的人。

从《易》的卦爻辞和《诗》，大体可以看到孔子之前的“君子”主要指有权力和地位的人。这和构词的基本意义一致，因为“君”本身带有发号施令的含义，道德不是重点所在。《诗》中个别地方出现指有道德的人，这提示着从道德角度来使用“君子”的用法可能是从权力和地位的基本意义中延伸而来的。君子是治人者，具有道德更易使普通百姓听从治理。同时，当时虽然是世袭制度，但在西周的礼乐制度中有一套选择德能的程序，这使得君子也需要具备一定的道德。而对于普通百姓而言，更希望有权力地位的君子能够为他们多着想，不胡作非为。《诗·小雅·鼓钟》就表达了对有道德的“君子”的怀念。这些不同的因素，促使有道德成为君子的要求，并成为“君子”一词的内在含义。但是，《诗》中并没有就君子应该具备怎样的道德品质给出明确的说法。

三

《论语》中的“君子”

孔子之前的“君子”主要指有权力和地位的人，并有少量指称有道德的人。这为理解《论语》中“君子”一词提供了对照的背景。参照这一背景，下面来细看孔子的“君子”观念。

（一）“君子”一词的两种用法

先来看《论语》中孔子对“君子”的使用。孔子自称“述而不作，信而好古”，也就是只传述前人的学说，自己不随意进行创作，相信并喜欢古代的事物。这意味着孔子的思想理论带有继承性。与此同时，由于孔子的“述”必然带有个人的理解而呈现出不同的偏重，这就使他的思想兼有创新的一面。

就“君子”一词的使用来看，孔子的继承体现在他沿袭了指称有权力和地位的人的传统用法。如：

《论语·泰伯》：“子曰：‘……君子笃于亲，则民兴于仁；故旧不遗，则民不偷。’”这章说君子如果能厚待亲人，那么民众就会崇尚仁德；如果能不遗弃疏远旧人、旧朋友，那么民众就不会冷漠无情。这章“君子”与“民”相对，呈现出治理与被治理的关系，讲述的是社会政治问题。这里的“君子”显然是指有权力和地位的人。孔子希望他们能够做出表率，带动民众效仿，从而建立起有道德的良序社会。

《论语·阳货》:“子之武城，闻弦歌之声。夫子莞尔而笑，曰：‘割鸡焉用牛刀？’子游对曰：‘昔者偃也闻诸夫子曰：“君子学道则爱人，小人学道则易使也。”’子曰：‘二三子！偃之言是也。前言戏之耳。’”孔子到了武城，这是弟子子游治理的城邑。在那里，孔子听到了弹弦乐唱歌的声音，微微笑着对子游说：“杀鸡哪用得着牛刀？”言下之意是，乐教是治理天下的大器，武城只是小地方，哪里用得着。子游回答说：“以前我听先生讲过，君子学道后就会爱人，小人学道就易于听从指挥、使唤。”孔子听了后，对弟子们说：“诸位弟子，子游的话很对。我刚才的话不过是同他开玩笑而已。”这章中“君子学道则爱人”中的“君子”，是就权力和地位而言，还是就道德而言？“君子”“小人”应该是就权力和地位而言。如果从道德来看，君子本身要求爱人，而小人则由于不肯学道而成为小人，学道后就不再成为小人，由此这句话前半句变得重复，后半句则比较难解。如果从权力和地位来看，则比较容易理解，意指无论有没有权力和地位，学道都有好处。

就创新一面来说，尽管孔子并非最早从道德角度来使用“君子”一词的人，但他使用得非常多，与此前只有少量使用不同。如：

《论语·学而》:“子曰：‘学而时习之，不亦说乎？有朋自远方来，不亦乐乎？人不知而不愠，不亦君子乎？’”后面一句的意思是，别人不了解我而我不生气，不也就是君子吗？这章的“君子”指有道德的人，有道德的人遇到事情应首先反躬自省，而不是向外发脾气。对君子的这种道德要求，与单纯的权力和地位无关。

《论语·公冶长》:“子曰：‘君子周而不比，小人比而不周。’”“周”“比”都含有亲近的意思，但“周”比较中性，“比”带有贬义。君子团结而不勾结，小人勾结而不团结。这是从道德角度对比君子和小人的不同，不能从权力和地位来看。在实际生活中，有权力和地位的君子相互勾结、拉帮结派的不少，而地位低下的民众也不是都喜欢拉帮结派。

“君子”的这两种用法在《论语》中都有。通观《论语》，道德意义上“君子”占压倒性的多数，权力和地位上的用法数量非常少。朱熹在《论语集注》中对“君子”做了部分区分，如“成德之名”“才德出众之名”等从道德层面而言，“谓当时贤者”“谓在上之人”“谓贤士大夫”“以位言”大体从权力和地位层面而言，但不全面。有现代学者统计，权力和地位意义上的用法有十来章，但其中的划分可能有争议。不管怎样，孔子主要在道德意义上使用“君子”一词，这使得“君子”一词的使用出现了转折性的变化。

另外，读《论语》时需要注意这两种不同的用法。当“君子”指称权力和地位时，也可能有道德的要求，但由于是对有权力和地位者的特定要求，并不适用于所有人，有点类似于时下的特定行业的职业要求。只有对道德意义上的君子提出的道德要求，才具有普适性。

（二）赋予“君子”具体的道德内涵

除了用法上的偏重之外，更重要的是孔子在《论语》中明确了君子的道德品质和修德方式，补充了《诗》等文献的不足。这些主要通过“君子……（小人）……”的表述方式来给出。“君子”后接的内容就是孔子提出的道德要求或者修德方式。有时增加“小人”，目的是与“君子”形成鲜明对比，使人自觉避免小人的做法而选择君子的行为。“君子”和“小人”是善恶对立的简单二分法，压缩可能存在的中间地带，促使人进行非此即彼的选择。当然，通常情况下人们会自觉选择善，有利于劝善。这种二分法在教化理论中经常可以看到，如佛教的地狱与极乐世界，基督教的天堂与地狱。

孔子赋予了“君子”具体的道德内涵，下面简单举几个例子：

1.《论语·里仁》：“子曰：‘君子欲讷于言而敏于行。’”“欲讷于言而敏于行”是要求君子做到的内容，即说话应该谨慎迟缓，但行为应该快速敏捷。这体现的是信德，通过把好话语关及强调行动，避免言而不行的现象。

2.《论语·颜渊》：“子曰：‘君子成人之美，不成人之恶。小人反是。’”君子应该成全别人的好事，不促成人作恶，而小人则相反。君子和小人形成鲜明的对比，让人向君子看齐，避免做小人。

3.《论语·里仁》：“子曰：‘……君子去仁，恶乎成名？君子无终食之间违仁，造次必于是，颠沛必于是。’”孔子在这章中将君子与仁紧密地联系在一起，实践仁德是君子赖以成名的核心，并提出要成为君子，即使吃一顿饭的时间也不能违背仁德，仓促匆忙间或者颠沛流离时也要与仁同在。仁是孔子道德学说的核心，君子与仁的这种密不可分的关系，实质上表明君子是孔子思想学说的人格体现。

4.《论语·宪问》：“子路问君子。子曰：‘修己以敬。’曰：‘如斯而已乎？’曰：‘修己以安人。’曰：‘如斯而已乎？’曰：‘修己以安百姓。修己以安百姓，尧舜其犹病诸！’”子路追问孔子怎样才能成为君子，孔子以修养自己作为核心作答。先要以恭敬之心来提升自己，再在此基础上来安定他人以及安定百姓。孔子认为，连尧舜这样的圣王都在修养自己来安定百姓上有缺陷！评价君子最重要的标准是道德修养，“安人”“安百姓”是在这基础上的更高要求，涉及对他人和社会的贡献问题。这和《大学》阐述的“修身、齐家、治国、平天下”的儒学“内圣外王”理念相通。这再次表明，君子是孔子学说的承载者。

从以上简单列举的例子可以看到，孔子基本上将他的思想学说寄托在“君子”

上，有力地改塑了“君子”的内涵。

（三）将“君子”作为追求的目标

孔子将改塑后的“君子”作为追求的目标。

一方面，孔子以“躬行君子”作为自我追求的目标。《论语·述而》：“子曰：‘文莫吾犹人也。躬行君子，则吾未之有得。’”孔子自言他在书本上的学问和别人差不多，但在实践“君子”上，还没有做好。《论语·宪问》：“子曰：‘君子道者三，我无能焉：仁者不忧，知者不惑，勇者不惧。’子贡曰：‘夫子自道也。’”孔子说君子具有三大品德，即儒家的“三达德”：仁、智、勇，并自谦说没有做到。子贡则说孔子已经做到了，这是他的自我描述。从这两章可以看到，孔子以“君子”作为标准来要求自己，希望能成为一名真正的君子。

另一方面，孔子也以成为君子教导弟子。《论语·雍也》记载孔子教导子夏成为“君子儒”，不要成为“小人儒”。儒在当时可能是从事礼仪工作的职业，孔子希望子夏要成为君子式的儒者，不要成为小人式的儒者。《论语·卫灵公》：“在陈绝粮，从者病，莫能兴。子路愠见曰：‘君子亦有穷乎？’子曰：‘君子固穷，小人穷斯滥矣。’”孔子曾在陈国被围而断粮，跟从的弟子身体上都出现问题，以致不能站起来。面对这种情形，子路生气地去见孔子，问孔子：君子也有困顿的时候吗？孔子回答说：“君子固然有困顿的时候，但不会为非作歹，而小人一旦困顿就胡作非为。”在这章中，子路在生气的时候以“君子”来发问，并非随意，而是明显针对孔子平日经常以“君子”来教导弟子。实际上，《论语》记载了大量孔子关于“君子”的教诲，以及子贡、司马牛、子路等“问君子”，表明孔子平日就以“君子”为目标行教。

从上面所举的例子可以看出，孔子不仅自己实践“君子”的要求，而且也以成为“君子”来教导学生。由此，“君子”成为孔子学说和实践的追求目标。如此一来，需要澄清两个问题：

第一，《论语》中孔子关于圣或圣人讲得不多，只有四章，但圣人无疑是孔子心中最高的理想人格。为什么孔子不以圣人作为追求的直接目标，而是要成为君子？这涉及孔子心中圣人与君子的差别。《论语·雍也》中有一章恰好为理解这问题提供了线索。“子贡曰：‘如有博施于民而能济众，何如？可谓仁乎？’子曰：‘何事于仁，必也圣乎！尧、舜其犹病诸！夫仁者，己欲立而立人，己欲达而达人。能近取譬，可谓仁之方也已。’”子贡问孔子：如果有人能广施恩惠给人民，而且能够帮助众人，是否可以算得上仁者了？孔子认为，能达到这种状态的人，已经超出于仁，达到圣了。即使尧、舜这样的圣王在这方面仍然做得不够好。子贡以仁为问，孔子对仁做了补充，提出能做到“己欲立而立人，己欲达而达人”就是仁者了。实践仁的方法是从身边做起，设身处地为他人着想。显然，孔子认为圣比仁的境界要高。由于君子是仁的践履者，这章可以和《论语·宪问》“子路问君子”章结合在一起来看。“博施于民而能济众”相当于“修己以安百姓”，孔子认为尧、舜在这方面还做得不好。仁的“能近取譬”相当于“修己以安人”，指向身边的人。这样，圣和仁或者圣人和君子的根本差别就不在于内在的道德，“修己”显然是前提，否则不可能做到“博施于民而能济众”，而在于外在事功范围的大小。圣不仅仅是“安人”或“能近取譬”，而是应有如“安百姓”“博施于民而能济众”的广泛外在事功。尧、舜的不足应是还未能将事功普及全民。但是，要有大范围的外在事功，需要有较高的权力和地位作支撑。也就是说，圣人内含着道德、权力、地位合一的要求，尧、舜就是这样。但是，当时的社会主要实行世袭制度，除了极少数因战功、才能等获得权力和地位的人之外，出身是重要的前提。出身非人力所能控制，纯粹出于偶然的命运。由此，成为圣人很大程度上依赖于命运的偶然性，可遇而不可求。孔子在《论语·述而》中就说：“圣人，吾不得而见之矣；得见君子者，斯可矣。”孔子对当时能出现圣人感到绝望，这是因为当时有权力和地位的人大都道德有问题，《论语》就记载了不少孔子抨击各种不守礼法行为的言论。这表明以圣人为追求的目标显然过高，不具现实可能性。但对于“君子”，孔子则怀有很大的希望，这是因为君子不需要较大的权力和较高的地位作支撑，只需要践履仁，从身边做起，因而具有更强的现实可能性。事实上，孔子在《论语》中并没有许以同时代活着的人为圣人，圣人都存在于过去的历史中。与此不同，孔子许以君子的则有同时代活着的人，如宓子贱、蘧伯玉等。他们并没有大范围的社会事功，但内在的道德修养很好。同时，孔子以君子而不是圣人作为追求的目标，也符合行教的实际。作为行教者，孔子本人也没有较大的权力和较高的地位，而他持“有教无类”的思想，弟子也大多出身于普通百姓家庭，有不少生活还比较贫困，典型的如颜回。孔子和他的弟子大都没有较大的权力和较高的地位，因而不可能具备成为孔子眼中的圣人的基本条件。而孔子所倡导的学说有很强的践履性，在《论语·为政》中明确要求“先行其言，而后从之”，即要自己先做到再说出来。如果以追求圣人作为行教的目标，尽管非常理想，但在实践上却不具有现实可行性，显然不符合孔子本人的思想，同时也会减弱学说的吸引力。因而，君子比圣人更适合作为追求的目标。由此，孔子在《论语·述而》中说“若圣与仁，则吾岂敢”，不敢自居圣、仁的原因很可能不同。不敢自居圣，是因为孔子没有权力和地位，因而不可能与古圣王一样能有巨大的社会贡献；不敢自居仁，应是孔子的自谦。

第二，经常听到一种说法，儒学的目标是学为圣贤或学至圣人。孔子以君子作为追求目标，是否和这种说法相冲突？实际上这两者并不构成直接的冲突。学为圣贤或学至圣人，是后世儒者的说法，尤其为宋明儒学所强调。但是，后世儒者对圣人的理解不同于孔子。后世圣人观念的变化比较复杂，这里简略说一下。在孔子弟子中，子贡的圣人观念已经不同于孔子。子贡最早圣化孔子，将孔子看作圣人。《论语》中记载了子贡对圣人的一些看法，《孟子·公孙丑》也记载道："子贡曰：'学不厌，智也，教不倦，仁也。仁且智，夫子既圣矣。'"子贡认为孔子具有了仁和智，已达到圣。子贡和孔子对圣人的看法不同，最大的差别在于剥离了圣人原来带有的较大范围的外在事功，转向强调内在的道德品质。后来孟子说伯夷是"圣之清者"，伊尹是"圣之任者"，柳下惠是"圣之和者"，孔子是"圣之时者"，尽管圣人有不同的类型，但都是强调内在的道德品质及特点，没有涉及大范围的外在事功。宋明儒学也从内在的道德品质来看圣人，不太强调外在的事功。在宋明儒学中，孔子成为圣人，主要在于道德修养，孟子被称作"亚圣"，也是注重内在的道德修养和辟杨墨的功绩，但辟杨墨的功绩已不是孔子所说的外在事功类型，而是思想功绩。因而，后世所说的学至圣人或者学为圣贤，实际上着重的还是内在道德品质。这和孔子所说的"君子"基本一致。

四

"君子"内涵转变的意义

孔子在《论语》中对"君子"的用法保留了少量指称有权力和地位的人，但明显偏重于指称有道德的人，特别是孔子赋予了“君子”具体的道德内涵，并将“君子”作为追求的目标，这使“君子”从原来偏重于权力和地位转向以道德为主。在儒学独尊之后，“君子”就固定为指称有道德的人。张恒寿在《近四十年来孔子研究论文选编·孔丘》中就提出：“到秦汉以后，除了一些成语或典丽的古文中仍用原始的君子意义（即上层统治者）外，在社会语言和一般人的意识中，就只有道德意义的君子了。”道德意义的“君子”现在还活跃在日常生活用语和价值评判中。正是孔子的阐述，使得“君子”的内涵发生了转折性、根本性的历史变化。

当然，“君子”内涵从权力和地位到道德的转换，不仅仅是语词内涵的简单转变，更重要的是语词背后承载的价值观念的变化。如前面所讲，“君子”一词本身带有尊贵或值得尊崇的意思，是社会通用的尊称。它用于指称哪些人，背后实际蕴含着人因什么而尊贵或值得尊崇的价值标准问题。孔子将“君子”的指称从权力和地位转向道德时，意味着孔子确认了道德相对于权力和地位更为尊贵。这一转变具有非常重要的思想意义。

第一，确立了道德相对权力和地位的尊贵性。在孔子之前，君子主要指有权力地位的贵族。这就使得人的尊贵与否由外在的权力地位来决定，人的道德等内在世界相应地变得次要。这样，要获得“君子”的尊称，受到社会的认可，就看个体的权力和地位。这会导引社会成员向外追逐权力地位，不仅忽视了人内在的精神世界，而且还会导致社会的不和谐。《论语·里仁》说“放于利而行，多怨”，就指出了向外逐物引发的社会不和谐。孔子从道德上使用“君子”一词，意味着人的尊贵来自内在道德，确立了道德的尊贵性。这样，要想获得“君子”这一尊称，重点应在提升内在的道德，而不是追逐外在的权力和地位。这可以使个体更加注重个人的道德修养，回归个人内在的精神世界，以安定心灵。同时，这也有助于引导社会走向有道德的社会。道德作为社会的润滑剂，可以更好地改善社会关系，使得社会的发展更和谐，更有温度。这样的社会，应该更值得向往。

第二，为每个人得到社会的认可提供了平等的机会，确立了人的自主性。当“君子”用于指称有权力和地位的人时，就当时而言具有明显的不平等性。先秦时期主要实行世官世袭制，要获得“君子”的尊称需要有好的出身。有哲人说过，出身是最大的不公平。出身带有很强的偶然性，依赖于命运的安排，个人对此完全无能为力，即便是孔子本人也不可能有所改变。这使得“君子”这一尊称并不平等。孔子将“君子”的内涵从权力和地位转向道德后，就使得每个人都可以平等地获得这一尊称。道德不像出身那样无法改变，而属于后天可自主掌控的内容。孔子在《论语·述而》中就提出，“我欲仁，斯仁至矣”，个人的道德修养完全把握在个体手中，只要你内心想做，就可以做到，当然这要下功夫，不断提升。这使得每个人都有平等的机会获得“君子”的尊称，得到社会的认可。同时，个体对于道德修养有充分的自主性，不必仰仗于命运的安排。命运可以改变个体的生活轨迹，但无法剥夺个体道德的自主性。如颜回，命运对他似乎不公，出身不好，生活贫困，但他能在别人忍受不了的贫苦中一心向学，提高自己的道德水平，不仅获得了孔子的高度认可，也得到了后世很高的评价，在一段时间内被称为“复圣”。可见，人要获得社会的尊重，完全在于个体本身，与外在条件无关。

由此，孔子将“君子”的内涵从权力和地位转换为道德，确立了道德的尊贵性，并将个人的生命价值交还给个体，由个体来确立自己的生命价值。这奠定了后世儒学的价值取向。

《论语》中的『戒』『畏』『慎』

□中山大学哲学系　张丰乾

关于儒教是否成立的问题，或退而求其次的儒家思想中的宗教性问题，学术界存在很大的分歧。无论如何，儒家所主张的精神生活中，自我约束和自我反省无疑占有无可取代的地位，由《论语》所载的“戒”“慎”“畏”三个方面的内容来看，对于宗教的内涵及其表现形式有必要重新探讨。

一

君子之“戒”

说到“戒”，今日之读者首先会想到戒律、戒条等，这似乎是一个宗教系统中必备的要素，宗教的信徒需要奉行某些戒律和戒条。《说文解字》解释，“戒，警也。从廾持戈，以戒不虞”。在“五经”之中，“戒”的基本含义也是警惕和戒备，但不仅仅是指个人的精神状态，而是包括警戒的制度和纪律。而在祭祀、会盟等重要活动及典礼之前的沐浴更衣、不食酒肉、不与妻妾同寝等以表虔诚庄重的行为，则被称为“斋戒”。在《论语》中，孔子讲到的“戒”，主要是指精神层面的戒备、警惕。最明显的就是“君子有三戒”：

孔子曰：“君子有三戒：少之时，血气未定，戒之在色；及其壮也，血气方刚，戒之在斗；及其老也，血气既衰，戒之在得。”（《论语·季氏》）

孔子讲到无论是“少”“壮”还是“年老”，关于“戒”都有一个生理上的基础——血气。“血气”看起来像是一个医学上的概念，事实上儒家在思想层面特别强调血气的不同状态导致人的精神状态的差异，所以在人生的各个阶段都各有所戒。朱熹认为：

血气，形之所待以生者，血阴而气阳也。得，贪得也。随时知戒，以理胜之，则不为血气所使也。范氏曰：“圣人同于人者血气也，异于人者志气也。血气有时而衰，志气则无时而衰也。少未定、壮而刚、老而衰者，血气也。戒于色、戒于斗、戒于得者，志气也。君子养其志气，故不为血气所动，是以年弥高而德弥邵也。”（《论语集注》卷八）

“血气，形之所待以生者，血阴而气阳也。”之所以要求“戒”，在朱熹看来，就是因为人会被血气所使。在《论语》中，并没有明确提到“理”，孔子只是说出在不同的阶段有不同的戒的内容，而朱熹进一步讲到“以理胜之”的方法。

与朱熹同时代的范祖禹认为圣人和一般人的相同点是有“血气”，不同点是圣人有“志气”。“血气有时而衰，志气则无时而衰也。”也就是说，人的意志所统帅的这种“气”是不会衰竭的。“少未定、壮而刚、老而衰者，血气也。”这里强调的是生理意义上的血气，所以“戒于色、戒于斗、戒于得者，志气也。”范祖禹强调君子能养护其志气，所以不为血气所左右，年龄越大，其德行会越好。

但是在孔子那里，只是说到在少年、壮年、老年都各有所戒，并没有讲到人的年龄越大，就可以德行越好。这里的一个关键是对“得”的理解。在朱熹看来，“得”即“贪得也”。有的人在年长以后心胸日益开阔，不会患得患失；但也有些人，年龄越大就越是贪得无厌。所以孔子强调一生都需要“戒”，即保持警醒和对自己进行约束，但不同的年龄阶段，戒的内容各有不同，这就是君子之“三戒”。

这里需要注意的另外一个问题是，古人在用数词的时候，往往也是举其大概。因此，值得探讨的是，“三戒”是一个完全的概括，还是有另外的可能？这里从字面的少年、壮年和老年来看，似乎“三戒”是具体的，排除了其他的可能。换言之，孔子讲到“三戒”的时候，涵盖了人的一生，正是因为这样，所以朱熹才解释为“随时知戒”，就是说无论在少年、壮年还是老年，“戒”都是不可或缺的。

那么，“戒”的根据何在？在《论语·季氏》所记载的这段话里面，孔子并没有明确说出为什么要戒，他只是提到戒是因为血气而导致不稳定的状态：“未定”是不足的状态，“方刚”是过分的状态，“既衰”也是血气不足的状态。正是因为这三个方面，所以人需要警惕，需要时刻自戒。如果按照现在的学术立场，似乎有唯物主义的倾向，因为这里强调人的精神状态就是由血气决定的，正是因为在人生的每个阶段血气都会导致不平衡状态产生，所以要时刻警惕。从这句话本身来看，我们并不能找出更高的宗教意义上的含义。

《论语·尧曰》记载了孔子“尊五美，屏四恶”的从政理念，其中“不戒视成”被当作“四恶”之一：

子张曰：“何谓四恶？”子曰：“不教而杀谓之虐；不戒视成谓之暴；慢令致期谓之贼；犹之与人也，出纳之吝，谓之有司。”（《论语·尧曰》）

《尧曰》是《论语》中很特殊的一篇。在这一篇里面，一部分内容是孔子讲的话，但是也有一部分可能是古代流传下来的格言。朱熹认为这些格言在形式上和孔子之言有区别，而思想实质并无二致。

在上面这段对话中，子张向孔子请教怎样处理政治事务的问题，孔子的回答是“尊五美，屏四恶，斯可以从政矣”。“四恶”之中“不戒视成”既包括不予告诫和约束，也包括没有及时警戒和防备，这是在政治的意义上而言。

但是，佛教的挑战使得儒家在如何看待“戒”的问题上显得比较迫切。元世祖时，儒学名臣廉希宪以“孔子之戒”与佛教徒所受的戒律相抗衡：

时方尊礼国师，帝命希宪受戒，对曰：“臣受孔子戒矣。”帝曰：“孔子亦有戒耶？”对曰：“为臣当忠，为子当孝，孔子之戒，如是而已。”（《元史卷一百二十六·列传第十三·廉希宪》）

显然，孔子所说的“三戒”是针对个人的生命历程而言。而廉希宪则把“忠孝”当作孔子之戒——所应尽的义务和所应遵守的戒律之间也的确有可通之处。

就其本人而言，孔子很多时候把“戒”和“畏”结合起来讨论，其中则有宗教的含义。

二

君子之“畏”

（一）君子有三畏

“三戒”之外，孔子又讲到有“三畏”：

孔子曰：“君子有三畏：畏天命，畏大人，畏圣人之言。小人不知天命而不畏也，狎大人，侮圣人之言。”（《论语·季氏》）

“三戒”和“三畏”同样有数词“三”，这里的“三”似乎强调最重要的内容，而并非意味着归纳了所有的方面。孔子所讲的“三畏”的内容是“天命”“大人”和“圣人之言”，对此朱熹的解释是：

畏者，严惮之意也。天命者，天所赋之正理也。知其可畏，则其戒谨恐惧，自有不能已者。而付畀之重，可以不失矣。大人圣言，皆天命所当畏。知畏天命，则不得不畏之矣。侮，戏玩也。不知天命，故不识义理，而无所忌惮如此。尹氏曰：“三畏者，修己之诚当然也。小人不务修身诚己，则何畏之有？”（《论语集注》卷八）

在朱熹看来，“天命者，天所赋之正理也”，“大人圣言，皆天命所当畏。知畏天命，则不得不畏之矣”。这里是说大人和圣人都是天命的承载者。按照朱熹的解释，畏天命、畏大人和畏圣人之言都统一于“天命可畏”的问题。“畏”即畏惧，朱熹解释为“严惮之意”。“知其可畏，则其戒谨恐惧，自有不能已者。”是指非常戒备、谨慎、小心而且不会停止。“而付畀之重，可以不失矣。”“付畀之重”是指上天给我们的使命，或者说是上天赋予我们的本来是善的这种天性。这是朱熹按照孟子的思路讲下来的。其实在孔子的思路里面只是讲到天命的问题，如果我们现在做一个分析的话，天命即上天之命，之所以称之为命就是因为包含了不可违抗的意思，是一种最根本的法则，所以不能够违抗，并且要畏惧。“大人”，按照我们现代可以接受的说法，就是指古代历史上伟大的人物，有很崇高的地位，一般是指帝王将相，也就是说，我们对于伟大的人物，应该有畏惮、敬畏之心。关于圣人之言，圣人之言要畏惧，原因就在于圣人之言可以说是最精粹的言论。我们可以进一步思考：天命也好，大人也好，圣人之言也好，实际上都体现了一种对一般人的威慑作用，对一般人都有的教化作用。因此，孔子认为对这三个方面都需要有足够的畏惧。

畏惧的反面是不畏，这和后面讲到的内容相联系。“小人不知天命而不畏也，狎大人，侮圣人之言。”对此，朱熹的解释为“无所忌惮”，尹焞的解释是“三畏者，修己之诚当然也。小人不务修身诚己，则何畏之有？”在我们现代社会，有很多活跃的环保主义者，他们提倡要敬畏自然，不要胡作非为。另一方面，当我们说要珍惜生命的时候，就意味着对生命本身要有敬畏之心。可见孔子所谓敬畏的对象天命、大人和圣人之言在今天仍适用。

这里有一个很有意思的问题：如果说有“畏”的意识的话，那么其好处是什么？或者说，“畏天命”“畏大人”和“畏圣人之言”会带来什么样的好处？对于这个问题，孔子并没有提供具体的解释，但是他说出了相反的情况来予以说明，即“小人不知天命而不畏也”，小人不畏天命，就会以自己的主观意志胡作非为，无所忌惮。“狎大人”是指不尊重伟大的人物，“侮圣人之言”即轻侮圣人的言论，以侮辱性的态度来对待圣人讲过的话。按照孔子的说法，如果在这三个方面都不畏的话，就会沦落为小人。尽管孔子没有直接告诉我们，畏这三个方面会给我们带来什么样的好处，但是他告诉我们假如不畏的话会产生怎样的后果，或者说小人对这三个方面都不会敬畏。

对此，我们也可以试想一下：假如一个人对最根本的天命、最伟大的人物以及最精粹的言论都没有一点敬畏之心的话，那这个人一定是无所不为、肆无忌惮的人。回到《论语》中来讲，“畏天命”“畏大人”和“畏圣人之言”有没有可能成为孔子所说的“君子有三戒”的根据？

这里可以将天命和血气联系起来，因为人的血气是先天得来的，人的血气可能会出现不足和过头的情况，所以无论在人生的哪个阶段都要有所戒备。孔子这里所说的“畏”的问题，和儒家的宗教观念问题相关联，任何一种宗教观念中都会有敬畏之心，这种敬畏之心多是出于对宗教教主的崇敬。对此，我们可以思考一下佛教中所谓的“皈依三宝”的问题，按照天命的说法，大概可以认为天命相当于佛；圣人之言就相当于法；大人相当于僧，主要起引导作用。也就是说，可以作为生命根据的，除了天命以外，还有一些伟大的人物和精粹的圣人言论。

同时，我们也可以思考一下，如将孔子所主张的学说也看成一种宗教的话，那么他信仰的最高对象就应该是天命，大人就足以成为我们敬畏的对象，大人的言行则足以成为我们在德行上的榜样，圣人之言就可以成为我们日常生活中的指导原则。也就是说，从实际的层面上来讲，孔子的这种主张，和宗教的内在教理是大体一致的。如果我们硬要说儒学是一种宗教的话，那么这个宗教表现出来的无疑是一种很柔韧的形态，并没有对人有很强硬的要求。在孔子那里，更多的是通过君子和小人的区别来肯定君子所具有的自觉性，很自主地敬畏天命、大人和圣人之言，而小人则恰好与此相反。这是儒家思想中的一个重要内容。

当然，我们可以认为这种主张会导致一定程度上对大人的神化，导致偶像崇拜和思想禁锢，但从另外一个角度来讲，只要有这三个方面的主张，就一定会变成对思想的禁锢，一定会引申出所谓的偶像崇拜的内容吗？或者我们可以从另外一个角度来思考，尽管孔子推崇周公，但他没有说到具体的大人是指谁，圣人之言又是指谁的言论及什么样的言论。在孔子心目中，大概“大人”也不是指某个特定的人，“圣人之言”也不是指某个具体的人的特定言论，即使在儒家的道统体系内，“大人”和“圣人”都是“概数”。

总的来说，孔子这里所主张的“三畏”，在实际意义上，是具有宗教功能的，但是其表现形态相对来说又是一种哲理化、格言式的形态。

与此相关有一个很有意思的问题是孔子在《子罕》这一篇讲到的“后生可畏”的问题。

（二）“后生”之可畏与不足畏

子曰：“后生可畏，焉知来者之不如今也？四十、五十而无闻焉，斯亦不足畏也已。”（《论语·子罕》）

孔子言后生年富力强，足以积学而有待，其势可畏，安知其将来不如我之今日乎？然或不能自勉，至于老而无闻，则不足畏矣。言此以警人，使及时勉学也。曾子曰："五十而不以善闻，则不闻矣"，盖述此意。尹氏曰："少而不勉，老而无闻，则亦已矣。自少而进者，安知其不至于极乎？是可畏也。"（《论语集注》卷五）

孔子在前面讲到了"三畏"，这里的"后生可畏"并不能看成继"三畏"之后的第四畏，因为"后生"毕竟不能与"天命""大人"和"圣人之言"直接相提并论。但是，"后生"又是"天命""大人"和"圣人之言"的未来承担者或者体现者，甚至能超过年长者，而成为"天命""大人"和"圣人之言"在当下的承担者或者体现者。故而，"后生可畏"与"亦不足畏也已"是两个可能的方面。对此，朱熹的解释是"孔子言后生年富力强，足以积学而有待，其势可畏"，强调后生之年富力强所具有的那种发展势头，完全可以通过学习和积累而取得很大的发展和进步。这种发展势头是值得敬畏的，没有人能预测到他们能发展到什么样的高度，所以"安知其将来不如我之今日乎"，后面讲到"然或不能自勉，至于老而无闻，则不足畏矣"，就是说假如自己没有努力，到了四五十岁的时候也无所闻达，这样就"不足畏"了。

这里一方面鼓励后生不断努力，就有超越先圣的可能；另一方面也告诫年轻人，不加努力就不会成为有所成就的人。对此，曾子说"五十而不以善闻，则不闻矣"，这里的"善"不一定是德行上面的成就，可能包括所有的领域，这里是指一个人如果在五十岁的时候还没有什么建树的话，那么大概就没有什么闻达的可能了。

尹焞的解读是"少而不勉，老而无闻，则亦已矣。自少而进者，安知其不至于极乎？是可畏也"。相对而言，朱熹的解释比较含蓄，或者说较为平淡，他只是说"后生年富力强，足以积学而有待"。尹氏强调的是后生可以自少而进以至于极致，也就是成为大人，或者是进而成为圣人。在古籍原典中，可以明显地看出孔子很推崇古代的风尚，但是这并不是说孔子认为古代的一切都是不可超越的。把孔子讲到的“三畏”和这里的“后生可畏”联系起来，并结合尹氏的注解来理解的话，这种说法是可以接受的。就是说后生之所以可畏，并不仅仅在于后生的年富力强，后生真正的可畏之处在于虽然他们很年轻，但他们在将来可能会成为了解天命、承载天命并跻身圣人行列的人。孔子也明确地讲到，“四十、五十而无闻焉，斯亦不足畏也已”。这实际上是告诫年轻人要有紧迫感。这里也可以看出孔子非常注重对年轻人的鼓励和引导，并且对未来也是非常有期待的。

另外一种畏，是现在所谓的畏的常见用法，就是发生危险的时候产生的畏惧感，或是引起畏惧的危险情势。

（三）子畏于匡

子畏于匡。曰：“文王既没，文不在兹乎？天之将丧斯文也，后死者不得与于斯文也；天之未丧斯文也，匡人其如予何？”（《论语·子罕》）

畏者，有戒心之谓。道之显者谓之文，盖礼乐制度之谓。不曰道而曰文，亦谦辞也。兹，此也，孔子自谓。（《论语集注》卷五）

子畏于匡，颜渊后。子曰：“吾以女为死矣。”曰：“子在，回何敢死？”（《论语·先进》）

“子畏于匡”是后人的记述，就是说孔子及其部分弟子在匡这个地方被人围困，在这样一种困境下，孔子讲到一句话：“文王既没，文不在兹乎？天之将丧斯文也，后死者不得与于斯文也；天之未丧斯文也，匡人其如予何？”什么是“天不丧斯文”？最要紧的就是在每一个时代，当其文化岌岌可危的时候，总有一些伟大的人物出来承担传承和发扬文化命脉的使命。

这一点可以和天命联系起来理解，这里提到的匡人，就是因为其不知天命，所以不知道畏天命，也不知道畏大人和圣人之言，想轻率地加害于孔子。对此，孔子对自己成就的期待和对自己的信心就在于“文王既没，文不在兹乎”？就是说文王去世以后，难道就没有一个人来作为周文化的传承者吗？“天之将丧斯文也，后死者不得与于斯文也”，假如上天要这种文化灭亡的话，那么后来的人就没有机会也不可能了解到这个文化和传统。我们知道，在人类历史上，有很多文明传统是灭绝了的，现在我们可以思考这样一个问题：那么多的文明传统为什么会灭绝呢？为什么只留下一些历史的遗物或者只是在考古的意义上存在？关键在于有没有出现被视为天命的承担者、宣导者、践行者的宗师。

如果没有圣人之言，思想有没有可能成为历史？做进一步思考：表面上看起来，历史似乎是从未间断的，是不停地延续下来的，为什么任何一个门类的历史留下来的都是大人物的思想和言论？原因就在于这些伟大的人物，做出了空前绝后的事情或者说卓越的贡献，这些事情是创造性的，是别人不能够模仿的，是对历史的前进方向有所影响的。自然，他们多把自己看成天命的承担者，好像他们所做的事情有必然性。但无论如何，这些伟大人物的所作所为是历史之所以成历史的奠基者。进一步讲，假如没有这些伟大的人物和宝贵的经典，没有这些圣人之言，那么历史很快就会灭绝，很快就会湮没。比如历史上的玛雅文明，为什么会突然中断？而其他一些文明，为什么遭遇了那么多的苦难和灾祸还能传承于世、绵延不绝？关键就在于两个因素：大人和圣人之言。假如有这样的伟大人物和宝贵经典，那么无论遭受多大的灾难，这种文明都能延续下去。

"子畏于匡"这一段涉及另外一个问题：孔子作为一个读书人、一个思想家，当他被匡人围困的时候，众寡相对、文武相抵，更为宝贵的是孔子在这样一种境遇里面表现出来的一种历史意识，他在现实当中遇到这么多危险，遇到这样大的困难，但是他观察问题始终是从历史的角度出发，把自己看成周代文化的传承者。所以他感叹，如果上天不让这种文化灭亡的话，"匡人其如予何"。这里有两层含义：一是匡人的确不能够加害于他，因为孔子还肩负着文化传承的使命；另一方面可能是孔子觉得他个人遇到的危险就是整个周文化所面临的危险。这是孔子的信心来源。

这里有一个值得注意的问题是关于"文"的，对此，朱熹的解释是"道之显者谓之文"，道本来不是显性的，但是它显现出来便是某种文化传统。更具体地说，"文"就是"礼乐制度之谓"。这里再次突出经典的关键性作用，经典是礼乐制度的载体，同时经典的传承也需要孔子这样的人的努力。朱熹的另一个解释是"不曰道而曰文，亦谦辞也"，但笔者认为这里不一定是谦辞，因为"文"本身有一个很高的定位。文王的谥号是在文王去世之后追封的，在谥法之中，文的定位是经天纬地之谓文，因此不见得孔子在这里把"文"用作谦辞。但是无论如何，这里体现出孔子的一种使命感：在他看来，作为这种使命的承担者，面对具体的现实危险，孔子觉得是不足以虑的，这是畏的另外一个方面。

关于匡人为什么加害于孔子，恰好就在于他们不知天命，所以才不知畏天命，不知畏大人。假如从后生可畏的角度来解读的话，把文王定位为先人，那么孔子相对于文王来说固然是后生，所以孔子讲后生可畏也有一定的自诩味道——他把自己定位为文王的后来者，有责任去传承这个文化传统，而且也完全有能力承担这样一个使命。这是关于天丧斯文和未丧斯文的问题。这里我们先看一些背景性的材料，

《史记·孔子世家》记载：

将适陈，过匡，颜刻为仆，以其策指之曰："昔吾入此，由彼缺也。"匡人闻之，以为鲁之阳虎。阳虎尝暴匡人，匡人于是遂止孔子。孔子状类阳虎，拘焉五日，颜渊后，子曰："吾以汝为死矣。"颜渊曰："子在，回何敢死！"匡人拘孔子益急，弟子惧。孔子曰："文王既没，文不在兹乎？天之将丧斯文也，后死者不得与于斯文也。天之未丧斯文也，匡人其如予何！"孔子使从者为宁武子臣于卫，然后得去。

孔子将要到陈国去，路过匡地，颜刻为孔子驾车。这里的颜刻有人认为是孔子的弟子，也有人认为只是孔子临时雇用的车夫。在驾车的过程中，颜刻就拿着鞭子指着一个方向对孔子说："我上次就是从这个缺口进入匡的。"结果是"匡人闻之，以为鲁之阳虎。阳虎尝暴匡人，匡人于是遂止孔子。孔子状类阳虎，拘焉五日"，这里有两个方面引起了误解：一个方面是颜刻的言行给匡人造成了误会，另一方面是因为孔子的相貌酷似阳虎。所以匡人在看到孔子的时候误以为是阳虎来了，把他当仇人一样对待，将孔子围困了五天。在孔子被围困之前，颜渊和孔子失散了，后来团聚的时候，孔子说道："吾以汝为死矣。"这实际上说明了孔子非常担心颜渊的安危。对此，颜渊的回答是："子在，回何敢死！"只是后来的结果却是颜渊先于孔子而英年早逝。

到后来，孔子被围困的境遇越来越严峻，孔子的弟子都非常畏惧。最后孔子"使从者为宁武子臣于卫，然后得去"。宁武子是卫国的大夫，在《论语》中孔子给予了他很高的评价——"愚不可及"，是孔子很欣赏的一个人，所以孔子派遣自己的弟子到宁武子那里进行疏通，因此危难很快被解决。

这里关系到两个方面的问题：一方面是孔子有这样的信心，或者说孔子借机说出自己平时不敢讲出的志向；另一方面说明孔子即使在很危难的情况下，也能够找到有效的解决办法。在《论语》中孔子记述自己厄于陈蔡的时候也抒发了自己的感慨，借机表达自己的志向。孔子对子贡的外交才能是很有信心的，所以在那一次孔子派遣子贡到楚国去，最后使危难得到解决。这也是孔子和一般的思想家不同的地方，他不会只空发议论，而是能采取有效的措施解决困难。孔子在平时讲话都是很谨慎的，在这样极其危险的情况下，他能够把自己最根本的追求、最远大的志向，或者说最自负的一面表达出来，这是我们以后人的角度作为着眼点得到的概括。

三

君子之“慎”

（一）子之所慎

对于“慎”，我们现在一般理解为谨慎、小心，而“慎”在古代还有重视、神圣和顺从的意思，之所以小心谨慎，就在于非常重视；对一个事物看得很神圣，所以很谨慎；慎和顺也可相互通用，重视某事物，把某事物看得很神圣，自然就会顺从它。

具体来看一下《论语》中关于“慎”的具体内容：

子之所慎：齐、战、疾。（《论语·述而》）

这里，“齐”通“斋”。指出了孔子所慎重的三个方面——斋、战、疾。对此，朱熹的解读是：

齐之为言齐也，将祭而齐其思虑之不齐者，以交于神明也。诚之至与不至，神之飨与不飨，皆决于此。战则众之死生、国之存亡系焉，疾又吾身之所以死生存亡者，皆不可以不谨也。尹氏曰：“夫子无所不谨，弟子记其大者耳。”（《论语集注》卷四）

不难发现，斋和齐（齊）的字形是非常相近的，这两个字在古书当中也经常会通用。朱熹在这里解释为齐，意思就在于当人面对神灵的时候头绪不能纷乱，要保持思想统一，所以他说：“诚之至与不至，神之飨与不飨，皆决于此。”就是说人的真诚是不是很完备，有没有缺憾，神灵会不会接受人的祭祀，都取决于思绪的齐与不齐。这实际上也是一种斋，斋首先是一种身体上的净化，最起码的是沐浴斋戒，沐浴意在洁净自身，通过身体的洁净进一步使得思绪整齐、内心平和，这样一种状态才有可能交于神明。换个角度来看，人之所以要斋戒，也反映出人对神明的“畏”，正是由于畏天命、畏神明，所以才会斋戒。

“战则众之死生、国之存亡系焉”，为什么在孔子看来，战争也是需要非常小心谨慎的方面呢？正是因为战争是关系到很多人的生死和国家存亡的大事。而疾则与自身的生死存亡息息相关，所以一定要很谨慎。后面尹氏讲道：“夫子无所不谨，弟子记其大者耳。”这里我们需要进一步深入思考一下：为什么斋、战、疾是非常重要的事，需要很谨慎地对待？

邢昺的《论语正义》对此进行了比较平实的解读：

此一章记孔子所慎之行也。将祭，散斋七日，致斋三日。斋之为言齐也，所以齐不齐也，故戒慎之。《左传》曰："皆陈曰战。"夫兵凶战危，不必其胜，重其民命，固当慎之。君子敬身安体，若偶婴疾病，则慎其药齐以治之。此三者，凡人所不能慎，而夫子能慎之也。（《论语正义》卷七）

《论语正义》中的这段话讲到，将要祭祀之前，需要“散斋七日，致斋三日”，就是说总共有十天的斋戒期。“斋之为言齐也，所以齐不齐也，故戒慎之。”这里对“斋”的解释与朱熹的解释相类似，强调思虑要整齐，这里邢昺引用了《左传》中的一句话解释“战”——“皆陈曰战”，就是说把全部的军队都陈列开来就叫作战争，这就意味着很多人的伤亡，所以他说“兵凶战危，不必其胜，重其民命，固当慎之”。强调战争是很危险的，不是一定要追求胜利，而是要以老百姓的生命为重，所以一定要谨慎。另一方面，“君子敬身安体，若偶婴疾病，则慎其药齐以治之”，所以对待疾病也需要小心谨慎。

换一个角度看，斋、战、疾其实是人类精神生活的三个不同的层面：斋是面对神和人，包括鬼和人的关系；战是面对自己的敌人，就是说在与敌人发生战争的时候必须要很谨慎；疾是针对人自身，是自身的健康或者疾病状态。这其实和我们前面讲到的人在不同的阶段有不同的戒备，即可以将“三戒”与这三个方面以及“三畏”对应起来理解。

我们可以先看一下这三个方面是不是没有遗漏。显然，从少年到壮年到老年是一个持续的过程；而大人、圣人之言和天命则可以看作一个大致的并列关系，大人之所以大就在于他们是天命的承担者，圣人之言之所以值得敬畏就在于圣人之言是对天命的表述；但是鬼神和人自身，人自身和敌人之间的关系与前面两种状况是非常不同的，基本上可以看成一个从自身的安危出发并逐步扩大的过程。孔子之所以对这三个方面如此谨慎，就是因为这三者之间有很强烈的对比关系，人自身的安危或是健康疾病，与敌人之间的生死存亡冲突以及人与鬼神之间的差距对比。正是因为这种差距非常明显，或者说这种对立非常尖锐，其后果都牵涉生死存亡的问题，所以要特别谨慎。我们将戒、慎、畏三个方面对比起来看的时候就会发现，孔子的思想理论是具有明显的内在一致性的。

（二）言不可不慎

子曰："君子食无求饱，居无求安，敏于事而慎于言，就有道而正焉，可谓好学也已。"（《论语·学而》）

在《论语》中，孔子反复强调要慎言。为什么在言语方面要非常谨慎呢？《论语》中讲到孔子的学生南容三复白圭，他三复白圭的原因在《诗经·大雅·抑》中有讲道："白圭之玷，尚可磨也；斯言之玷，不可为也。"就是说一块玉石上有污点还可以磨掉，但是人讲的话有什么问题是很难收回的，所以孔子一再强调在言语方面要非常谨慎。这里并不是说孔子主张沉默寡言，这需要结合当时的时代背景来了解。根据孟子的说法，孔子所在的时代是处士横议的时代，所谓的处士就是指那些有自己的主张并竭力推行自己主张的读书人，而且是到处发表议论的人。在孔子看来，这些人的言论都是很轻率或者经不起检验和推敲的，包括孔子的弟子中也有很多这样的人，所以他强调一定要谨言慎行。

一个很有意思的现象是，一般那些爱讲大话、讲空话的人，在做事的时候多是懒懒散散、非常迟钝的，所以孔子提出要“敏于事而慎于言”。

孔子也强调“多闻阙疑”：

子张学干禄。子曰：“多闻阙疑，慎言其余，则寡尤；多见阙殆，慎行其余，则寡悔。言寡尤，行寡悔，禄在其中矣。”（《论语·为政》）

“学干禄”就是指学习如何通过当官获得俸禄，对于这个问题，孔子告诫子张：“多闻阙疑，慎言其余，则寡尤；多见阙殆，慎行其余，则寡悔。言寡尤，行寡悔，禄在其中矣。”孔子的这个回答，乍一看似乎答非所问，实际上孔子是从更根本的层面解答子张如何获得俸禄的问题。“多闻阙疑，慎言其余，则寡尤”就是说尽量使自己的见闻广博，有疑问的地方要暂时存疑，不要轻易下论断，在没有疑问的地方，就很小心谨慎地讲出来。如果能做到这一点的话，那么过失自然就会很少。这里的“闻”是指听闻，“见”是指目睹。“多见阙殆，慎行其余，则寡悔”是说目睹很多事情，如果是很危险且没有把握的事情，就不要去做，自己有把握做的事情，要非常谨慎地去做。这里孔子不仅强调慎言，同时也强调慎行。孔子在另外的地方也讲到谨言和慎行的问题，就是说言语要谨慎，行为要仔细。假如在言、行两个方面都保持得很好，那么自然就“禄在其中”了。

我们在解读孔子的话的时候，一方面要思考其时代背景，另一方面也要和孔子的其他思想联系起来进行解读，不能只是突出某一句话而把其他的话置之不顾。

关于言语要谨慎的问题，子贡有一个很好的解释：

陈子禽谓子贡曰：“子为恭也，仲尼岂贤于子乎？”子贡曰：“君子一言以为知，一言以为不知，言不可不慎也。夫子之不可及也，犹天之不可阶而升也。夫子之得邦家者，所谓立之斯立，道之斯行，绥之斯来，动之斯和。其生也荣，其死也哀。如之何其可及也！”（《论语·子张》）

陈子禽即前面讲到的陈亢，他问子贡说：“你为什么对孔子那么恭敬呢？难道仲尼真的比你更有才能吗？”在孔子的弟子中，子贡确实是一个在很多方面都很有建树的难得的人才，所以陈子禽才会问这样的问题。对于陈子禽的问题，子贡的回答是“君子一言以为知，一言以为不知，言不可不慎也”。这里子贡讲到言语要谨慎的理由，就在于别人可能会通过一句话来了解你的才能，同时，别人也能够通过你的一句话知道你的无知。

我们可以思考一下，为什么从古至今，都有那么多人喜欢讲空话、讲大话、讲谎话。原因就在于他们自认为自己很聪明，自认为自己无所不知。但他们没有意识到，别人恰好能在他们的言论中看到其无知和浅薄。当然，孔子强调慎言，并不是让人不要讲话，只是告诉我们在说话的时候要警醒，那些轻率的言论正好会暴露自己的无知。假如你能够知道自己的无知并加以改正，那当然是很好的，但是很多人却自知自己无知还要滔滔不绝地大讲空话。

所以，子贡回答陈子禽说，言语怎么可以不谨慎呢，“夫子之不可及也，犹天之不可阶而升也”。孔子的高不可及就像上天是不可以用阶梯一级一级地爬上去一样。“夫子之得邦家者，所谓立之斯立，道之斯行，绥之斯来，动之斯和。其生也荣，其死也哀。如之何其可及也！”这里很明显地表现出子贡非凡的语言能力。他说，在众多诸侯国当中，如果国君重用孔子，他就尽力做事；如果有很好的政策，他就推行自己的主张；如果能让他的理想得到满足，他就会来到这个地方。他的举动都是很平和的，他的一生都是很荣耀的，他的离世是很让人悲痛的事情。所以子贡对陈子禽说，孔子的这些方面，他哪能比得上呢。

从这句话的整体来看，子贡认为语言需要谨慎的原因就在于“君子一言以为知，一言以为不知”，这是慎的一个根据。概括地说，之所以讲“慎”，是因为“慎”的具体表现最终都会落实到人的言、行两个方面，在儒家看来，无论是人的语言还是行为，都是不完备的，都容易出现各种各样的问题，容易犯过错。儒家并不像基督教那样告诉人们人生来就是有罪的，人的一生就是赎罪的过程，儒家也并不主张人可以主宰一切，可以改变一切，而是不断地提醒我们，在言行上要小心谨慎，因为我们每时每刻都可能在言行上犯下过失。很多学者把这样一种思想看成人文的宗教，就是说它有一种宗教的意味在里面，即要求每一个人都要时刻反省自己的言行。另一方面，这种要求又不是命令式的，不是神给人的命令，而是一种引导式、启发式的。简言之，从功能上来说，它可能起到了宗教的功能，但是从表达方式上来说，它又是一种哲理化的表达。当然，也可以说，正是因为儒家思想在宗教方面的功能没有那么强，所以对人的约束力和引导力相对较弱，这也是一个事实。

这里，儒家可能面临着一个两难的选择：假如思想和规约过于温和，对人们的约束力和引导力会较弱；假如立场太固定、太僵化的话，又会引起很多的冲突。纵观人类史，我们会发现最尖锐、最难以调节的冲突就是由对立的宗教信仰所引起的。或许，两难的选择之间，儒家也一直在寻求恰当的出路。而《论语》所载的孔子对于“戒”“慎”“畏”的强调与申论，则处处体现了他悲天悯人的胸怀和叩其两端以避免过犹不及的中庸之道。

易卦及其智慧

□华南师范大学政治与行政学院　刘体胜

有句俗话：学会《增广》会说话，学会《周易》会算卦。时至今日，一提起被誉为“群经之首”的《周易》，我们的第一印象常常是：它是卜筮算卦之书！客观地说，卦确实是《周易》的根本，也是我们研读《周易》的基础，不懂卦，就不懂《周易》。所以，我今天就从易卦这个角度，和大家聊聊《周易》。

孔子曾说：“加我数年，五十以学《易》，可以无大过矣。”（《论语·述而》），这说明孔子是比较晚才开始研读《周易》的，并且认为学《周易》可让自己不犯大的过错，这是对《易》极高的推崇，要知道孔子五十岁时已经到了知天命的智慧境界。孔子这句话还启示我们，《易》不仅有占卜预测的功能，还蕴藏着非常丰富的道理和智慧。

我们今天所讲的内容就围绕易卦及其智慧展开，具体而言，其大致包括以下几个方面内容：一、何谓易卦（界定及其分类）；二、何谓经卦（名称、起源、卦象和时位）；三、何谓别卦（名称、产生和今本卦序）；四、易卦的智慧（以乾卦为例）。

我们首先来看第一个问题：什么叫易卦？

关于何谓易卦的问题，《周易正义》一书中有个经典的界定：“卦者，挂也。言悬挂物象以示于人，故谓之卦。”《周易正义》又名《周易注疏》，由三国时期魏朝王弼、晋朝韩康伯作注，唐代孔颖达作疏，在经注基础上融汇了众多易学家的见解，对《周易》作出了很好的疏证和注解。此书长期立于学官，也是易学史上非常重要的典籍。所以，此书对“卦”的界定是比较权威的。正如这个界定所言，“卦”是悬挂物象以示于人的阴阳符号形式。《周易》中的八卦图是不是都有其形象？如乾卦是由三个阳爻所组成的符号图形，坤卦是三个阴爻所组成的符号图形。乾卦还可以表征许多具体有形象的事物，如天、君、父、头、金等；而坤卦可以表征大地、母亲、腹部等众多物象。卦的含义基本上如下图：

至于卦的分类，《周礼·春官》中有一个经典的说法："大卜……掌三易之法，一曰连山，二曰归藏，三曰周易。其经卦皆八，其别皆六十有四。"据此，卦分为两大类：一类是经卦，一类是别卦。经卦是"三画卦"，即每一卦由三个阴阳爻符号组成，具体而言有乾、坤、震、巽、坎、离、艮、兑这八个卦。为什么只有八个经卦？因为每一经卦的卦爻符号都是由两种元素构成，即阴和阳，符号"━"代表阳，符号"╍"代表阴，用阴、阳这两种符号进行三三排列组合，只能组成八种不同形式，故经卦的数目为八。从这个角度讲，《周易》很简单，它只有两个构成要素，就是阴和阳。所以庄子说"《易》以道阴阳"。

下面，我们就来认识一下这八个经卦：乾卦代表天，坤卦代表地，震卦代表雷，巽卦代表风，坎卦代表水，离卦代表火，艮卦代表山，兑卦代表泽。当然，每个卦可以对应的物象还有很多，但为什么经卦中乾、坤、震、巽、坎、离、艮、兑这八卦所比拟的基本物象是天、地、雷、风、水、火、山、泽？先说明一点，水与泽是有区别的，泽是水的聚集状态，是不流动的。中国传统哲学思想认为，世界万物的起源是阴阳之气。一开始阴阳之气的状态是混沌的、合在一起的，经过漫长的历史时期之后它们分开了。怎么分呢？中国古人认为，阳气的特性是清扬，阴气的特性是浊重；清扬的阳气势必往上走，浊重的阴气势必向下沉，阳气和阴气分离各自聚集之后，就形成了天和地。所以乾卦“☰”全是阳爻，所对应的基本物象是天；坤卦“☷”全是阴爻，所对应的基本物象是地。此外，中国古人认为阳为动，阴为静。按照阴阳这一特性，来看为什么坎卦“☵”其对应的基本物象是水。这是因为水是阴性的事物，故这个卦的上下两个爻都是阴爻，又因为水的特性是流动的，所以这个卦的中间那个爻是阳爻，坎这个卦象是不是很形象？而兑卦“☱”则是阴在上而阳在下，喻示泽外表为阴湿之所，其下却含有大量阳气，可滋润万物。凡泽面阴湿，泽下必蕴藏着大量的热气，如沼气。离卦“☲”一阴置于二阳之间，喻示上下为阳，中蓄一阴，犹如火以阳为表，而其内却蕴藏着阴质。此外，火的外焰温度很高，并且是跳动的，但火焰中心的温度是比较低的，并且静止不动，火这一形象和特征跟离卦十分相应。再比如离卦比拟的另一个物象——太阳，现代人知道太阳是一个发光发热的星体，表面温度极高，而球体温度偏低并且有许多黑子等阴性物质。所以中国古人是很有智慧的，从对应水的坎卦和对应火的离卦可知，古人很有辩证思想，阴的东西中有阳，阳的东西中有阴，现实中的万事万物一定是阴中有阳、阳中有阴的。再看震卦“☳”，两个阴爻在上，一个阳爻在下，震卦对应的基本物象是雷。为什么呢？中国古代先民认为，雷的产生是阴阳之气碰撞的结果，阴气下沉而阳气上升，而且古人认为阳为大而阴为小，因此两个阴与一个阳势均力敌，二者碰撞就会产生雷。再看巽卦“☴”，两个阳爻在上，一个阴爻在下，这就像风在大地上流动，这是中国古人通过观察大自然的现象而获得的经验。再看艮卦“☶”，一个阳爻在上，两个阴爻在下，这又是为什么呢？山看起来非常坚硬，地表都是坚硬的石，山表下面却蕴藏着大量的水分、湿气等阴性物质，如果山体中没有阴气，那山上会寸草不生，所以艮为山。

那我们又如何记忆这些经卦呢？南宋著名理学家、教育家朱熹曾作了一道《八卦取象歌》，就是方便大家记忆八卦卦名和卦象的一个口诀："乾三连，坤六断，震仰盂，艮覆碗，离中虚，坎中实，兑上缺，巽下断。"

至于八经卦何时出现的问题，最早提到"八卦"这个名称并有详细解释的，是《易传》。《易传》总共分七种十篇，其中《系辞下》篇中说到远古的包牺氏（即伏羲氏）创作出八卦："古者包牺氏之王天下也，仰则观象于天，俯则观法于地……于是始作八卦。"意思是远古的伏羲氏通过观察天地万物，认为万物都是由阴、阳这两种元素构成的，因此开始用阴、阳两种符号来作八卦，以之比拟世界上的万事万物。而《说卦传》篇则详细地介绍了八卦的各种表征意义。又相传周文王曾被商纣王猜忌，一度被囚禁在羑里这个地方，司马迁在《史记》中记载"文王拘而演周易"，这就是说文王是被囚后开始整理和演绎易卦的。他经过悉心钻研，将八经卦演绎成六十四卦、三百八十四爻，并作了卦辞、爻辞，《易经》由此产生。《易经》大致可断为西周时期的作品，而六十四卦又由八经卦推演而成。据此推论，八卦出现的时间至迟不晚于西周建立之前。

关于八卦的起源问题，历来是易学的争论焦点之一。从古至今，一直未有定论。主要有以下几种说法：伏羲仰观俯察而作八卦说（《系辞传》）、文字说（《易纬·乾坤凿度》等）、生殖器崇拜说（章太炎、郭沫若）、竹节（即蓍草）的象形说（高亨）、结绳记事说（刘师培、李镜池）、源于筮数说（朱自清、张正烺）。这个我们简单了解一下即可。

说到八卦的生成，《周易·系辞传》中有一个说法：“易有太极，是生两仪，两仪生四象，四象生八卦，八卦定吉凶，吉凶生大业。”古人认为，易来自太极。什么是太极？就是万事万物的根源。这段话告诉我们，太极生成两仪（阴阳），两仪再生出四象——老阴（太阴）、老阳（太阳）、少阴、少阳，在四象的基础上进一步生成八卦，而八卦能够预测吉凶，所以八卦运用好了就能成就大事业。八卦生成的具体过程如下图所示：

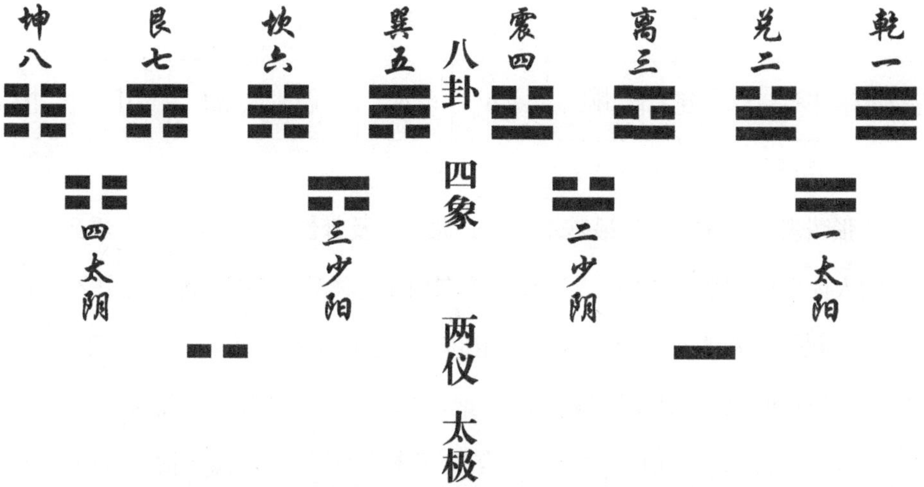

太极是本体，没有形色声臭，故以“太极”二字表示，如图所示。太极生成两仪即阴阳，而阴阳两两结合，就产生了四象，在四象的基础上再叠加一个阴或阳，就产生了八卦。以此类推，则每一卦的产生都是有先后顺序的，有对应的数字。这些数字的含义及其应用，稍后再讲。

八卦的卦象主要来自《说卦传》，内容很多。从八卦所比拟的基本物象看八卦之间的基本关系，具体可参看下表：

关系 \ 八卦	乾	坤	震	巽	坎	离	艮	兑
基本象征物	天	地	雷	风	水	火	山	泽
家庭	父	母	长子	长女	中男	中女	少男	少女
人体	首	腹	足	股	耳	目	手	口
动物	马	牛	龙	鸡	豕	雉	狗	羊
卦性	健	顺	动	入	陷	丽	止	悦

这张图表里所显示的是最基本的八卦象征物及卦性，从中我们可以看到八卦所对应的人体部位，所以古人可以通过易卦来预测身体哪个部位患病，这并不神秘。

下面我们来看八卦的时位及其应用问题。依据《说卦传》中的记载，八卦各有时位。所谓时位，就是时间和空间因素。八卦的时位图又分为先天和后天两种。“先天”与“后天”一词出自《乾·文言》：“先天而天弗违，后天而奉天时。”一般认为，在宋代以前，并没有先天与后天的八卦组合图形。唐宋时期道士陈抟精于易学，开创了图书易的先河，相传陈抟根据《说卦》中“天地定位，山泽通气，雷风相薄，水火不相射”这句文辞而创造出“先天八卦图”，也被称为“伏羲八卦图”；根据“帝出乎震，齐乎巽，相见乎离，致役乎坤，说言乎兑，战乎乾，劳乎坎，成言乎艮……”这一段文辞而创造出了“后天八卦图”，也被称为“文王八卦图”。这两个八卦图对后世影响极为深远。

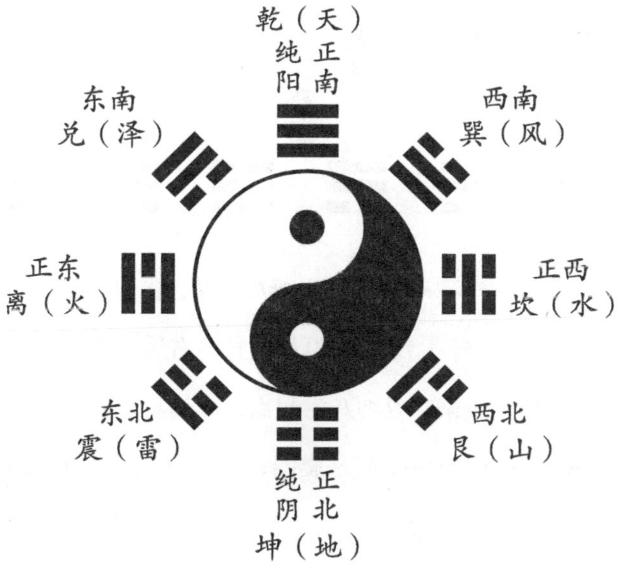

伏羲八卦（先天八卦）

由上图可见，其方位标示与我们现代地图体例不同，它是上南下北，左东右西。在此图中，乾居于正南，坤在正北，巽在西南，坎在正西，艮在西北，震在东北，离在正东，兑在东南。《说卦传》中说，先天八卦的空间安排是天地定位（故乾上坤下），然后是雷风相薄（东北—西南），山泽相对（西北—东南），水火相对（正西—正东）。从中可见，这八个卦分为四对，每一对构成“错”的关系，也就是两两阴阳属性相反。为什么先天八卦图中的八卦方位是这样的呢？因为《说卦》中还提到，“数往者顺”是以乾卦为起点，“知来者逆”是以坤卦为起点。大家还记得这些数字吗？乾卦一，兑卦二，离卦三，震卦四，巽卦五，坎卦六，艮卦七，坤卦八。

用这个八卦生成次序排列对应这个先天八卦图，我们可以看到：先是从乾卦的左边往下数，分别是兑二、离三、震四；再从乾卦的右边往下数，依次是巽五、坎六、艮七，最后是坤八。那倒过来，以坤八为起点，从其左边往上数，就是逆过来的艮七、坎六、巽五；从其右边往上数，就是震四、离三、兑二，最后为乾一。只有这样，不管是以乾卦为起点还是以坤卦为起点，这八卦的方位都符合“数往者顺，知来者逆”的要求。“数往者顺，知来者逆”这一句话很关键，所以在先天八卦图中，天地定位，上天下地之后，其余各卦的方位只能如此排列，没有其他方式。虽说《说卦传》中没有明确说明这点，但是陈抟所作之先天八卦图是非常符合这个思想的。关于这个观点，北宋易学大家邵雍曾做出非常精妙的解读，明确指出了先天八卦图方位排列的必然性。

我们再来看看后天八卦图。这个图似乎复杂了很多，跟先天八卦图的方位完全不同，并且加上了具体的时间要素。

后天八卦图体现了中国古人对宇宙自然规律的认识。在春季，世界万物复苏，阳气萌动，所以它对应的是震卦“☳”，卦性是“动”，所以往往春天里春雷一响，万物开始萌发生长。到了立夏，其对应的卦象是巽卦“☴”，卦性是“入”“齐”，这时候万物之间还没呈现出特别大的性状差异。而到了夏至的离卦“☲”，卦性是“丽”，其对应的基本物象是火，有光明之意，也就是万事万物在此时正处于生长茂

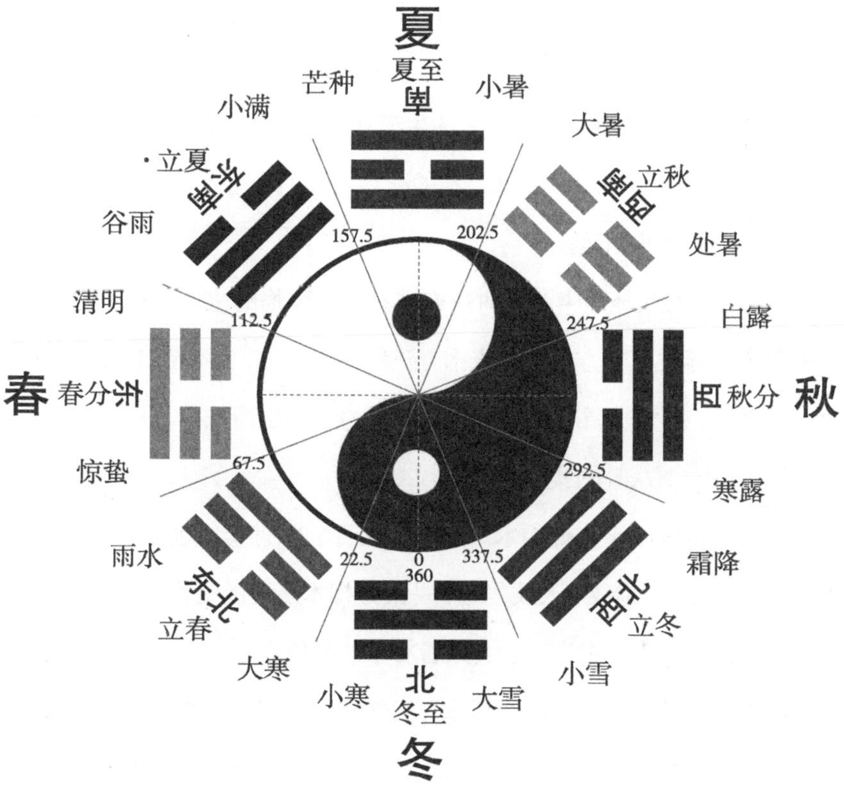

后天八卦图

盛期，开始呈现出各自的特征和差异性。万物从萌芽到茁壮成长之后，就要走向成熟。而成熟要由大地继续提供养分，所以立秋对应于坤卦“☷”。大地提供足量的养分后，到秋分时节万物开始成熟，万物欢欣，所以卦性为“悦”的兑卦“☱”对应秋分时节。万事万物在成熟期之后，就要阴阳交合，这个时候阳气会积极主动，所以卦性为“战”的乾卦“☰”对应的节气是立冬。万物成熟了之后就要藏，所以卦性为“劳”“陷”的坎卦“☵”就对应冬至，代表收藏之意，万事万物也由此开始走向自己的衰亡期。到了立春，用艮卦“☶”来表示，卦性是“止”，即生命停止之意，万事万物开始走向衰落和死亡。但《周易》说这个“止”不是终极消亡的意思，衰至极致必然会重生，中国人的生死观是循环的，不讲终极结束，讲一兴一衰，一治一乱，一盛一衰。所以某事物的死亡期同时也是另一个新生命的孕育期，故艮卦之后，震卦即随之而至。

综上可见，后天八卦图中八卦时位安排是根据事物的生壮老病死之过程及其时令方位来定的。春对应东方，夏对应南方，秋对应西方，冬对应北方。天地万事万物诞生出来之后，都要遵循后天八卦图中这样的一个生命规律。

下面简单讲一下八卦的实际应用。

八卦方位常常应用于古代相术。中国古代哲学中有天、地、人三才之道，对应在掌相中，就是天纹、地纹、人纹，而不是西方相术所说的爱情线、事业线、健康线等。依据传统说法，男人看左手，女人看右手。天纹在上，表明一个人的根基和背景状况。如果没有这条天纹，就叫断掌，当然有种情况叫假断掌，也就是天纹跟人纹是重合的，没那么清楚。古代的说法是，男人断掌重千金，意思是若一个男人手掌中没有天纹，极有可能将来此人手握重权或成为巨富之人。但不管男女，出现断掌都意味着要白手起家，因为其父母、祖宗都很难给予庇荫，即使家境不错，也依靠不上家中的力量，家人对断掌之人帮助不大。据古人说，女人断掌克父母，所以一定要认干爹干娘。再看地纹，地纹代表财禄及晚年归宿，如果此线比较杂乱、浅短，那意味着晚年的境遇不是太好。但决定一个人命运的最主要的还是人纹，人纹主福德，代表一个人的鼎盛时期。如图，这个掌八卦图的八卦方位所对应的就是后天八卦图，拇指下端是震卦，主要代表夫妻关系。食指下方是巽卦，代表财富禄马。中指下方是离卦，代表官禄权势。无名指和小指中间下方是坤卦，代表母子关系。

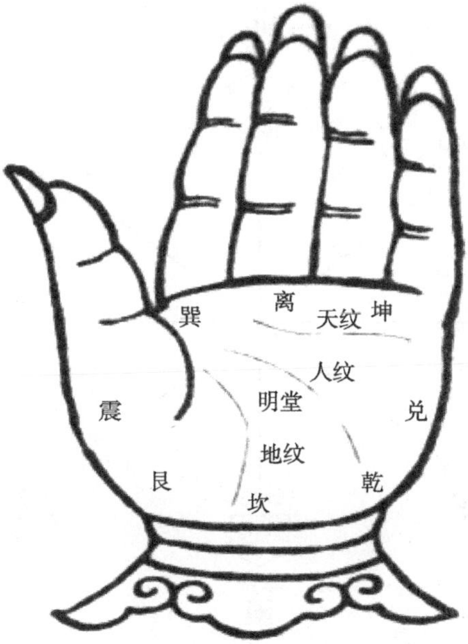

掌八卦图

近掌外侧是兑卦，代表下属关系和子嗣后代状况。其下来是乾卦，代表父子关系。再下来是坎卦，代表根基及晚年的情况，而且坎为水，如果这里掌纹不好可能还意味着有风波水患。再过来是艮卦，代表兄弟姐妹的关系。

那怎么判断手相是好还是坏呢？这里简单介绍几点：一看手掌是否肥润隆红，温厚绵软，在相应的地方有隆起最好。二看掌纹是否干净，如果很多杂纹，掌纹凌乱，则是不太好的手相。另外，如果手掌坎位有一条掌纹直接贯穿上下而不乱，从手腕处直冲离这个方位，那么代表此人是“贵人钦”，很有贵人运，未来的归宿很好。

八卦在人宅的对应关系上也有应用。按照古代人的说法，每个人都有与自己相适宜的住宅，这主要体现为住宅方位坐向的要求。

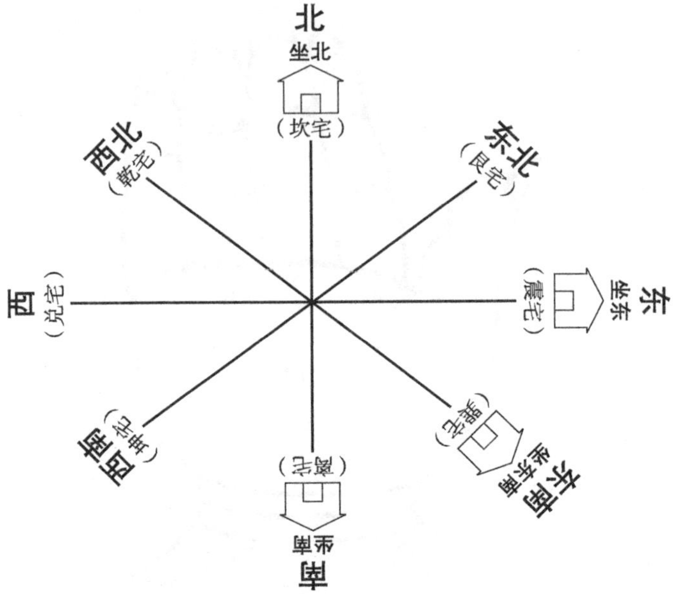

现在我们来讲一讲易卦的另一类别——别卦。

何谓别卦？与经卦相对，别卦是由经卦（即八卦）两两组合而成的六画卦，又叫重卦或复卦。而组成别卦的下面那个八经卦被称为下卦或内卦、贞卦、下体等；上面的那个八经卦则被称为上卦或外卦、悔卦、上体等。

至于别卦的基本结构，概括地说，系由卦画、卦名、卦辞、爻题和爻辞这五个部分组成。如下图：

以上图乾卦为例，其卦画是“䷀”，“乾”是卦名。卦辞就是紧接着卦名“乾”之后的“元、亨、利、贞”。什么叫爻题？“初九、九二、九三、九四、九五、上九”，就是爻题。而每个爻题之后都有一句话，如：“初九：潜龙，勿用”，“初九”是爻题，而“潜龙，勿用”则是爻辞。

乾：元、亨、利、贞

上九：亢龙有悔。

九五：飞龙在天，利见大人。

九四：或跃在渊，无咎。

九三：君子终日乾乾，夕惕若，厉无咎。

九二：见龙在田，利见大人。

初九：潜龙，勿用。

乾卦

就别卦构成的基本要素而言，别卦如同经卦一样，都是由阴、阳两爻组成。其中，比较复杂的是如何确定别卦的爻题。具体来讲，别卦的爻题由爻的阴、阳属性（阴称之为六，阳称之为九）和其在别卦中所处的具体位置（从下至上，分别为初、二、三、四、五、上）来确定。如是阳爻，其名有初九、九二、九三、九四、九五、上九等，阴爻类同。那为什么阴爻被称为六而阳爻被称为九？这与算卦中的数理有关。

所以《易经》跟其他著作很不一样，既有卦爻符号又有文辞。卦爻象、卦名和卦爻辞之间的关系问题，也向来是易学中的一大争议问题。

关于别卦的产生问题，从其逻辑和历史产生过程观之，任一别卦都是由经卦两两相重而成，《汉书·艺文志》“人更三圣，世历三古”的说法是其代表。而在现实的卜筮活动中，别卦都产生于筮法。那什么是《周易》的筮法？《系辞传》云：“大衍之数五十，其用四十有九。分而为二以象两，挂一以象三，揲之以四以象四时，归奇于扐以象闰，故再扐而后挂。……是故，四营而成易，十有八变而成卦。”

蓍草

古人卜筮，用的工具是蓍草，据说用伏羲陵内蓍草园中生长的蓍草来占卦最为灵验。这段文辞第一句是说，在卜筮的时候要准备好五十根蓍草，而真正算卦时却只用四十九根。有一根要放回去不用，因为那根象征着太极。太极是本体，是放在那里作为本源的，不能拿来用。

根据这段文辞，我们将具体的卜筮程序总结如下：将四十九根蓍草随手分成两堆，这就是“分而为二以象两”，象征着太极生阴阳两仪。然后，从右手的一堆里随意抽出一根，夹在左手的小指与无名指之间。为什么要挂？因为“挂一以象三”，这个“一”指人，“三”是指天、地、人三才。接着，再拿起左边这堆蓍草，用右手四个四个数，这就是“揲之以四以象四时”，象征着春夏秋冬四时。数下的余数只有四个可能，分别为1、2、3、4。然后，再把这个余数蓍草，夹在你左手中指与无名指的中间。接下来，把右边已经抽出一根的这堆蓍草用同样的办法四个四个数，将这个余数蓍草，夹在左手食指与中指中间。这个过程叫“归奇于扐以象闰”，这个闰就是余数的意思，如同我们农历的闰月。“四营而成易，十有八变而成卦”，“四营”就是指以上四个基本步骤——分二、挂一、揲四、归奇。四营而成一变，三变而成一爻，六爻为一卦，所以在现实的卜筮活动中要完成十八变的程序才生成一个别卦。以上就是《周易》蓍草成卦法的基本思路。由此可见，使用蓍草来卜筮的过程并不简单，是相当复杂的，所需时间也是比较长的。所以孔子说

“人而无恒，不可以为巫医”，人没有恒心和专注力，是很难成为《周易》占筮者的。根据这个占筮程序，最终我们会得到一个具体的推算结果。如下图所示：

<table>
<tr><th>变数</th><th colspan="2">一变</th><th colspan="2">二变</th><th colspan="3">三变</th></tr>
<tr><td>挂扐数</td><td>5</td><td>9</td><td>4</td><td>8</td><td colspan="2">4</td><td>8</td></tr>
<tr><td>成爻推算</td><td colspan="7">成爻的四种情况</td></tr>
<tr><td>挂扐数之和</td><td colspan="2">5+4+4</td><td>5+4+8 或
9+4+4</td><td colspan="2">5+8+8 或
9+4+8</td><td colspan="2">9+8+8</td></tr>
<tr><td>计算差数</td><td colspan="2">49−13=36</td><td>49−17=32</td><td colspan="2">49−21=28</td><td colspan="2">49−25=24</td></tr>
<tr><td>计算商数</td><td colspan="2">36 ÷ 4=9</td><td>32 ÷ 4=8</td><td colspan="2">28 ÷ 4=7</td><td colspan="2">24 ÷ 4=6</td></tr>
<tr><td>阴阳名称</td><td colspan="2">老阳</td><td>少阴</td><td colspan="2">少阳</td><td colspan="2">老阴</td></tr>
<tr><td>别称</td><td colspan="2">重</td><td>拆</td><td colspan="2">单</td><td colspan="2">交</td></tr>
<tr><td>符号</td><td colspan="2">□</td><td>——</td><td colspan="2">——</td><td colspan="2">×</td></tr>
</table>

需要说明的一点是，当推算出这一爻是老阴或者老阳的时候，需要在旁边注明“9”或者“6”，因为它会产生“变卦”，这基于中国古人的哲学观念——事物盛极必衰，也就是说老阴和老阳都会向自己相反的方向转化。当某一爻或某一些爻的属性发生转化后，整个卦就会变成另一个卦，所以要注明。

那么，算得一个卦后怎样去推算和预测？这就是说，我们该如何解读卦象进而推测吉凶呢？对此，朱熹提供了一个推占法则：

一爻变：以本卦的这一变爻的爻辞占之；

二爻变：以本卦的此二变爻的爻辞占之，并以上爻的为主；

三爻变：以本卦及之卦的卦辞占之，并以本卦的卦辞为主；

四爻变：以之卦的两个不变爻的爻辞占之，并以下爻的爻辞为主；

五爻变：以之卦的不变爻的爻辞占之；

六爻变：如果本卦是乾、坤两卦，则分别以“用九”和“用六”辞占之；其他卦则占之以之卦的卦辞；

六爻皆不变：以本卦的卦辞占之。

根据这个推占法则，如果算出的这个卦中有一个变爻，或二、三、四、五、六个变爻，只要找到相应的卦爻辞即可进行推测。如果六爻中没有变爻，就用本卦的卦辞占之。

例如：假设我们算得的是乾卦，并且只有“初九”这一变爻，那么就用这一变爻的爻辞“潜龙，勿用”来推占之，预测吉凶悔吝。至于如何解读，就要占筮者根据所要卜问之事发挥想象力和运用类比思维。如果现在我是学生，根据这一推占法则，我就应该潜心学习，心无旁骛，不要分心于学习之外的事情；如果我是个打算开发销售新产品的商人，占得这一卦，那就意味着最好还是暂时别动；如果打仗之人占得这一卦，意味着要守而不要进攻；等等。其他推占法则的应用以此类推。特别需要提的一点是，据史书相关记载，有些术士、易学大家不需要根据这种推占法则来预测占卜，而是直接根据占得的卦爻象本身就可推算占问之事的吉凶悔吝。

当然还有一些其他成卦法，如简易揲蓍法、金钱代蓍法、梅花易数法等等。简易揲蓍法是指只要进行三次揲蓍就可以得出一别卦及其变爻。而影响较大的金钱代蓍法，有人说是西汉易学大家、术数家京房发明的，就是用三枚铜钱来卜筮。占筮用的每枚铜钱都有正反两面，其带字的那一面（如上面刻着“……通宝”字样）

为阴，不带字的一面（可以有图案但不是文字）为阳。三个铜钱在掌中摇一摇之后，只会出现以下四种情况：三个无字，三个有字，一个有字而两个无字，一个无字而两个有字。如果三个无字，就是阳爻，所对应的数字是9。三个有字，就是阴爻，所对应的数字是6。一个有字而两个无字，也是阴爻，其对应的数字是8。一个无字而两个有字，也是阳爻，其对应的数字是7。老阴或老阳，即是变爻。所以，用金钱代蓍法，摇一次就可以得到一爻，而摇六次就可以算出一个别卦。当然，最经典的算法还是刚才我们所讲的《系辞传》中记载的蓍草成卦算法。民国时期著名的易学大家尚秉和老先生，易学造诣颇深，是象数派易学的代表人物之一。他说除非是特别紧急情况，不然还是要按照十八变成一卦的算卦程序来求卦。而梅花易数法，是北宋大儒、易学家邵雍（即邵康节）总结出来的一套简单易行、灵活多变的易学预测法。梅花易数法汲取《周易》象数之学的成果，以易学中的数学为基础，将深奥的易理具体应用于占卜，其中蕴含着我国丰富的古代数学思想与数学方法，因此也被称为"《易经》中的数学"。

下面讲一下卦序问题。《周易》八经卦多数人耳熟能详，《周易》六十四个别卦则少有人能准确记忆和诵读，朱熹的《六十四卦卦序歌》就是为了方便人们学习和记忆这些别卦而创作的。今本六十四卦的卦名及卦序如下：

上经三十：乾、坤、屯、蒙、需、讼、师、比、小畜、履、泰、否、同人、大有、谦、豫、随、蛊、临、观、噬嗑、贲、剥、复、无妄、大畜、颐、大过、坎、离。

下经三十四：咸、恒、遁、大壮、晋、明夷、家人、睽、蹇、解、损、益、夬、姤、萃、升、困、井、革、鼎、震、艮、渐、归妹、丰、旅、巽、兑、涣、节、中孚、小过、既济、未济。

说到这里，大家可能有一个疑问：《易经》六十四卦为什么不是对等地分为上下各三十二卦，而是分为上经三十、下经三十四呢？这样分的依据是什么？

这需要考察一下今本卦序中别卦之间的关系。关于别卦之间的关系，孔颖达有一个著名的说法："二二相耦，非覆即变。"（《周易·正义·序卦传》）什么意思呢？"覆"是颠倒的意思，就是两个卦的每一爻呈现对应的上下颠倒关系，如屯卦与蒙卦就互为覆卦关系，把屯卦颠倒过来就是蒙卦，相应地把蒙卦颠倒过来就是屯卦，因此二者其实是同一个卦象。而乾、坤两卦的关系，与覆卦就不一样，因为这两卦的六爻阴阳属性完全相反，不能合并为一个卦，它们之间构成变卦关系。因此覆卦的两卦计为一个卦，而变卦（如乾、坤两卦）的两个卦则计为两个卦。如此计算，则上经三十个卦实际上只有十八个卦。同样，若按照覆和变的法则，下经三十四个卦实质上也是十八个卦。这就是说，上经三十与下经三十四在本质上数目对等。

下面来讲一下易卦的智慧。

孔子曾说："五十以学易，可以无大过矣。"（《论语·述而》）实际上《易经》中的每一个卦都充满着智慧，但因时间关系，我选取乾卦为例来展示并分享一下《周易》的智慧（见127页上图）。

乾卦，是《周易》六十四卦中的第一卦，其地位和思想价值非常高。那什么是"乾"呢？此卦对应的基本物象是天，但为什么这个纯阳的卦不叫天卦呢？我们首先要弄清楚乾的含义。简要地说，乾是刚健的意思，天则是具有这种刚健不息特性的一个极具代表性的物象，天能够运动不息就在于它有乾的特性。中国古人通过对

1	2	3	4	5	6
1乾 ䷀	2坤 ䷁	3屯 ䷂ 4蒙	5需 ䷄ 6讼	7师 ䷆ 8比	9小畜 ䷈ 10履
7	**8**	**9**	**10**	**11**	**12**
11泰 ䷊ 12否	13同人 ䷌ 14大有	15谦 ䷎ 16豫	17随 ䷐ 18蛊	19临 ䷒ 20观	21噬嗑 ䷔ 22贲
13	**14**	**15**	**16**	**17**	**18**
23剥 ䷖ 24复	25无妄 ䷘ 26大畜	27颐 ䷚	28大过 ䷛	29坎 ䷜	30离 ䷝
19	**20**	**21**	**22**	**23**	**24**
31咸 ䷞ 32恒	33遁 ䷠ 34大壮	35晋 ䷢ 36明夷	37家人 ䷤ 38睽	39蹇 ䷦ 40解	41损 ䷨ 42益
25	**26**	**27**	**28**	**29**	**30**
43夬 ䷪ 44姤	45萃 ䷬ 46升	47困 ䷮ 48井	49革 ䷰ 50鼎	51震 ䷲ 52艮	53渐 ䷴ 54归妹
31	**32**	**33**	**34**	**35**	**36**
55丰 ䷶ 56旅	57巽 ䷸ 58兑	59涣 ䷺ 60节	61中孚 ䷼	62小过 ䷽	63既济 ䷾ 64未济

天的观察，认为天的运转首先表现为四时的运转。这种四时运转从来没有停息过，白天黑夜交替，春夏秋冬从来不乱。所以注解《周易》的《大象传》说“天行健，君子以自强不息”，这就是说人要效法天的刚健特性，要自强不息、因时变化，这才是君子行为。顺便说一句，清华大学的校训“自强不息，厚德载物”，就是源自《易经》中的乾、坤二卦。

乾卦的卦辞是“元亨利贞”，“元”是大的意思，“亨”是通的意思，“利”是利益的意思，“贞”是正的意思。按照朱熹的解释，如果占到了乾卦，并且这六个爻数都是7而不是9，也就是不存在变爻和变卦的情况，那么就按照乾卦的卦辞来预测自己占问事情的结果。如此，若占到这一卦，就是大吉亨通，所办事情将会非常顺利，从而获得利益。但是中国古人的智慧都是很圆满的，此卦预言事情可以大吉大利，但有一个前提，那就是你所占卜的事情必须是“贞”，也就是说你占问之事必须是正当的，行为要合乎道义要求。古人说“易不占险”，如果你将要做的事情是不道德的、不正义的，那么《周易》是不会提供答案的，这样的占卜其结果是没用的。举一例子来说明：春秋时期鲁成公的母亲穆姜，据史书记载其“聪慧而行乱”，因淫泆而被儿子鲁成公软禁在某个地方，她盼望着能出去，于是就占了一卦，得到“艮”之“随”。随卦的卦辞是“元亨利贞，无咎”，前面“元亨利贞”四字与乾卦的卦辞是一样的，但穆姜知道自己所做之事是不道德的，不符合“无咎”的前提，所以肯定出不去了，结局果不其然。所以，易卦虽然可以用于预测，但其背后蕴含着强烈的道德意识和道义要求，有很高深的智慧在里面，不是一般意义上我们所说的术数推理活动。

再看乾卦的爻辞解读。“初九：潜龙，勿用。九二：见龙在田，利见大人。九三：君子终日乾乾，夕惕若，厉无咎。九四：或跃在渊，无咎。九五：飞龙在天，利见大人。上九：亢龙有悔。”这里有一个关键文辞“龙”。为什么要用龙来作乾卦的比拟物象呢？因为乾卦的卦性是刚健不息，龙这一象征物能很明显地表示这个特质，龙刚猛有力，符合乾卦的纯阳气质。另外龙可大可小，可飞可潜，上天入海，又行踪神秘，神龙见首不见尾，是变化之物，因此乾卦以龙为比拟的物象。

初九爻辞“潜龙，勿用”，是说当条件不允许的时候，就得老老实实潜伏着，不要出来活动。《三国演义》里有个著名的桥段——青梅煮酒论英雄。当时刘备实力有限，只能老老实实潜伏着，暗地里积聚力量以等待时机。所以当曹操说刘备是条龙的时候，刘备吓得不行，筷子都掉地上了。幸而当时天在打雷，刘备就很好地把这事掩饰过去了。这就是乾卦初九这一爻的智慧，就算有能力，有大志，但外在条件不成熟时，就要像龙潜伏在水中，不要乱动。

“九二：见龙在田，利见大人”，这里的“见”念“xiàn”，“出现”的意思。此时这条龙从渊水中跑到地面上来，崭露头角。为什么能够出来？因为条件允许了。这与易卦中的爻位也有关系。易卦中的第二爻对应臣位，第五爻对应君位，所以乾卦中的“九五：飞龙在天”，后来就用“九五至尊”来指称帝王。第二爻和第五爻这两个爻位都比较好。那么，乾卦九二爻说，虽然可以崭露头角，前途一片光明，但不能沾沾自喜，因为环境条件随时会变化，特别是在爻三、爻四这两个位置上要特别注意。

第三爻处在下卦的最上面，上卦的正下方，是一个承上启下的位置，所以“九三：君子终日乾乾，夕惕若，厉无咎”，意思是君子白天和黑夜都得警醒用功，不能懈怠，内修道德，外修事业，要非常小心，避免过错。经过九三进入九四，九四这一爻位已经接近九五这个顶峰之位，所以很重要。君子的成功需要内外力量和各种因素的结合，经过九三的自身努力，内在力量已经足够强大，九四就讲外在条件，讲机遇，“九四：或跃在渊，无咎”，意思是潜伏在渊的龙可以时不时跃起来，探看外部条件是否合适，君子这时候可以进退自如，没有什么大的过错。

经过九三、九四这一段时间的准备，内外机缘俱足，君子就可以达到九五的巅峰状态，这时候“飞龙在天，利见大人”，这里的“见”念“xiàn”，不是你看人，而是人看你，因为你是“大人”。但朱熹说这一状态“常人不足以当之”。中国人的思维方式就是这样子的，认为盛极必衰，衰极必兴，永远不追求极致，所以乾卦最后一爻是“上九：亢龙有悔”。这就告诉我们，如果你通过努力并且有机遇最终成功了，达到了人生的巅峰状态，那也不要沾沾自喜。亢，高而无位，如太上皇，位高而途穷。上九之后没有路可再走，如果这个时候还继续往前走，肯定会有后悔的事发生，因为到达了顶峰之后还一直要求往前而不懂得适当后退或者转一个方向，很容易盛极而衰，甚至招惹祸害的。

简而言之，乾卦告诉我们的智慧大致如下：

初九：潜龙，勿用。——潜伏之龙，不可妄动。

九二：见龙在田，利见大人。——出潜离隐，人所利见。

九三：君子终日乾乾，夕惕若，厉无咎。——君子敬德修业。

九四：或跃在渊，无咎。——君子随时进退。

九五：飞龙在天，利见大人。——常人不足以当之。

上九：亢龙有悔。——知进而忘退，故有悔。

乾卦用龙这个比拟之物，为我们展现了一条时间和位置相结合的人生发展之路。

最后，我对易卦的智慧启示做一个简单的总结。我认为，人生如龙，首先要找准自己的时位：现在是渊中的潜龙，还是田上的现龙；是朝夕惕若的龙，还是或跃在渊的龙；是飞龙，还是亢龙，这就要认清自己的情况，认清自己所处的时位，然后敬德修业，还要与时偕行，准确顺利地把握住时机，走向一个又一个成功的巅峰。这就是中国人注重内外结合的智慧体现。

所以说，易卦给我们的智慧至少有两大方面：一个是预测推算方面，一个是哲学思想方面。《易经》的智慧是无穷无尽的。

| 国学进百家·经史诗词卷 |

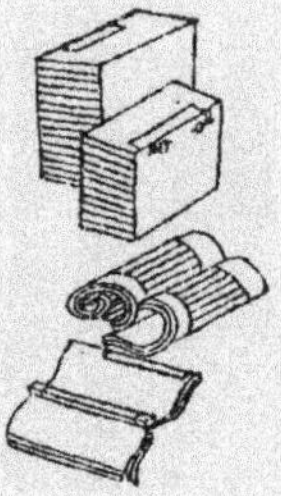

史部

司马迁和《史记》

□中山大学博雅学院 吴宁

今天我们一起聊聊《史记》。20世纪90年代中期，人们去埃及考察时发现，古埃及的历史分期相对清楚：仅从约公元前3100年美尼斯统一埃及到公元前1世纪间，就大概出现过31个王朝。美索不达米亚的历史则可以追溯到更早。中国历史上下五千年，开端应回溯至公元前3000年，可夏、商、周的建立年代都不够清楚，于是就启动了夏、商、周断代工程，要解决的关键问题是确定武王克商的年份，这在古书或出土文献中都没有明确的记载。

尽管古代中国历史没有古埃及那么长，也没有西方严格意义上的神教，但中国人有超强的历史感，从某种意义上可以说中国人以历史为宗教。宏观的历史选择哪些帝王将相、文人学者进行书写，是件非常关键的事。如果你有所作为，终究成就了一番伟业，自然是要被写入史册的。而就微观的历史讲，家族代代传承也很重要。俗语说不能断了香火，这是什么意思？这是说，每个人都是家族历史脉络中重要的环节，到你这儿不能断掉。这种观念中藏着一种深沉的历史感和责任感。这种历史感和责任感无论是对小的家庭，还是对邦国天下而言，都有十分重要的影响和意义。我们一起讨论《史记》，正是为了对此有所理解。

一

司马迁和《史记》

《史记》的内容十分丰富，不仅体现了司马迁的史才、史学，更重要的是其史识。具体而言，司马迁的历史观、文化观、政治理念和哲学思考等各方面在该书中都得以表达。而作为中国的第一部纪传体史书和第一部通史,《史记》所涉极广,前后长达三千多年。上下五千年历史,司马迁一个人就讲了三千年！从时间跨度上看,包括《清史稿》在内的二十六史,司马迁一人书写的篇幅就占了大头。

《史记》的写法很有意思，我们首先看一下20世纪几位重要学者的相关评论。首先是梁启超的说法。梁启超在《要籍解题及其读法》中说："《史记》为始祖，为有组织、有宗旨之第一部古史书，文章又极优美。"司马迁为什么能做到这一点?这与其文笔、思想和学识乃至经历都有莫大的关联。从相关记录看，司马迁的父亲司马谈不仅亲自教过他，还让其去向声名卓著的大儒和学者学习，让其接受最好的教育和学术训练。而司马迁是一个非常用功和善于思考的学生,家庭背景和学习经历为他后来的成就奠定了良好基础。梁启超又说："两千年来学者家弦户诵，形成国民常识之一部，其地位与六经、诸子相并。"照此说法,《史记》的地位堪与六经和诸子相匹敌。六经即《诗》《书》《礼》《易》《乐》《春秋》,诸子主要指先秦诸子。国学最核心的内容是什么？正是经、史、子、集四部。经是四部之首，其中最要紧的是六经。所以梁启超总结："故凡属学人，必须一读，无可疑者。"这里所谓"学人"并非仅指在象牙塔里的专家学者,而是指每个学习的人。对《史记》应有起码的了解,应该成为国民常识的一部分。这些说法在今天可以好好借鉴一番。

钱穆先生在《中国史学名著》中说，秦汉以来两千年就是一部《史记》作标准。尽管《史记》完成之时，是没有人能读到的。《史记》一些内容，应该颇有冲撞汉武帝之意，因此被司马迁"藏之名山"；到汉宣帝时才由司马迁外孙杨恽献出此书，使之得以广泛流传，成为后世史学著述之典范和法度。钱穆说："秦汉以来两千年就是一部《史记》作标准。中国有历史以来的两千年，有周公的《尚书》,中间又经过五百年而有孔子《春秋》,又经过五百年有太史公《史记》,太史公《史记》到今两千年，这些话千真万确，没有一个字落虚，但‘为什么’？那是一个大问题。下边我们该怎样？又是一大问题。”

书写历史，并非仅仅客观无比地把事件资料从旧纸堆里翻出来，把考古材料整齐地排列清楚，对其进行中立客观的理性描述就万事大吉了。历史事件本身的出现或演变固然会表现为一种客观的样态。但是发生过的已然逝去，书写历史取决于你如何去想象、描述、解释和评判，这是一个建构的过程。哪些事情重要，哪些事情不重要，古人怎么看，今人怎么想，如何取材，如何书写以及评判等，在不同的历史学家那里都有很大的差异，必定是言人人殊的。如果大家看过黑泽明导演的《罗生门》，就会发现片中强盗、妻子、樵夫和武士亡灵对武士被杀事件的描述，都是在自说自话，却各有各的道理，然而事件的真相却扑朔迷离。可以假设在座的所有人在同一个场合，共同目睹了一起事件。而事后每个人对这起事件的描述必然会呈现极大的差异，甚至对一些情节关键点的认知，都可能完全不同。

以“罗生门”来比喻历史的书写非常恰当。这是因为对于历史，每个人都有意无意地站在自己的立场，依据记忆和想象重构事件本身，并提供解释和评价。在这种情况下就必须问：究竟何谓事实真相？如果《史记》就是人们所读到的历史，那就必须不断地追问：何谓历史？作者为何这么写？这固然是一个有趣的话题，然而正是这个问题一直折磨着无数的史学家。历史到底在多大程度上可被视作客观叙事，或者说它是否仅仅是借助外在经验而主要通过内在想象呈现的主观建构？在客观叙事和主观建构之间，存在着巨大的张力，如果要追问得更彻底些，所谓“客观叙事”本身也非常可疑。历史无非就是古人说的那样“左史记言，右史记事”，或者干脆就是“断烂朝报”。选择记录什么？运用哪些词，怎么润色和雕琢？是写给自己或极少数人看的，还是要公之于众？这些都会影响到笔法和叙事。假设你是历史学家，有一种很系统的历史观，在此历史观的影响下，你的书写自然会与众不同。更重要的是钱穆提出的问题“下边我们该怎么办”也许才是历史书写中最要紧的问题。不同的人在书写历史时，必定有意识地根据需要进行选择；国家如此，个人或其他共同体也不例外。历史既影响现在，又影响未来，所以如何叙事十分重要。所以钱穆“下边我们该怎么办”的问题就很好。司马迁写《史记》之问题意识之一，就是要讨论接下来该怎么办。当然，他绝非什么预言家或者未来学家，他只是通过书写历史接近问题本身，并以自己的方式呈现出来。

汉武帝时代是整个中国政治、文化发生转折的一个节点。从汉朝建立一直到汉武帝亲政，实行的是黄老之术，一方面汉承秦制，中央加强了对社会和文化的管控，沿袭秦代法令制度等；另一方面又休养生息以恢复民生，省苛事，薄赋敛，毋夺民时，无为而治。经过长时间的黄老之治，到汉武帝时，府库极其充实。黄老之治，就是道家、法家治理方式的一种结合。以此治理天下在西汉前期比较有效，后来很多儒生认为黄老之治应调整为儒家的治理方式，于是引发了很多争论。这恰好是中国文化和中国政治转向的节点，对司马迁也是一个很大的启示。

我们先来讲一讲太史公的家世。屈原《离骚》开篇说“帝高阳之苗裔兮”（帝高阳即颛顼，是屈原先辈）。后来颛顼任命南正重掌管天文、北正黎掌管地理。重、黎的后代世代掌管天文地理，至周宣王时失去官守而成为司马氏。司马氏的一支后来到了少梁，即黄河拐弯之处，现在的山西东南。少梁在战国前期属于魏国，后来被秦国吞并。古文名篇《司马错论伐蜀》中的主角司马错就是司马迁的九世祖，司马错和张仪灭了蜀国，后还攻占楚国不少城池，而司马迁的父亲司马谈则成了西汉的太史公。司马谈学问广博，还“习道论于黄子”。这黄子是谁？其实我们并不清楚，“道论”应该是道家的学术。司马谈纵论六家，唯独对道家推崇备至，而批儒家“劳而无功”。有趣的是他虽然那么尊崇道家，却让司马迁去跟当时的儒家大师董仲舒、孔安国学习。司马迁不仅向古文大师孔安国学习，又向今文大师董仲舒学习公羊派《春秋》。今文经学和古文经学对垒，至今相持不下，司马迁既学今文也学古文，所以学术背景比较复杂。司马迁确有亲近儒家的一面，且以继承孔子之遗志为自我期许。

再来看看司马迁的壮游天下。“二十而南游江淮”，江淮即长江和淮河。“上会稽，探禹穴”，会稽就是绍兴一带。“窥九疑”，九疑即湖南的九疑山。“浮于沅湘”，还是湖南一带。后来又去了“北涉汶、泗”，这就是孔子生活过的地方了。“讲业齐鲁之都，观孔子遗风，乡射邹峄，困厄鄱、薛、彭城”，他为什么被困住了，《史记》上没有做更多的解释。“过梁、楚以归”，就讲了他的游历路线。

北宋马存曾精彩地讨论司马迁的游历路线和文笔的关系。“子长生平喜游，方少年自负之时，足迹不肯一日休”，就是说司马迁年轻时常在外面转悠；“非真为景物役也”，但他不是为了看美景，而是“将以尽天下大观以助吾气，然后吐而为书”，司马迁年少时就想要写一本很重要的历史书，由于此前司马谈没有完成，所以临终时让司马迁一定要承此遗愿。“今于其书观之，则其平生所游皆在焉”，是说司马迁的见闻游历从《史记》中都能体现出来。《史记》这本书的写作风格变化多端，这在很大程度上缘自司马迁丰富的游历。我们如果有机会沿着司马迁的足迹走，去感受一下这些地方和景物，肯定会很不错。

再看入仕为官。司马迁年轻时曾奉使巴蜀（此处巴蜀当然跟现在成都一带还有差别，要更偏西南），并且参加了封禅大典。司马谈一直就想参加封禅大典，但没赶上，终生遗憾。《史记》里有《封禅书》，就专门讲封禅一事。司马谈临终时交代司马迁，“余死，汝必为太史，为太史，无忘吾所欲论著矣”，意思是要他完成一部重要的史书；“今汉兴海内一统，明主贤君忠臣死义之士，余为太史而弗论哉，废天下之史文，余甚惧焉！汝其念哉”，意思是不能只写帝王将相，还得把忠臣死义之士都写出来。

司马迁三十八岁继任太史令，没几年遭受宫刑。汉武帝天汉三年（公元前198年），汉朝名将李广之孙李陵抗击匈奴，兵败而降。司马迁认为李陵有冤枉的地方，应该先好好调查一番。这激怒了汉武帝，他把司马迁交给法官并判以死刑。按照汉律，司马迁本可用50万金赎死罪，可因穷困而难以支付，只好接受了代替死刑的方法——宫刑。这之后，司马迁非常痛苦，愤而著书。宫刑对他的打击非常大，《报任安书》里面有一段话：“太上不辱先，其次不辱身，其次不辱理色，其次不辱辞令，其次诎体受辱，其次易服受辱，其次关木索、被箠楚受辱，其次剔毛发、婴金铁受辱，其次毁肌肤、断肢体受辱，最下腐刑极矣！”从这些文字可以看出司马迁的屈辱和沉痛之情。司马迁还说自己要“网罗天下放失旧闻，略考其行事，综其终始，稽其成败兴坏之理，上计轩辕，下至于兹，为十表，本纪十二，书八章，世家三十，列传七十，凡百三十篇”。他要把这种愤懑之情通过他的著述宣泄出来。虽说宫刑是对他的巨大羞辱，但他并不害怕，他说“仆诚已著此书，藏之名山，传之其人，通邑大都”，就是说现在出版该书非常不合时宜。然后说“则仆偿前辱之责，虽万被戮，岂有悔哉！”，如果写完此书，那么之前的忍辱负重也值得了！

后来《汉书》的相关内容大体复制了《史记》，但也有不同。班固说司马迁“其是非颇缪于圣人，论大道则先黄老而后六经”，即以道家为重。班固还说，“然自刘向、扬雄博极群书，皆称迁有良史之材，服其善序事理，辨而不华，质而不俚，其文直，其事核，不虚美，不隐恶，故谓之实录”，刘向、扬雄都是当时最为博学的学者，都称赞了司马迁有良史的才具。“不俚”这个说法很重要，是说可以写得非常质朴，但根本不会俚俗。“其文直，其事核，不虚美，不隐恶，故谓之实录”，就是当时的人已经觉得他的《史记》堪称实录了。

这又回到了我们最早的那一个话题：什么是历史？历史是完全主观的建构，还是真正客观的描述？时人觉得司马迁写得非常好，尽管《史记》中有一些内容可能是司马迁听来，然后经过辨别记录下来的。比如说书里有很多场景，只有两个人在那对话，没有第三者在场，司马迁是怎么知道那些悄悄话的呢？但是我相信即使是这样的一些记录，司马迁也有他的依据。比如说其中一个人后来又将此事告诉了其他人，然后再流传下来。司马迁对于历史本身有着非常深的敬意，并不会任凭自己来建构一套所谓的历史。当然，他对所记录的历史也是有所选取的，我们来看一下《史记》的结构：全书有一百二十卷，十二本纪，十表，八章，三十世家，七十列传，约五十二万六千五百字。《史记》的第一篇就是五帝本纪，从黄帝开始，下至武帝太初。太初的时候司马迁已经50多岁，往后很可能就没有写了。司马迁死后不久，《史记》也已经残缺。《汉书·艺文志》讲了，“太史公百三十篇，十篇有录无书”，有一个目录在那，但是没有对应的内容。

大家要注意，如果你们去看《史记》的《汉武帝本纪》，会觉得《汉武帝本纪》写得不好，然后会想司马迁怎么这样写？其实《汉武帝本纪》不是司马迁写的，是后人补的。因为他死后没多久，这个就已经残缺了。为什么残缺呢？原因可能比较复杂。《历书》《乐书》《律书》均缺，影响很大。中国的礼乐文明，秦朝时间比较短，30多年的时间就亡了，还来不及去修史。到了汉朝，有充足时间来修以前的史书，《历书》《乐书》司马迁写过，可是后来都没了。这造成了很严重的一个断层。《律书》是什么呢？《律书》即乐律的书，比如大家学音乐的时候，什么大调小调，都是跟所谓律有关的东西。司马迁写的这个亡佚了，还有《日者列传》，这是占卜用的。

刚才我们提到司马迁写历史的方法，“罔罗天下放失旧闻，王迹所兴，原始察终，见盛观衰论考之行事，略推三代”，即原始察终、见盛观衰，考之行事，推三代。司马迁用这样的方法来写十二本纪。本纪是以皇帝为中心，记录从黄帝到武帝各代帝王的兴废大事。然后司马迁又作了十表，作表是为了把时间理清楚。当然，得问一个问题：司马迁是不是完全理清楚了？并不清楚有些年代是有错误的，这个很正常，因为他当时看到的东西跟我们后来看到的不太一样。我们后来之所以能够搞清楚，是因为殷墟出土的甲骨文记录得非常确凿。甲骨文上的记录，我们都解读出来，而司马迁当时却看不到。那时即使挖出了殷墟的甲骨文，他也读不懂。

究天人之际，然后“承敝通变，作八书。二十八宿环北辰，三十辐共一毂，运行无穷，辅拂股肱之臣配焉，忠信行道，以奉主上，作三十世家”。讲的是大臣，这些大臣又来辅佐这些帝王，奉主上作三十世家。这些重要的股肱之臣，“扶义俶傥，不令已失时，立功名于天下，作七十列传”。从这段话可以看出，在列传中，要到有功名于天下，就一定会被写进去。立功名于天下，对司马迁来讲也非常重要。司马迁实际把自己也写进了历史，他的《史记》在历史上发挥了很重要的作用，他显然也立功名于天下了。《汉书》把他也写进了列传，即《司马迁传》。

关于《史记》，有几本书介绍给大家。南朝刘宋裴骃的《集解》、唐朝司马贞的《索引》和唐朝张守节的《正义》。

《史记》固然是一本历史书，但是它绝不是简单的历史书。司马迁写作此书有一个很强的目的，即有着极强的政治文化抱负。他的著述理念，首先是“究天人之际”，就是探讨天道与人和社会的关系，比如说人和鬼神、人和天体运行、人和历法的关系。他要通过对3000年历史发展变化的考察来寻求促成这些变化的原因。他试图从纷繁复杂的历史活动中、人和人的关系中、人和天地的关系中，以及制度文化各个方面，去揭示其中隐藏得非常深的一些动因。

另外，就是他继承了孔子的志向。孔子说过，“罪我者其惟《春秋》乎！”——怪罪我的，就是因为《春秋》这样一本书。司马迁也有这样的意识。写历史意味着要对历史负责，要对历史充满敬畏，不能以主观的想象来进行写作或进行篡改。司马迁对于自己的这种思想有非常清醒的认知，所以他要在这样一套历史观的指导下去写。我们接下来会具体体会《史记》。

二

太史公笔下的先秦诸子

在中国历史上，先秦，特别是春秋晚期到整个战国时期，是中国思想最为群星璀璨的时代。司马迁笔下的先秦诸子，肯定跟我们通常所理解的先秦诸子有一定的区别，我们要探讨的是司马迁笔下的先秦诸子。最好的办法是通读，从太史公的著作入手。司马迁如果没有提到过，我们可能要考虑到论著者自身的想法，那这样的话可能就会有一个问题：客观的历史和主观的建构，它们之间有没有什么关系？是怎么联系起来的？实际上对于司马迁来说，此问题是比较突出的。回到司马迁本人的著作上去，当然也要参之以其他的一些重要的相关说法。

首先讨论传说与真实。在《史记》里，关于黄帝的记录基本不是神话。司马迁一开始讲历史就不讲三皇，也可能那时没有形成完整的三皇叙事，这些人都过于渺茫。当然可能还有一个原因，就是关于三皇的传说形成时间晚一点，到司马迁之后才逐渐形成，这就更复杂了。司马迁把历史的开端追溯到五帝。他不仅仅对之前的历史进行客观描写，还掺杂了他自己的一些看法。

五帝第一个就是黄帝，姓公孙名轩辕，“生而神灵，弱而能言，幼而徇齐，长而敦敏，成而聪明”。看起来很厉害。他写诸侯相互攻打，暴虐百姓，黄帝“乃修德振兵，治五气，蓺五种，抚万民，度四方，教熊罴貔貅貙虎，以与炎帝战于阪泉之野”。他又教熊、老虎这些野兽跟炎帝打仗。黄帝为什么要打仗？因为诸侯之间相互攻打，暴虐百姓，他要解决问题，所以有涿鹿之战。黄帝“迁徙往来无常处”，就是他居无定所，“以师兵为营卫”。那个时候没有首都这个概念。司马迁说其“有土德之瑞，故号黄帝”，陕北地处黄土高原，土壤是黄色的，所以其被称为“黄帝”。实际上，司马迁是把战国晚期到西汉流行的一种观念掺杂进来了，后面我们会谈到这一点的。

然后看第二个，颛顼，何许人也？即黄帝的孙子高阳，后来当了天子。实际上，我们可以发现司马迁对于颛顼的描述很抽象：“静渊以有谋，疏通而知事；养材以任地，载时以象天，依鬼神以制义，治气以教化，絜诚以祭祀。”关于高阳没有讲具体事件，仅仅叙述了其人格特征和能力。颛顼之后是帝喾，司马迁说他“聪以知远，明以察微”“修身而天下服。取地之财而节用之，抚教万民而利诲之，历日月而迎送之，明鬼神而敬事之”。这些描述都非常抽象。为什么呢？可能有一个原因就是司马迁并不确切知道颛顼和帝喾到底做了什么具体的事情。

更重要的是传说中的尧。尧是什么情况呢？“帝尧者，放勋”，据说放勋是他的名字。看一下对他的描述：“其人如天，其知如神。”尧配“天”，其智慧非常神妙，并做到了“亲九族，九族既睦，便章百姓。百姓昭明，合和万国”。意思就是说他能够构建一个天下的和局（当然天下和局在黄帝时已经出现了雏形，但是到了帝尧的时候，他可能做得更好）。“乃命羲、和，敬顺昊天，数法日月星辰，敬授民时。”实际上关于帝尧的这段描述全部来自《尚书·尧典》，《尚书》第一篇就叫作《尧典》，这些描述全都改写自《尧典》的开头。“亲九族”就是他的整个家族亲爱和睦，“九族既睦，便章百姓”。这里“便章百姓”指这些出身比较显赫的人，他能够给他们以秩序。“合和万国”实际上原文是“协和万邦”，因为要避皇帝刘协、刘邦的讳，所以叫“合和万国”。大家要注意这一点，“乃命羲、和”，就是说任命羲、和两个精通天文地理的人来制定历法。羲、和干的活儿，跟司马迁的祖先重、黎差不多，都要制定历法、确定节气。尧的家庭情况也是有一些交代的，但是还是比较少，只说了他有一个儿子丹朱。

讲得最多的除了黄帝以外，就是舜。舜的家庭情况是非常清楚的。“舜父瞽叟盲，而舜母死，瞽叟更娶妻而生象”，他很小的时候生母就去世了，他父亲娶了继母。舜的父亲是“瞽叟”，古代人的注解是说眼睛看不见，是一个瞎老头子。实际上他是能看见的，可能是指他搞不清楚什么是该做的、什么不该做，所以说他“瞎”了。继母生了一个孩子叫作象，象是非常傲慢无礼的一个人，但是父亲很喜欢他。“常欲杀舜，舜避逃”，这个家庭很奇怪，做父亲的经常要把儿子杀掉。“及有小过，则受罪。顺事父及后母与弟，日以笃谨，匪有解。”舜一直没有松懈下来，对父母与弟弟很好。他的父亲非常顽固，“母嚚”即继母也是比较坏的意思，“皆欲杀舜”，就是一家四口人当中，有三个都想着要把舜杀掉，生长在这样的家庭真是一个悲剧。可舜是怎么做的呢？“舜顺适不失子道”，作为儿子，他做得很好；作为兄长，他也做得很好，兄悌孝慈。然后司马迁就有神来之笔，“欲杀，不可得；即求，尝在侧”，怎么杀也杀不掉。舜的家庭就是如此状况。

实际上，这个事情在《孟子》里面就讲得非常清楚。孟子有一大段的推理，所以我非常怀疑司马迁的叙述来自《孟子》。为什么说“欲杀，不可得”呢？比如说有一次父亲让舜去疏通他们家的井，舜到井底以后，父亲就开始填土，要把舜埋在里面。可是舜以前在修井的时候，早就在旁边挖了一个小坑，然后他再继续挖洞逃出去。还有一次，舜去修理他们家的仓库，仓库是用草搭建起来的，父亲就开始在下面放火。舜是怎么逃脱的呢？他拿了两根很高的棍子，踩高跷一样地跑掉了，据说这是踩高跷的起源，这是先秦文献讲的一个情况。所以，我们可以发现舜非常聪明，不失子道，兄悌孝慈，他全都做到了。“欲杀，不可得”，怎么杀都杀不死，“即求，尝在侧”，需要他的时候他就会出现。中国古代十分强调孝道，实际这跟古代有这样的典范人物是有关系的。当然这种理念本身也蕴含着典范人物的人格形象，舜的具体事迹对孝道、兄道、夫道、君道和臣道有非常完备的体现。他三十岁的时候，尧帝就问手下有没有可用之人，别人都推荐他，于是就让他去继续治理国家，治理得很好。尧还做了两件事情，即把自己的女儿嫁给了舜，然后让自己的儿子们都跟着舜去学习，舜都处理得非常好。舜从孝出发，能够理顺家庭内部所有的关系并“以孝闻”，然后治理国家也治理得不错。这就是中国传统观念的一个扩展。他首先是要成就自己，然后再成就别人。就是说首先要修身，然后再齐家治国平天下，在舜的身上体现得非常典型。

五帝里面最后一个是大禹。“当帝尧之时，洪水滔天，浩浩怀山襄陵，下民其忧。尧求能治水者，群臣四岳皆曰鲧可”，鲧就是禹的父亲。鲧治水失败，在羽山被舜杀掉了，天下人都认为杀得好。舜又把鲧的儿子推举出来，让他继续治水。《史记》里对禹的描述，说禹他三过家门而不入。为什么三过家门而不入？以前有这种说法，即他大公无私。司马迁说，“禹伤先人父鲧功之不成受诛”，他感慨他的父亲治水没有治好被诛杀。以后他就“乃劳身焦思”，居外十三年过家门不敢入。就是说

“左准绳，右规矩，载四时”，然后就让禹成为天子。这是五帝的情况。

我们接着看一下三代。三代指的就是夏、商、周，在《夏本纪》《殷本纪》《周本纪》里面讲得比较清楚。“本纪”是讲天子的事迹，从后来的研究来看，三代时期实际上是从鬼神文明到礼乐文明的过渡时期。殷人尚鬼，周人崇礼、尚文。殷人是“率民以事神，先鬼而后礼”，这跟周人相反。周人是“事鬼敬神而远之”。从司马迁的记录里面，我们可以发现，他对于三代的一些情况没有做严格的区分，这一点也许是受限于他当时所能看到的材料。

现在关于诸子百家的说法主要是基于司马迁的看法，跟一般的讨论还是有一些区别的。《论六家要旨》是一篇比较短的文章，就是司马谈做太史公时写的。司马迁觉得他跟他父亲想法很接近，但我们发现这父子俩的想法其实有些差异。《论六家要旨》是司马谈讨论先秦诸子的重要文献，其中讲道：“阴阳、儒、墨、名、法、道德，此物为智者也。”诸子百家从所谓的宗派上看，大概只有十一二家，太史公司马谈就讨论了一下六家的弊端在哪。

第一个，阴阳之术。《周易》是汉代的群经之首，那么你们可能会问：《周易》是什么，《周易》不就是算卦的吗？这样想其实就对了。《周易》本来确实是用来算卦的，但是它不限于算卦。这个阴阳之术呢，阴阳家用来预测别人的吉凶祸福。它对事实的运行做了很多的探究，代表人物是邹衍。司马迁讲邹衍，说邹衍看到了当时的情况，这个诸侯有国者，非常奢侈糜烂。他说这些会影响到普通人，乃“深观阴阳消息，作迂怪之变”。“深观阴阳消息”，消就是消退，息即产生。然后说，“其语闳大不经，必先验小物，推而大之，至于无垠”。他讨论了两个情况：首先是时间。时间怎么讨论呢？他又重新追溯到黄帝，讨论整个时代的盛衰。三皇的时候怎么样，五帝的时候怎么样，夏、商、周三代的时候怎么样，如今又如何。然后他说

“因载其机祥度制”“推而远之，至天地未生”，到了无穷远的地方，是天地刚刚开始发生的时候，“窈冥不可考”，这是一个时间开端上的追溯。其次是空间。“先列中国名山大川，通谷禽兽，水土所殖，物类所珍，因而推之，及海外人之所不能睹”，看也看不到的东西，也给你推导出来，“称引天地剖判以来，五德转移，治各有宜，而符应若兹”。然后他说儒家会讲天下九州，这是一个无比宏阔的地理空间概念，想象力惊人，从时间、空间的角度，说到无穷大、无穷远。

上面就说了“五德转移”，五德转移是什么？我们知道“改正朔易服色”。“易服色”即改朝换代了，衣服就要换成新的款式，此即易服；还要易“色”，即推崇不同的颜色。这是邹衍推出来的一套理论。这个叫作五德终始说，是金、木、水、火、土，相生相克。前面这个火德，崇尚红色，就穿红色的衣服，其朝廷的官员要穿红色官服；水克火，水是黑色的，车马、官员穿的服装，还有朝廷推崇的服色，全都要取代表水德的黑色。汉朝前面推崇黑色，就跟这个理论有关系。看影视剧你们会发现，汉朝的早期很多人的服色都是红色、黑色或红黑掺杂的，当然还有青色。那么“改正朔”是什么？即每年的第一个月的第一天从哪开始。比如说改正朔，周子殷丑夏寅，什么意思呢？子是什么时候呢？不是某一天，这个是月份，是中国的传统历法。不管传统历法叫什么历，以前不叫农历，以前管它叫夏历，这里“子”就是第十一个月，假设以我们中国现在的传统历法为标准，就相当于十一月。这个十一月叫正月。冬月之后是腊月，腊月之后是正月，正月后来是如何变成一月的？这是改正朔的结果。周时正月是子，也就是说周朝的正月是十一月，即现在的冬月。如果要过年，那应该是十一月。当然过年和正朔还不一样，不过是有关的。殷丑，丑即现在的腊月，是商朝的第一个月。夏寅就是现在的正月，所以我们现在叫作夏历，以所谓的寅月为正月，也就是现在传统历法的一月为正月，夏以一月为正月，到了殷商时期改掉了，我们的第一个月不是商人的第一个月，商人的正月要提前一个月，周人再提前一个月，这个就叫改正朔。

邹衍的著作没有流传下来，但可以发现他综合性的思考对后世的影响至深。虽然不能说阴阳五行说、五德终始说、大九州说都是他自己发明的，可能这里面有很多观点来自儒家、墨家、道家，由他综合起来，对后世产生了非常大的影响。

太史公司马谈对于儒家是有批评的，他是怎么批评的？他说“儒者博而寡要”，是说儒者缺少了能抓住要害的东西，这是对儒家的一个批评；“劳而少功”，折腾来折腾去，最后也未必有很好的效果。为什么要这样讲？因为有人形容孔子“知其不可而为之”，是说即使明明知道事情做不成功，可是他的理想就是这样，仍要坚持去做。然后他又说其优点，“然其序君臣父子之礼，列夫妇长幼之别，不可易也”，这些是不能更改的。此为儒家之缺点和优点，是司马谈的观点。我们之前讲过，司马谈推崇道家，他觉得道家是一套完美的学说，对其没有任何批评，只有赞扬，对其他的五家则都有批评。

孟子是孔子的孙子的弟子。他游事齐宣王，宣王不能用。到了梁国，梁惠王也没有真正采信其言，然后“以为迂远而阔于事情”，是说他对于当时比较紧急的、需要解决的问题比较疏离，这是梁惠王的看法。当时秦国用商鞅进行变法，富国强兵；楚国和魏国用吴起战胜了弱敌，削弱了自己的敌人。孟子这个时候做了什么事情呢？孟子讲的是尧、舜和夏、商、周三代之德，所以“是以所如者不合”，都不太对主政者的胃口。司马迁写的关于孟子的传记，叫作《孟子荀卿列传》，其中写道：“余读孟子书，至梁惠王问‘何以利吾国’，未尝不废书而叹也。”司马迁读到“何以利吾国”，就把书放下，“曰：嗟乎，利诚乱之始也！”即利益是乱的开端。《孟子荀卿列传》中已经显现出司马迁对孟子的认同。

接下来看一下荀子。荀子是赵国人，50岁的时候才游学于齐，后来成为当时资格最老、学问最大和道行最高的一个学者。荀子在齐国成为列大夫，而且三次出任祭酒。后来，他去了楚国。当时楚国的春申君很欣赏荀子，任命他为兰陵令。从此，他就落户在兰陵，荀家几代人住在兰陵，成为书香门第。

下面是太史公司马谈讲墨家。墨家强调的是节用、节葬，节葬尤其重要。丧葬一定要从简，丧期一定要短。司马谈说，“墨者俭而难遵”，就是说墨家非常节俭，所以很难遵循，“是以其事不可遍循”“然其强本节用，不可废也”。强本节用这一方面还是不错，很看重效果，从这个角度来讲还是好的学说。但是根据司马谈的讲法，他对于墨家也有反对意见，他说“教丧礼，必以此为万民之率。使天下法若此，则尊卑无别也”，即长幼尊卑间没有差别了，这是一个很大的问题。“盖墨翟，宋之大夫，善守御，为节用。或曰并孔子时，或曰在其后”，这是在司马迁笔下的墨翟，关于他的传记只有这两句。《孟子荀卿列传》里墨子是被附在后面的，墨翟这个人应该是宋的大夫，擅长守卫防御，为节用。有人说他跟孔子同时，有人说他在孔子之后。司马迁可能知道的信息不多，或者他觉得没有什么可说的。第二句话相当于一个疑问句：他到底是跟孔子同时，还是孔子之后？这句话就是整个《孟子荀卿列传》的结束。

接下来就是法家。法家的代表人物是商鞅和韩非子。当初商鞅跟秦孝公讨论儒家学说、帝道、王道、霸道，后来秦孝公就接受商鞅变法的理论。商鞅变法非常成功，突破了世袭制的分封制度，把秦国变成一个军事强国。他相秦十年，“宗室贵戚多怨望者”。所以秦孝公去世后，太子继位，就开始抓商鞅，把他车裂并且灭族。太史公司马迁说：“商君，其天资刻薄人也。”

然后我们再看韩非子。韩非子是韩国的公子之一，喜欢刑名法术之学，归本于黄老。“非为人口吃，不能道说，而善著书”，这是司马迁写的。韩非子跟秦相李斯都是荀子的学生。韩非子认为儒者用文乱法，就是儒者经常要归本于六经，很多文献会搅乱法律，侠者以武犯禁，这些也都有问题。于是，他就开始写书。后来，有人把他的书带到了秦国。秦王见孤愤五蠹之书，就表示：我如果能够跟随这个人游历，死而无憾。“秦因急攻韩”，秦国为什么接下来就要攻打韩国呢？因为秦始皇着急要见到这个人，所以才着急地去进攻韩国。这场战争可以说是以获得一个重要的思想家为目的的战争。后来，韩国已经招架不住，就派韩非子出使。“秦王悦之，未信用”，“悦”就是满足了他的要求，达到他的目标。为什么不信用？因为沟通很困难——韩非子口吃。李斯就加害他，派人给韩非子送了药，导致其自杀了。秦王后悔，让人赦免他，但已经死了。司马迁写了这样一句话：“余独悲韩子为《说难》而不能自脱耳。”韩非子有篇文章叫《说难》，讲了很多困难怎么解决，可是却不能自脱。

接下来是名家。名家的目的是什么？正名实。比如说这个杯子，杯子这个名称和杯子这个东西，要名副其实。但有的人名和实是脱离的，脱离以后就会出问题，所以一定要正名实。“名家苛察缴绕，使人不得反其意，专决于名而失人情”，通过诡辩掩盖了很多东西，失去了人们的一些真实的情，是有问题的。但是它从反面来看，“若夫控名责实”，从这个角度来看还是很有道理的，名副其实。司马迁说“世多有其书，故不论其传云”，可能在司马迁生活的时代，名家的书还比较多，实际上到现在是比较少的。

道家有两个观点：一是无为，一是无不为。无为而无不为，通过无为的方式达到无不为。司马迁把老子和韩非子等人放在一起，这是很科学的。韩非子喜欢刑名之术、黄老之术，以黄老之术为本，也就是说韩非子整个理论的哲学基础就是道家的学说。

以上讨论的内容，就是所谓的六家。这六家并不一定是按照司马谈的《论六家要旨》来展开的，里面还有很多司马迁写的传记作为补充。我们可以发现，虽然司马谈极其看重道家，但是在司马迁的评论，尤其是《老子韩非列传》里，他只是说微妙难识，没有像他父亲那样认为道家是完美无缺的，这个跟司马迁个人所受到的教育和所处的时代有很大的关系。在《太史公自序》里面，司马谈的遗言里面还包括非常儒家化的内容。司马谈有很长一段话引用自《孝经》，告诉司马迁要保全自己，然后要扬名于天下，见父母孝之终，这是非常儒家化的内容。所以从司马谈到司马迁，其实是从对道家推崇备至，认为道家完美无缺的时代，转向推崇儒家，认为儒家非常重要、有用的时代。司马迁本人应该是儒、道两家都精通，而且很长时间内是偏向于儒家的。这些就是和当时的思想、政治、战争等形势有关的讨论。

三

儒法国家的形成

在古代中国有一个比较特别的关于国家的观念，国、家是分开的。孟子说，“天下之本在身”，“身”就是“己”，自己的身体，天下之本不是在皇帝一个人那里，而是在每一个人这里。天下之本在身，然后再往外推，从身到家，再到国，再到天下。这个“身”显然指的是自己。那么“家”是什么概念？即古代人讲的“卿大夫之家”，是基于古代的分封制度而形成的家。家的规模有多大？它少则几十人，多则数百人。而且一家之内，大家并不是都有血缘关系的。家可以有家臣，一些负责具体事务的人，不同职能部门的负责人。家臣可能跟家主没有什么血缘关系，甚至姓氏也并不一样。接下来我要谈一下“国”。“国”这个字如果去看一下繁体，就知道它是一个大大的“口”，中间一个“或”。是什么意思呢？“国”在古代最早应该指的是首都，就是有一个“口”，里面有一个“或”，表示有人拿着戈等。最早的“中国”不是我们现在讲的“中国”。中国最早的意思就是国都，尤其是指天子住着的那个城。

我们经常说封建社会、封建专制主义等词语，实际上这些说法有矛盾。封建是什么，我们首先要弄清楚。《周易》第三卦屯卦的卦辞是“元亨，利贞，勿用有攸往，利建侯”。“利建侯”这三个字在《周易》出现了好几次，即有利于建立一个侯国，这实际上就是封建。《左传》里面讲“封建诸侯，以藩屏周”是什么意思呢？就是周朝刚刚建立的时候，为了稳定天下，需要论功行赏。比如姜太公分得一块地，并得到一个侯爵的爵位。于是，姜太公就带着他的家庭，浩浩荡荡上千人从周的首都镐京翻山越岭到达了山东临淄一带。他首先要建立一个城邑，修建一些防御工事。为什么要修防御工事？因为当时还有一些不在周天子统辖范围之内的一些部落，所以他必须要有防御工事，并以这个地方为定居点向外拓展。定居点确定以后，他再封下面的家臣或家人到离他不太远的地方建立另外一个城邑，就通过这样的方式一层一层分封下去，这就叫作“封建”。“封”就是将头衔和土地分给你，让你去管理。

姜子牙建立了齐国，成为齐太公以后，一层一层往下分封。这里面就有一个问题：周天子可不可以管齐太公的封臣？周天子是管不到的。那么他是怎么进行这里的治理的呢？按照我们现在的话来讲，是自治，即自我管理。自治意味着什么呢？意味着他要有武装，不然无法抵御其他部落的入侵。他不仅要有武装，还要有财政体系、人事管理体系和行政机构等。就是军事、财政、行政方面，都是独立自主的。那么齐国跟周国是什么关系呢？分封的时候，姜子牙就已经表示要臣服于周天子，他才拿到了封地和爵位。周天子对他有一个要求，即在礼乐和礼制方面必须要服从于周天子。如果周国有什么问题，如北方的蛮夷打来了（西安离北方太近），得出兵解围。或者是某一诸侯不听指挥，周天子可以下令几个诸侯国组成联合部队攻打他。诸侯主要是在这些方面体现对周天子的臣服。除了诸侯国之外，另外还有一个体系，就是周天子也要有他的助手，协助他治理国家，处理国家事务，这些助手即卿或者大夫。与此类似，诸侯国也有卿和大夫。所以，“封建诸侯，以藩屏周”，就是封了很多周边的诸侯国，他们共同来保护周国国都，像众星拱月一样。这就叫作“以藩屏周”。

根据司马迁的叙述“封商纣子禄父殷之余民”，是把商朝留下来的那些民众让商纣王的儿子来管理，这是分封。“武王为殷初定未集，乃使其弟管叔鲜、蔡叔度相禄父治殷”，禄父就是商纣王的儿子。周武王打下了商朝以后，就让自己三弟管叔、五弟蔡叔去监控禄父（他给这两个弟弟分了封地，即在禄父封地的旁边，监管着禄父）。可是后来发生了一些事情，就是这两个兄弟和禄父一起造反了，那个时候周武王已经去世，周公就带领军队去将其镇压了。太史公说，“武王追思先圣王”，武王想到了之前的尧、舜和禹，“乃褒封神农之后于焦”，如果在西周初年有一个国家叫作焦的话，那就是神农的后代的封地（黄帝的后代封在祝，尧的后代封在蓟，舜的后代封在陈，禹的后代封在杞）。“封召公奭于燕”，“封弟叔鲜于管，弟叔度于蔡。余各以次受封”就是这样的一个分封制度。分封制度的结果，就是围绕周国的首都出现了数量众多的卫星国。

周初分封了71个诸侯国，姬姓53个，包括了周文王的儿子、兄弟等，当然还包括他兄弟的儿子。《诗经》上有“普天之下，莫非王土，率土之滨，莫非王臣”的表达，说的便是封建天下，是分封出来的一个天下，名义上天下所有的领土都应该是周王所有，不是诸侯王自己所有。大家可以发现这个封建天下是比较有意思的，因为涉及周天子这一中心和封国的关系，中心在多大程度上可以有效监管这些封国，这就会成为一个问题。这是周朝的封建制度，是一个非常典型的封建社会。

周朝的这种封建，到了春秋的时候就发生了变化。从公元前1045年一直到公元前771年，周天子治理的天下非常安宁。到春秋战国时期就出现一个问题，就是天子不尊，天子没有得到尊重。某些诸侯国有时为了自己的利益，要打着天子的旗号，挟天子以令诸侯，这种局面逐渐出现。还有就是价值失范，大家以前固有的那些观念，比如说周天子是至高无上的，开始动摇了。在诸侯国内部，一些大夫把持了朝政，动不动就威胁国君。价值失范，然后社会失序。一些诸侯国开始互相征伐，制度也开始崩溃，总而言之就是到了礼崩乐坏的时代。

孔子有一句话说，“天下有道，则礼乐征伐自天子出。天下无道，则礼乐征伐自诸侯出。自诸侯出，盖十世希不失矣”。天下有道，天下治理得非常好，礼乐征伐之命令都是来自天子的。可是到了孔子的时候，“礼乐征伐自诸侯出”，很多诸侯国被国内的大夫、权臣所把控，所以他说，“自大夫出，五世希不失矣”。大夫把持了朝政，这还不够。大夫有自己的家臣，家臣干得很好，很多大夫又被家臣架空了。家臣就逐渐掌控了整个大夫之家的权力，而这个大夫又恰好掌控了诸侯国。这样家臣就间接地把持了这个国家的朝政。鲁国就有这种情况，《论语》中讲到阳货，他把持着大夫之家，然后由此间接地操控鲁国的国政。所以孔子说：“天下有道，则政不在大夫，天下有道，则庶人不议。”这是孔子对那个时代的感慨。

到孟子时代，情况更严重了。严重到什么程度？为了权力，可以“臣弑其君”

和“子弑其父”。从封建制度诞生开始，周初71个诸侯国，有53个都是姬姓的，这就意味着这些诸侯大部分是亲戚，都是有血缘关系的，分封以后又加上了一层君臣关系。古代中国为什么特别看重兄友弟恭？这跟封建制度有关。在封建大家庭里，大家都有权力，有相应的地位，所以更看重这种兄弟关系。人们总结出了一句话，叫作“孔子作《春秋》，乱臣贼子惧”。为什么会这样呢？其实我们读《太史公自序》，我们会发现它中间有很长的一段都在谈论《春秋》和孔子。孔子作《春秋》，为什么就“乱臣贼子惧”呢？因为他生活在一个礼崩乐坏、价值失范、道德沦丧的时代。他写《春秋》，实际上就是要把那些人写入历史。中国人非常看重历史，很多人干了不光彩的事，违背了孝道和兄友弟恭等价值观，所以很怕被写入历史。

接下来看下一个方面，战争。春秋战国以后，战争就越来越频繁了。为什么？因为天子的权威越来越弱，没有办法控制诸侯了。诸侯之间开始发动战争，抢占土地、攻打城池，或者发生一些其他方面的冲突。在春秋战国时期，有几场比较大的战争：北制之战、城濮之战、崤之战、邲之战、姑苏之战、马陵之战等。当然还有长平之战。长平之战是战国后期最有名的一场战争，秦国把赵国的精锐军队都给消灭掉了，全歼有40多万人，降卒40万全部被活埋了。

后来秦始皇统一天下，到了汉朝建立儒法国家，这跟春秋战国时期的战争关系非常密切。也就是说战争在那时成了整个社会体制前进的第一推动力。为什么这样讲呢？因为战争要求集中很多资源，要能够尽量地动员国民投入大规模的战争中去。兵马未动，粮草先行，实际上这意味着后勤的补给至关重要。后勤的补给重要到什么程度呢？一场战争的胜败，很大程度上要取决于后勤的补给。所以说如果要发动一场十万人对十万人的战争，发动战争的这一方，军队派出去了十万，后勤的人员肯定是几十万以上，而相关的那一些给养、武器那更是不计其数。所以在商朝、夏朝和西周，应该是发动不了大规模的战争的，因为它的后勤很难安排。

春秋时期战争就比较重要了，到了战国的时候，战争就更加重要。战争推动了社会各个方面的发展，出现了中央集权的趋势。比如说齐国和魏国，要集中力量发动战争，国君的权力会越来越大，军权很大程度上也要掌控在国君的手里。像鲁国那样的弱国，就会越来越弱，一直挨打。晋国非常强大，因为它的规模很大，人口众多。到了战国初期的时候，晋国一分为三，分成韩国、魏国和赵国。晋国分裂以后，韩国和魏国都是在现在的山西、河南的那一大片，没有任何天然屏障。魏国生存的战略就必须是以攻为守，行变法，强王权，加强对军队的控制和行政权力，推动经济的发展。经济发展到一定程度，积累很多财富，可以更好地来支配经济资源，投入战争当中去。魏国变法的这个人叫做李悝，是子夏的学生。他精通法律条文，把各国优秀的法律条文放在一起，写了一本书叫《法经》。他又废掉了井田制，进行经济上的法令制度的变更。在军事上进行变法的人是吴起，吴起对士兵的训练包括体能、技巧、作战的配合，以及服从命令等。他们的武器也非常先进，因此魏国就非常强大。"齐桓公用管仲之谋，通轻重之权，徼山海之业，以朝诸侯，用区区之齐显成霸名。魏用李克，尽地力，为强君。自是以后，天下争于战国，贵诈力而贱仁义，先富有而后推让。"

我们来简单看一下吴起的传记。吴起这个人非常重要，一方面他在魏国和楚国两个国家进行了变法，楚国的强大跟吴起的关系密切；另一方面他是古代战争史上极其罕见的常胜将军。《吴子兵法》是非常有名的军事著作之一。齐国进攻鲁国时，鲁国国君想起用吴起担任统帅，但因为吴起的夫人是齐国人，鲁国国君内心犹豫。"吴起于是欲就名，遂杀其妻"，由此鲁国国君认为这个人很果断，打仗应该不错，就让他当将领，然后攻打齐国并破之。

吴起后来听说魏文侯贤能，就跟着魏文侯做事情。“文侯以吴起善用兵，廉平，尽能得士心，乃以为西河守，以拒秦、韩。”吴起率领魏国的军队过黄河进攻秦国，目标是完全灭掉秦国。吴起打过去以后，占领了黄河以西大量的土地，魏文侯就任命他为西河郡守来抵抗秦、韩。之后他在楚国也是，他让楚国非常强大，楚国还南平百越，即今浙江、福建和广东。楚国国君死了以后，宗室和大臣作乱，把吴起射死了。

我们前面讲法家的这几个人下场都很糟糕：吴起被射成刺猬，商鞅被车裂，韩非子被毒死。所以变法有其目标，也有它的效果，其原则就是效率导向和理性化的计算。当时是列国并起的一个格局，大家相互征战，所以效率一定要高，才能够立于不败之地。法家变法最后的结果就是要用行政来摆平政治。政治是什么呢？政治就是很多不同的人群不同的利益集团之间的纷争。就是说为了避免纷争，便需要通过行政管理的方式让人们各司其职。这导致制度变迁，世卿世禄变成了郡县制。

郡县制是什么？郡县制实际上就是由国君来任命地方官的制度。以前，封地被分封给某人以后，世世代代都是他们家的，这个叫作世卿世禄。郡县制就是给你一个人俸禄，但并非永远都有的，后代不能够继承。变法的结果还包括宗族制度跟以前也不一样了，出现了更多的核心家庭，以前那种大的家族难以为继。另外也涉及一些法家和儒家的冲突。法家认为人只有一个本能，即趋利避害，而道德没有意义。在韩非子看来父母养孩子是为了让孩子将来能够报答自己，给自己养老送终。儒家强调的是德、礼、政、行，治理国家，君主表面上不能表现得特别严苛，一定要表达出非常仁慈的一面，但执法的时候必须要严格。后来就形成了所谓的儒法国家的格局，当然这也经过了所谓的儒法之争，即儒家和法家间的争论。比如说秦始皇统一中国以后，李斯跟儒家有争论，秦始皇认为要收取诗书百家之语，以愚百姓，天下无以古非今，就是觉得儒家读那么多书没用，我们现在要以吏为师，把民间的藏书全部收回来，这是李斯的一个主张。后来就有焚书坑儒，通过法家的方式，可能取得天下会比较有效一点。但在马上得到天下，在马上能治理天下吗？汉高祖跟陆贾两人讨论问题，认为马上是不能治天下的，必须要有一些怀柔的东西。

这就是儒法国家的情况。后面还有所谓的汉承秦制，官制方面也是这样的。我们看一下《汉书》，百官公卿表基本上都是秦朝的官僚制度，法律也是秦朝的法律。秦朝的时候，私人不能够有藏书，这一规定一直到汉武帝的时候才废掉。汉朝初年还有黄老之术、与民休息。黄老之术之前已经讲过了，是法家和道家的结合。

我们重点要讲一下“霸王道杂之”，这一段比较有意思。说汉元帝还是太子的时候，柔仁好儒，很喜欢儒家。他看到宣帝用了很多文法吏，就跟宣帝说，陛下持刑太深，宜用儒生。我们看一下汉宣帝的说法，“宣帝作色曰”，即宣帝生气了，说汉家自有制度，“本以霸王道杂之”——我们汉家是霸王道的一个混合，你现在要纯正德教用周政，用儒家的那一套，这可以吗？这是不行的。他最后叹道，“乱我家者太子也”。这样一来，中国儒法国家的格局，到汉朝就基本形成了。这个形成的过程，从政治、制度上讲，实是一个很漫长的过程，当然还涉及很多学术上的争议。但是无论如何，中国古代社会儒生就是整个社会的一大支柱。当然也有承袭法家的一面，很多时候严刑峻法，比较刻薄少恩，完全依据法律来办事情，这也是中国的传统之一。两种传统其实是纠结在一起的。

四

刺客与游侠

刺客与游侠在中国有比较悠久的历史，当然，刺客和游侠本身有区别。

刺客杀人有一定的目的性，他可能出于个人恩怨，或者出于其所承担的一些任务、责任，以私人的身份突然出现，消灭目标以震慑对手。而且，对方必须有一定权威和影响力，例如一个很强壮的人杀了一个小孩，这个强壮的人并不能被称为刺客。刺客往往有明显的政治目的，他可能冲着消灭对方以获得一些政治上的特别优势而进行暗杀，这样才叫作刺客。

那游侠呢？他跟刺客有区别，但也有关联。首先，游侠可能会在各地逗留或者游走天下。游侠有一个“侠”字，“侠”字意味着他需要做一些事情，如打抱不平和匡扶弱小。游侠的一个比较重要的原则就是要有道德，要维持正义公正。

我们先看一下王维的《少年行》，“新丰美酒斗十千，咸阳游侠多少年。相逢意气为君饮，系马高楼垂柳边”，讲的就是少年游侠的生活场景。我们再看李白的《侠客行》：“赵客缦胡缨，吴钩霜雪明，银鞍照白马，飒沓如流星。十步杀一人，千里不留行。事了拂衣去，深藏身与名。”这首诗讲的是刺客而不是游侠。为什么呢？在古人看来，刺客和游侠显然是有关系的，而且有的时候可以把它们混为一谈，李白便如此认为。李白年轻时也以游侠而自诩，他自己说“十步杀一人，千里不留行”。尚不知李白是否动不动就杀人，但是能从诗里感受到他杀人的口吻。从王维和李白的这两首诗里，我们可以发现，实际上古代人对于游侠和刺客的生活非常向往和仰慕。

刺客、游侠在先秦的时候便有了。刺客和游侠通常是在整个社会出现礼崩乐坏的局面时才会出现，西周时没听说过有什么刺客和游侠。当然更早的时候，历史记录有刺客，但没有游侠。游侠和刺客主要是从春秋战国以后逐渐产生的。一个典型的封建社会，整个天下一层层地分封，社会生活各个方面井然有序。只有到了礼崩乐坏的时候，人们不再遵循传统礼仪，天下国家的秩序在某种程度上也有一些调整或破坏，这时才会出现刺客和游侠。

《刺客列传》里，司马迁笔下最早的刺客是曹沫，后有豫让、聂政、荆轲、高渐离、专诸等。我们重点谈一下聂政。韩哀侯的手下严仲子与国相侠累闹矛盾，侠累位高权重，严仲子害怕被杀便逃之夭夭。之后，严仲子到处找人，欲把侠累杀掉。到了齐国，齐人说聂政非常勇猛，且有杀人前科，隐于屠者之间。严仲子到他家门口找了他几次，“奉黄金百镒，前为聂政母寿”。聂政“惊怪其后”，非常惊讶。“严仲子固让，聂政竟不肯受也。然严仲子卒备宾主之礼而去。”严仲子被聂政拒绝了，但他还是非常有礼貌的。过了一段时间，聂政的母亲过世了。聂政知道，严仲子是诸侯的卿相，地位很高，不远千里来与自己结交，且拿出百金为母亲祝寿，虽然自己谢绝了他，但他对自己仍然极有礼貌。我们要注意，刺客或者游侠形成一个共同体有一个根本的基础，就是要相互了解，要深知。聂政认为：“政将为知己者用。”这句话来自《刺客列传》，意为这是我的知己，他了解我，所以我要为他做事情。于是聂政主动到濮阳，见到严仲子。聂政提出，韩国和魏国不太远，韩国的国相权势很大，刺杀的时候人不能多，人多事情就会泄露，肯定做不成。泄露之后，整个韩国都要与严仲子为敌，会连累严仲子。我们要注意聂政的考虑，他考虑的是避免韩国与严仲子为敌，于是他自己一个人去了。“聂政乃辞独行”，自己一个人拿着剑到了韩国，直接去了国相府。“韩相侠累方坐府上，持兵戟而卫侍者甚众。聂政直入，上阶刺杀侠累，左右大乱。”聂政杀了几十个人，最后把侠累给杀掉了。之后，他把自己的脸皮割破，挖出眼睛，掏出肠子，自杀了。大家想一下：他为什么要划破脸皮，挖出眼睛？为的是没有人能认出他。所以，这是一个完美的刺客。没有人认得他，也就没有线索能够指向严仲子。聂政的尸体被扔到市集上去悬赏识人。“有能言杀相侠累者予千金。久之莫知也”，但是没有人能认出来，他脸皮已经被划破了，整个毁容了，过了很久都没有人知道他是谁。

聂政的姐姐叫聂荣，听说刺杀韩相的刺客无人认识，且在那悬赏。“其是吾弟与？”这难道是我弟弟吗？于是她就到了韩国的市集上去认尸，果然是聂政。她伏尸痛哭，特别悲伤，“是轵深井里所谓聂政者也”，这是轵地深井里一个叫作聂政的人。别人就问她说你怎么还敢来，她说聂政“蒙污辱自弃于市贩之闲者”，严仲子“泽厚矣”，“士固为知己者死”，所以她弟弟才这样做。聂荣“大呼天者三，卒于邑悲哀而死政之旁”。她在弟弟旁边就死掉了。几个国家的人听到了，都说“非独政能也，乃其姊亦烈女也”，最后说“严仲子亦可谓知人能得士矣”。司马迁花了不少笔墨来写刺客。聂政刺韩相的故事对后世影响深远。到了汉代，鲁东南有一个武梁祠，上面保留了很多汉代的画像，都是讲故事的。从三皇五帝讲起，其中也有聂政刺韩的故事，在石头上用刀刻一些刀痕，刻出了这样的一个画像——聂政刺韩。《世说新语》里与中散大夫嵇康相关的一首曲子《广陵散》，讲的就是聂政刺韩的故事。

当然，《刺客列传》花最多笔墨讲的刺客是荆轲。《刺客列传》一共有5000多字，讲荆轲一个人就用了3000多字。荆轲被太子丹派到咸阳刺杀秦王。他去刺杀秦王时，带了一个匣子，里面是樊於期的人头。樊於期是秦国的一个将领，打仗失败后叛逃了。荆轲找到了樊於期，说我要去刺杀秦王，借你的头一用。樊於期想了半天就自杀了。所以他拿着人头和一张燕国地图去见秦王，只有这样秦王才会见他。荆轲刺秦王，实际上他的策略有两个：第一个是活捉秦王，要挟他把秦国吞并的其他国家的城池还给人家；第二个是要刺死秦王，他用的那个匕首上面是有毒的，被刺中会立刻死亡。他见到秦王以后，一开始用的是第一个策略。第一个策略没有奏效。我们看到匕首旁边有半截袖子，那就是秦王断掉的袖子。他抓住秦王的袖子，用剑威胁秦王，结果把袖子割断了，第一个策略没有成功。事实上第二个策略也失败了。我们看一下陶渊明的诗："其人虽已殁，千载有余情。"实际上唐代也有很多诗人写到荆轲的事情，比如说骆宾王有一首诗写道："此地别燕丹，壮士发冲冠。昔时人已没，今日水犹寒。"太史公感慨"世言荆轲，其称太子丹之命，'天雨粟，马生角'也，太过""又言荆轲伤秦王，皆非也"。他说从曹沫到荆轲五个人，"此其义或成或不成"，有刺杀成功的，也有刺杀不成功的，行刺既遂的和未遂的都有，也有中途就终止了的。然其"立意较然"，意思是非常明白清楚的。"不欺其志，名垂后世，岂妄也哉！"那些非议他的人都是胡说八道。

我们从这可以看出司马迁对刺客总体上持认同的态度。司马迁是大一统的汉帝国的太史令，他很多言论居然没有从国家大一统的角度出发，在刺客问题上，是从义的角度来讨论问题的。也就是说刺客有根本的原则，跟游侠一样。而且这些原则可能会跟大一统国家的原则发生冲突，事实上也发生了冲突。后来司马迁对游侠无比同情，也是如此。由此可见，司马迁个人的想法非常丰富多彩，非常多元化。他并不仅仅从一个角度出发，一定要把其他东西纳入其中。当然，这样做的话对于当时汉帝国的大一统是有好处的，但如果这样做的话，《史记》就会显得非常狭隘和浅薄。

中国有源远流长的刺客传统，春秋时候的曹沫是比较早的。曹沫在会盟的时候要行刺齐桓公，用的武器是匕首，但他中途终止了，因为齐桓公答应了他的条件。然后是公子光叫专诸刺杀吴王僚。吴王僚有一个爱好，爱好吃烤鱼，所以专诸就把他的鱼肠剑放到烤鱼里面给他。吴王僚看着烤鱼流口水的时候，就被刺杀掉了。

豫让刺杀赵襄子，刺杀了好几次。他把自己毁容后在市上行走，但是他的朋友听他的声音就能够认出他来，于是他吞炭把喉咙也给弄哑了。他以为这样就没有人认识他，没人能通过他发出的声音辨别出他来。结果赵襄子很聪明，每次都发现是他，于是就问他："我不杀你，你为什么老要跟我作对？"豫让表示，当初智伯以国士待自己，所以要报答他。赵襄子说："你如果再这样的话，我就把你给杀了。"豫让说："那这样好了，你把你的衣服脱下来放在那，我用剑刺你的衣服，以后再也不找你了。"赵襄子就把衣服脱了放那，豫让就去刺那件衣服，刺了几下以后就自杀了。这就是刺客。

司马迁又花了不少的笔墨来讲高渐离。高渐离是干什么的？他是击筑的音乐家。我们都知道荆轲长期待在燕赵一带。中国有一句话叫"燕赵多慷慨悲歌之士"，高渐离唱的歌也极其高昂悲壮。秦始皇统一中国以后，荆轲的那些朋友都躲在各地，成了亡命之徒。高渐离自己也毁了容，跑到别人家去做家臣。他听到别人在那击筑，他也试一下，试了之后，其他人都惊呆了，表示没有听过这么好的演奏，高渐离的名声越来越大。高渐离想为荆轲报仇，他把自己弄得更加没有人认得出来，他的目的是什么呢？秦始皇非常喜欢听音乐，高渐离去给秦始皇击筑，可是很快身份暴露，被秦始皇弄瞎双眼，但秦始皇还是让他留在身边。高渐离在他的筑里面灌上了铅，有一次演奏的时候拿起筑打向秦始皇，但没有击中，被秦始皇下令乱剑砍死。这是高渐离的故事。这也是中国历史上一个很重要的刺客形象。在后来的很多戏曲里面，都会提到高渐离击筑。

我们知道清末的刺客很多。比如说汪精卫，曾暗杀爱新觉罗·载沣未遂。汪精卫还写了一首诗：“慷慨歌燕市，从容作楚囚。引刀成一快，不负少年头。”燕市就是荆轲当年待的地方。然后是彭家珍刺杀爱新觉罗·良弼。当时以良弼为首的一帮顽固派大臣拒绝立宪，后来良弼被彭家珍刺杀了。

还有武士英刺杀宋教仁，改写了中国历史。当时宋教仁在全国进行大选，其声望和支持度最高，结果在上海被刺杀了。还有广州的廖仲恺，他是国民党的一个左派，但是不知道是谁把他刺杀了。

游侠根据古代人的分类，有私剑之侠、道义之侠、豪强之侠。私剑之侠就是自己一个人，横行江湖，比较任性；道义之侠的意思比较清楚；豪强之侠一般有相当的爵位和一定的封地，而且很多时候有自己的武装。

中国不同的历史时期，甚至同一个朝代不同皇帝的治下，民间的自由度都不一样。西汉的时候，民间还是颇有活力的。那游侠又做什么呢？司马迁有一个说法，既要救人，又能振人不赡。如果有谁家里的东西不够了，要去帮助他，保持“仁者有乎；不既信，不倍言，义者有取焉”，所谓取义就是舍生取义。“舍生取义”本来自《孟子》，后被司马迁写进了《游侠列传》。关于游侠，司马迁有一个很复杂的理论，他说：“韩子曰：‘儒以文乱法，而侠以武犯禁。’”韩非子提出，儒家学者仗着读了很多书，懂得很多经典和礼仪，就把法律制度给搞坏了。

我们来看一下大侠郭解，他是中国历史上的第一大侠。武侠小说里面的大侠绝大部分是虚构出来的。但郭解是真正存在过的一个大侠。郭解，字翁伯。是“善相人者许负外孙也”。许负是郭解的外婆，非常善于看相。刘邦带着萧何等人到城里，许负看到就惊呆了，然后告诉她父亲要隆重地款待这一些人。“解父以任侠”，郭解的父亲很有侠义精神。后来孝文帝将郭解的父亲给杀掉了。什么原因？就是因为郭父任侠。他父亲就是一个侠客，可能文帝想打击一下这些在江湖上行走的人，所以杀了他。郭解受他父亲影响，为人精干，貌不惊人，不饮酒。然后“少时阴贼”。阴贼是什么？阴贼就是阴险残忍。司马迁这里没有避讳，郭解是千古第一大侠，但是他小时候阴险残忍。“慨不快意，身所杀甚众”，他小时候就杀了很多人，亲手杀的，“身所杀”就是自己杀。然后说“以躯借交报仇，藏命作奸剽攻，不休及铸钱掘冢”，盗墓的活儿都干过，还铸过私钱。“固不可胜数”，就是干这样的事情太多了，但“适有天幸”，人运气很好，“窘急常得脱”，有时候被困住，可能是官府的人追拿他，或者被仇家寻仇堵住了，但总是能逃脱掉。到了他年长的时候，“更折节为俭，以德报怨，厚施而薄望”，不一样了，开始以德报怨了，像是浪子回头。他真的是浪子回头了吗？我们再往下看，“然其自喜为侠益甚”，就是他的这种侠客的精神越来越足了，说他“振人之命”，救了很多人，“不矜其功”，从来都不会去夸耀。“其阴贼着于心”，就是说阴险残忍，还是跟往常一样的，只不过现在的阴险残忍是在心里面，不会轻易流露出来。他有时候也会因为一件很小的事情杀人。“而少年慕其行，亦辄为报仇，不使知也”，我们发现他小时候是自己杀人，现在是很多年轻人非常仰慕郭解，郭解有什么仇人，别人替他解决了，而且根本就不会让郭解知道。我们再往下看，“解姊子负解之势”，即郭解的外甥仗着舅舅的名头，开始欺负人，跟人喝酒时强行灌酒给别人，那个人怒了，“拔刀刺杀解姊子”，就把他的外甥给杀掉了。杀掉他外甥的人逃了，结果他的姐姐就生气了，说郭解人豪气干，有人把她儿子杀掉了，可是抓不住那个人。他姐姐就把儿子的尸体扔在路上，不加埋葬，以羞辱郭解。郭解就暗中派人去打探杀人者，使得杀人者压力很大。“贼窘自归”，自己就找到郭解，并且告诉了郭解为什么要杀人。郭解就说，我的外甥确实该杀，并把杀人者放走了，他亲自去给外甥收尸并且下葬。“诸公闻之，皆多解之义”，别人就都称赞他，“益附焉”，很多人都追随和仰慕他，觉得这件事他处理得非常公正，虽然自己家的孩子被杀掉了，但是他也没有冤枉别人。

然后再往下看，郭解应该是有一帮随从，出入的时候，别人都会避让他。一次，有一个人就在路边“独箕踞视之”，即两条腿分开，屁股往地上一坐，直直在看他。随从要把那个人杀掉，郭解就说，“是吾德不修也”，意思是在我的地盘上，有人对我不尊敬，肯定是我没有做好。郭解暗中告诉当地的官员，免除那个人的差役。那人被免除了差役之后，就觉得很奇怪，问官员怎么一回事。官员就说是郭解让免除的。后来那个人“箕踞者乃肉袒谢罪”，赤裸着胳膊（或者上身），就到郭解的门前去谢罪了。“少年闻之，愈益慕解之行。”

郭解不是一个有钱人，他钱都到哪里去了？仗义疏财了。

然后再往下看，事情就开始有转折了。汉武帝刘彻把很多豪强都迁到自己修建的茂陵旁边去居住。“吏恐，不敢不徙”，很多官员很害怕，但一定要迁过去，要执行皇帝的命令。当地的官员战战兢兢地去告诉郭解，让他搬到茂陵去。这时，汉朝大将卫青站出来为郭解说话，说郭解家很穷，达不到迁去茂陵的标准。汉武帝刘彻就说，“布衣权至使将军为言，此其家不贫”，郭解是布衣，居然有这么大的能耐，能让大将军卫青来为他说话，我想他家肯定不穷。“解家遂徙”，于是他们家就搬了过去。“诸公送者出千余万”，很多人给了他巨额的财富把他送走，从河南轵地迁到西安。轵人杨季主跟郭解是老乡，杨季主儿子的职位相当于副县长，是他把郭解给迁走的。郭解兄长之子就把杨副县长给杀掉了，“解兄子断杨掾头，由此杨氏与郭氏为仇”。最后就连累到了郭解。郭解从河南进入陕西函谷关，关中贤豪争相跟他去结交。“解为人短小，不饮酒”，他是非常低调的。可他的亲人把杨季主给杀掉了，杨季主的家人就上书向朝廷告状，结果“人又杀之阙下”，后果很严重。“人又杀之阙下”，即在皇宫外杀人。“上闻，乃下吏捕解”，皇帝听后要逮捕他。后来，郭解把母亲放在某个地方，自己跑去了临晋。临晋的长官叫籍少公，不知道郭解，郭解找到他，以请求出关，籍少公就把他护送出去了。官府根据线索去追捕郭解，追到了籍少公那里，结果籍少公自杀了。由此“口绝”，口供断了，没有办法继续追捕。

过了很久后，郭解还是被抓到了，“穷治所犯，为解所杀，皆在赦前”，去审问郭解的官员发现，他犯过的所有罪过，全部发生在大赦之前，根据当时的规定，他所犯的罪都应该被大赦。但是有不同的意见，比如他老家轵地有一个儒生陪同前来查办郭解案件的使者闲坐，当一个人称赞郭解时儒生就说：“郭解专以奸犯公法，何谓贤！”郭解一向是作奸犯科的，怎么能够说他很贤能？“解客闻，杀此生，断其舌。”追随郭解的人杀了这个儒生，割断了他的舌头。后来，官员因为儒生被杀一事而追究郭解的责任，可郭解根本就不知道，杀那个儒生的人也不知道去哪了。然后官员就向朝廷上奏说，郭解没有罪，有两点原因：第一点，他以前作奸犯科的那些事情，都被大赦了；第二点，儒生被杀一事，他也不知情，且不是他干的，应该无罪。御史大夫公孙弘就说：“解布衣为任侠行权，以睚眦杀人，此罪甚于解杀之。当大逆无道。”就是说，郭解任其侠义之气而乱行使权力，有小的过节都会杀人，虽然是别人帮他杀的，但这罪比他自己杀人还要严重，是大逆不道。最后公孙弘把郭解给处决了。

司马迁说，“自是之后，为侠者极众，敖而无足数者”。从这以后，少数几个人还是有一些君子之风的，懂得谦让。但是另外一些人却非常糟糕，像强盗流氓一样。太史公还有另一个评论，说郭解“状貌不及中人，言语不足采者”，就是说郭解除短小精悍以外还有一点丑，讲话也没有什么特别过人之处。可是他说天下人无论是贤还是不贤、肖还是不肖、跟他结交还是没有结交，都很仰慕他的为人。凡是说到侠客的这些人，都会提到郭解的名字。“人貌荣名，岂有既乎！”一个人靠他的容貌来支撑自己，维持某一段时间，可时间长了以后，那个人也会老的，都会被忘掉。可是郭解是靠他的名声来支撑他自己，所以他的名声会一直流传。最后司马迁说：“于戏，惜哉！”郭解是很可惜的。明代学者丁耀亢评论说：“好勇而不好学，则乱。”可能他觉得天下人都很器重郭解，但是郭解好巧杀人，终不免族灭。

刺客和游侠，实际上有很多相同的地方。比如说刺客和游侠都是比较独立自主的，有人身自由的，都是可以仗剑行走天下的。他们都有一些相近的原则，比如说都以道义为上。他们的经历也有一些类似的地方，比如有知遇之恩，就像严仲子对待聂政，太子丹对待荆轲。他们的这些原则，是有一定道义的，绝对不是作奸犯科、恃强凌弱。

游侠和刺客的权力，既不是来自政治，也不是来自经济，而是来自高超的武艺和有勇有谋的胆识。对于政府来讲，游侠和刺客意味着一种挑战：他们去实现这种正义，就意味着政府机制的制约在他们身上可能就失灵了，所以政府肯定要想办法对付他们。因此，从汉文帝到汉景帝再到汉武帝，都一直在加强对刺客和游侠的打击。另外一方面，这些刺客和游侠自己有一套关于正义的主张、逻辑，就是所谓的路见不平，拔刀相助。在这样的情况下，有自己的主张和价值观，而这种主张和价值观跟忠于朝廷是很不一致，甚至是冲突的，朝廷最终可能不会容忍这种情况，所以要不停进行打压。

刺客和游侠脱离于正统的法家和儒家。他们虽然跟儒家的一些观念也有契合之处，比如很讲究所谓的仁义之心，但从体制上来讲，确实是异类。这样的刺客和游侠，是要尽早铲除掉的。“拔钉子”是古代社会的一种控制，而政府的动员能力实际上远远达不到现代社会的强度、深度和广度。在很大程度上，我们所说的这些游侠和刺客，一直以来或多或少都有他们存在的一个空间，这里面也给予了很多人一个理想。我想这就是司马迁的一个想法或一种情感。司马迁他并不是从一个角度或维度来看待所有的事情，他一方面要考虑法律，一方面考虑到个人的情感、心理接受能力。如果有时间可以仔细地读一下《史记》的相关内容，你会很有收获，尤其是细节处，好像是司马迁漫不经心写的那么一两笔上，其实大有深意。

《史记》：项羽与刘邦

□华南师范大学文学院　肖少宋

一

司马迁与《史记》

中国古代典籍经、史、子、集四部，史部是不太讨人喜欢的，最大的原因是篇幅太长、头绪烦琐，听听里面一些精彩的故事还可以，要深入细读，对一般读者来说，就只能敬而远之了。尽管如此，读史还是有大作用的。张若虚《春江花月夜》言：“人生代代无穷已，江月年年望相似。”个体生命是短暂的，但人之所以能以有限的生命与自然的无限相媲美，靠的是人类一代代的传承。传承包括身体与精神，前者是人类基因的演化，后者是代际之间的历史经验传承。所以读史可以让我们突破时间和空间的限制，认识一个更大的世界。历史常有惊人的相似，我们身边发生的事依稀可以在历史上找到影子。借助读史，我们的人生体验也会更深，正如英国著名哲学家培根说过的“读史使人明智”。战争年代，毛泽东重视读史，他会根据手下将领的不同性格推荐他们阅读不同的史部名家名作，让历史人物的人生经历为其提供借鉴。因此，读史，不可缺少。

读史之所以选择从《史记》开始，是因为《史记》确立了中国历史写作的规范模式，有利于我们掌握阅读史部作品的方法。《史记》也是史书中可读性最强的一部，有很多精彩的故事，对读者有强烈的吸引力。鲁迅先生曾如此评价《史记》：“史家之绝唱，无韵之离骚。”《史记》不但历史意义重大，同时也兼具极高的文学价值。因此，我们的“《史记》精读”课程的内容将不单涉及历史人事、思想教训，还会带领大家欣赏《史记》的文学艺术之美。因此希望大家对《项羽本纪》《高祖本纪》进行充分、细致的研读。要阅读这两篇单篇都超过万字的作品，难度不小，但大家还是要尽量先阅读原文，读不懂的地方查阅译注本，这样才可以领略到《史记》的语言艺术之美。

（一）司马迁的生平

中国自古重视历史的记载，周代开始便有完备的史官系统，而司马氏家族世掌史职。按我们现在的理解，出身史学世家，司马迁应该是自豪的。但在《报任安书》中，他却如此评价："近乎卜祝之间，固主上所戏弄，倡优畜之，流俗之所轻也。"认为史官与倡优一类人并无不同，同样是皇帝玩弄于股掌之间的对象。也许正因为这样的认识，才使得《史记》能够卓立于历代史籍之林。当然，司马迁创作《史记》，家学渊源是重要的原因。

对司马迁影响最深远的是他的父亲司马谈。司马谈是对天文、历史、哲学都有较高造诣的史官，著有《论六家要旨》，评论先秦诸子百家中最著名的阴阳、儒、墨等六家，深有见地。该文被司马迁收录于《史记·太史公自序》。司马迁正是继承了父亲的官职，成为太史令，而后更是子承父志，写作《史记》。

关于司马迁出生地，历来有两种说法：一说为夏阳（今陕西韩城），一说是龙门（今山西河津）。现在学界大多取前说。

幼年时，司马迁在家乡耕读，因为父亲的关系，他自幼便诵读古文经传。十岁左右，跟随父亲移居长安，由此进入一个更为广阔的世界，接触到很多当时颇具影响力的名人，其中最具代表性的便是他的两位老师董仲舒、孔安国。

漫游经历对司马迁的史书创作也有重要影响，古人言，"读万卷书，行万里路"。

二十岁时，司马迁开始漫游中国。张大可先生的《司马迁二十岁壮游图》描绘了司马迁的游历路线，从北部的山东到南方的九嶷山，最东则到了会稽山。二十七岁左右回京出任郎中一职，曾奉命出使四川、云南一带。三十八岁接任父亲职位出任太史令，因职务之需，数次跟随汉武帝出游，又奉命出使西南夷。司马迁的行迹遍布中原，甚至涉足当时较为蛮荒的西南部地区。游历不单拓宽了司马迁的眼界，更为《史记》提供了写作材料。《史记》从三皇五帝一直写到汉武帝时期，春秋之前的历史可以《尚书》《左传》《战国策》等史料为基础，但春秋之后的历史可供参考的材料甚少，要依靠司马迁自己搜集。游历过程让司马迁获得了宝贵的一手材料，特别是汉初名将的一些早期经历，其来源可能就是当时民间口口相传的事迹。

任太史令时，司马迁继承父亲的遗志，续撰《史记》。司马谈任太史令期间已经意识到，春秋后到他所处的汉代，四百多年间的历史尚未有史书系统梳理，希望自己能够填补这块空白，当自己无法完成时便托付给司马迁。司马迁在接任父亲的太史令官职时，也继承了创作《史记》的使命。但是在四十多岁时，他遭遇人生最大的灾难，因李陵之祸而受宫刑。李陵带兵攻打匈奴，兵败被匈奴围攻，选择投降匈奴。汉武帝得知后非常生气，将李陵的家人批捕下狱，处以严刑。这种情况下，司马迁出面为李陵辩护，因而惹怒了汉武帝，被收押入狱，判以重刑——接受死刑或宫刑。本来还有第三种选择——赎刑，即缴纳一定的钱财（日本汉学家认为是一万二千五百钱，相当于司马迁当时两个月的工资）赎罪，但司马迁负担不起赎金，而更大的打击是身边的亲朋好友无一伸出援手。因此，司马迁最终接受了宫刑。

宫刑是一种极具侮辱性的刑罚。在《报任安书》中就可以看到，遭受宫刑后，司马迁的精神状态以及对人生的认识都发生了巨大的转变。他看到了专制皇权的蛮横及其对个人生命的操控之深。那么，既然宫刑对士人的打击如此之大，为何司马迁还要接受宫刑而不选择死刑呢？司马迁同样在《报任安书》中给出了答案："（《史记》）草创未就，会遭此祸，惜其不成，是以就极刑而无愠色。"为了完成父亲的遗愿，写成《史记》，他只能这么做。

出狱后，汉武帝任命司马迁为中书令。中书令是宦官才能担任的职位，一般由皇帝亲近的人出任，与皇帝接触较多，因此任安写书信给司马迁，劝他多向皇帝推荐人才，但司马迁并没有这样做，也没有及时回信向任安说出自己的想法。司马迁将自己的全部精力投入《史记》的写作之中，到五十四岁左右，《史记》撰成。同年，他写成那篇一再被我们提起的文章《报任安书》，不久逝世。具体逝世时间不能确定，但与汉武帝逝世时间相隔不远。

以下将从《史记》的文本结构、思想观念、文学价值等角度，为大家介绍《史记》。

（二）《史记》的结构及思想

现在被我们称为《史记》的这本书，在东汉之前，并不叫此名。太史公司马迁写作此书，自定名为《太史公书》，汉世习称之，或称为《太史公记》《太史记》。而"史记"此名，在先秦时是对史书的通称，到东汉之后才成为此书的专称。

二十五史中除了《史记》，其余皆由后世修史，唯有司马迁的《史记》写到了当代的汉武帝，因此《史记》撰成后并未流布，司马迁想"藏之名山，传之其人"。后来，司马迁的外孙杨恽将其公之于世。西汉末，《史记》逐渐流传开来。

司马迁修史的动机有前后期之别。前期，与其父司马谈一致，认为从《春秋》

之后四百多年间的历史没有史官记载，而此间涌现一大批值得记载的贤君、忠臣、仁义之士，他们的功业无人记述，甚为可惜。因此司马迁继承父亲的遗志，把修史看作载“明圣盛德”、记“功臣世家贤大夫之业”的事业。后期遭遇李陵之祸后，他修史的动机发生了改变。在《报任安书》中，他分析文王、孔子、屈原等人著书之因，提出“发愤著书”说，认为《史记》是因“皆意有所郁结，不得通其道”而作，是自己经历磨难后通过著书抒发心中的抑郁与不平。因此，《史记》与后世史书相比，其抒情性显得更为强烈。

《史记》的结构有其独特性。《史记》之前的史书，如《春秋》《左传》《战国策》，采用的是编年体、国别体，而司马迁一改前例，首创纪传体体例，以人为脉络梳理历史，凸显人在历史中的作用。这与汉代人开始意识到推动历史发展的是人这一思想观念有关，而这一体例也影响了后代史书的修撰，二十五史都采用纪传体体例。

《史记》共有一百三十篇。本纪十二篇，记载五帝以来历代王朝盛衰的历史以及各个帝王的事迹和社会的重大变化，此部分是全书的大纲；世家三十篇，记载外戚以及个别有特殊贡献的人物事迹；列传七十篇，为本纪、世家以外各种人物的传记，并记载中国边缘地带各民族的历史；表十篇，以表格形式分项列出各历史时期的大事，是全书叙事的补充和联络；书八篇，是经济、文化等诸方面的专史专论，分为礼、乐、律、历、天官、封禅、河渠、平准。《史记》通过五种不同体例相互配合、相互补充，构成完整的历史体系。

这种体例自然有继承的痕迹。梁启超在《中国历史研究法》中分析道：“迁书取材于《国语》《世本》《战国策》等，以十二本纪、十表、八书、三十世家、七十列传组织而成。其本纪以事系年，取则于《春秋》；其八书详纪政制，蜕形于《尚书》；其十表稽牒作谱，应范本于《世本》；其世家、列传，既宗雅记，亦采琐语，则《国语》之遗规也。诸体号非皆迁所自创，而迁实集其大成兼综诸体而调和之，使互相补充而各尽其用。此足征迁之组织力之强，而文章技术之妙也。”

司马迁创作《史记》的初衷同样在《报任安书》中有所表露：“究天人之际，通古今之变，成一家之言。”司马迁在两千多年前，对《史记》的定位便是探索人在历史中的作用。这种定位决定了《史记》在思想上呈现出以下特点：

其一，《史记》呈现出进步的社会历史观，强调中华民族的统一性、整体性。《史记》以前的古史大都局限于中原地区各诸侯国，司马迁既继承古史，重视民族世代相继的传统，又能把中华民族看成不可分割的统一体。这种观点在今天看来再普遍不过，但在汉代，这种观点无疑是非常超前的。在《春秋》里常见“四夷”的说法，但《史记》把整个中华民族看成一个整体，开篇《五帝本纪》就突显诸传主的世系。当然这种观点的产生是有它的社会现实因素的，大汉王朝的大一统为其提供了现实依据。

这种历史观也影响了《史记》的篇章结构。司马迁以大一统的思想安排整部著作的体例、结构和布局，若喻《史记》为车轮，那么本纪是轴心，世家是车轴，列传是车辐；若喻《史记》为树木，那么本纪是树干，世家是树枝，列传是树叶。本纪、世家、列传、书、表五体也是通过“互见法”相互勾连，形成一个完整的系统，彼此密不可分。

同时，《史记》也强调中华民族皆为黄帝子孙的观点，如《史记》开篇《五帝本纪》描绘出自黄帝开始的一个有血缘继承关系的帝统。另外，《史记》也通过《匈奴列传》《南越列传》《东越列传》《朝鲜列传》《大宛列传》《西南夷列传》等篇章记述了中华民族内部华夏民族与兄弟民族之间的交流、融合。

其二，《史记》重视经济在社会生活中的重要作用。古人重农抑商，而司马迁认为商业活动推动历史发展，如《货殖列传》提到各地区的货品通过商业活动流通交换，改变了人民的生活方式。

其三，《史记》对人物的评价是客观的。它歌颂正义，以极大的同情和敬意歌颂了许多被迫害、受打击的忠臣良将，也歌颂了那些被上层社会瞧不起的下层人民，善于发掘他们具有的优良品德；同时极力批判邪恶力量，并客观评价历代帝王乃至当朝皇帝。

（三）《史记》的文学成就

鲁迅先生“史家之绝唱，无韵之离骚”的赞语，不仅强调了《史记》的历史价值（如创立纪传体史书体制、运用进步历史观），也通过和《离骚》的比较，突出了《史记》的文学成就。

1. 运用各种文学手段，塑造丰富多彩的人物形象。

《史记》开创以人物为中心的写史方式。全书重点塑造人物一百五十人左右，各种身份的人物皆有，代表着社会各阶层，而且形象生动，兼具典型性和审美性。

（1）采用互见法，精心选择、使用材料。

《史记》在处理繁多的材料时，主要采用了互见法的方式。所谓互见法，是指将一个人的事迹分散在不同的地方，以其本传为主，或是将一件事分散在不同的地方，而以一个地方的叙述为主的写作方法。具体材料处理上，或以本传呈现人物的主体形象，以他传补充侧面描写；或将同类材料共存于本传与他传中；或将同一材料在不同人物传记中作不同的详略处理。

《史记》采用互见法的写作方式，决定了我们不能割裂式地阅读单篇作品，而应结合相关篇章进行对比阅读。如要了解刘邦的故事，不能只读《高祖本纪》，因为《高祖本纪》只是核心内容，《史记》通过互见法把其他刘邦经历过的、相比于刘邦而对其他人物更为重要的事情分散在其他传主的篇章里。因此当我们对比着读《高祖本纪》和《项羽本纪》时，便会发现这两个人物在对方的传记里有较大的差异，这是一种很有趣的现象。借由互见法的结构方式，《史记》把孤立的篇章联系起来，使一百三十篇单篇形成一个整体。

同时，司马迁也通过这样的方式，表达自己对某些事件的看法。如针对秦始皇的身世问题，《秦始皇本纪》如此记录："秦始皇帝者，秦庄襄王子也。庄襄王为秦质子于赵，见吕不韦姬，悦而取之，生始皇。以秦昭王四十八年正月生于邯郸。"而《吕不韦列传》则采取了不同的说法："吕不韦取邯郸诸姬绝好善舞者与居，知有身。子楚从不韦饮，见而说之，因起为寿，请之。吕不韦怒，念业已破家为子楚，欲以钓奇，乃遂献其姬。姬自匿有身，至大期时，生子政。子楚遂立姬为夫人。"《秦始皇本纪》以官方口吻介绍秦始皇为秦庄襄王之子，《吕不韦列传》则提出秦始皇是吕不韦的儿子。两者相较，前者更符合正史的特点，而后者的说法则更像奇闻逸事。这样的处理方式足见司马迁对此事的态度。如若司马迁真的相信秦始皇是吕不韦之子，那他应该会把后条材料放在本纪。而之所以会在《吕不韦列传》中载入这样的说法，是因为司马迁受在《史记》中一贯显露出的"好奇"取向的影响。有学者认为后者是秦亡前后的民间传说，由于秦暴政，引起民愤，故民间编造、流传此说法。总而言之，这样的处理方式既能保证历史的真实性，也能表达作者的意见；既能清楚区别材料的性质，又可以让故事更加有趣生动。

互见法这一写作方式具有较高的价值：每篇人物传记的材料都经过严格挑选，可以保证传记本身的统一、完整，倾向鲜明，给读者留下深刻的印象；可以用散见于各篇的材料补充本传的描写，使人物形象更加丰满；而从结构上说，互见法可以使人物与人物之间、传记的各篇之间相互联系，相得益彰，使全部人物传记成为一个有机的整体。

（2）叙述重大事件时融入细节刻画。

《史记》仅用了五十二万字记录从三皇五帝到汉武帝这么长的历史，这意味着司马迁在撰写时一定要对材料进行筛选，留下最重要的东西。但是阅读《史记》的过程中，我们就会发现，《史记》不仅有重大事件的记录，也有许多的细节刻画，而这些细节是可以加深我们对重大事件的理解的。这些富有表现力的细节刻画了人物的性格特征，以人物所为细微之事点明其性格特点。

如在《高祖本纪》里有这么一个细节：

项羽大怒，伏弩射中汉王。汉王伤胸，乃扪足曰："虏中吾指！"

刘邦与项羽打仗，项羽射中刘邦的胸，但刘邦的反应却是立马捂着脚，说对方射中了自己的脚趾。通过这个细节，我们可以看到刘邦的机灵、狡猾。试想，倘若这一箭是刘邦射中项羽，那么项羽会怎么做？项羽应该会一手把箭拔出，挥刀上前报仇。

另外一个例子是《陈丞相世家》。这篇传记的传主陈平对西汉政权的稳定有着关键性的作用。他有两个重要的事迹：一是刘邦带兵攻打匈奴、被围困在白登山上时，陈平设计救了他；二是平定诸吕之乱。《陈丞相世家》对陈平有这么一个细节描写：

里中社，平为宰，分肉食甚均。父老曰：“善，陈孺子之为宰！”平曰：“嗟呼，使平得宰天下，亦如是肉矣！”

有一次陈平为乡里分肉，分得很合理。村里老人家夸赞他分肉工作做得好，而陈平回应，如果让他分天下，他一定可以做到和分肉一样好。这个细节暗示了之后陈平在整个西汉王朝中所起的关键协调作用：当吕后要封自己兄弟为王时，有人反对，但陈平和周勃同意了。尽管有人批评他们的做法，但他们确实是考虑到了大局的平衡。

《酷吏列传》中“张汤讯鼠”的故事也是典型例子。酷吏，即以审讯手段严酷著称的官吏，而张汤就是其中的代表人物，许多旁人不敢审讯的案件都是由他处理的。《史记》正是借助细节描写来凸显其审讯手段之严酷：

张汤者，杜人也。其父为长安丞。出，汤为儿守舍。还而鼠盗肉，其父怒，笞汤。汤掘窟，得盗鼠及余肉，劾鼠掠治，传爰书，讯鞫论报，并取鼠与肉，具狱磔堂下。其父见之，视其文辞如老狱吏，大惊，遂使书狱。父死后，汤为长安吏，久之。

张汤的父亲是长安丞，某一天外出，让张汤看门。回来的时候发现肉不见了，以为是张汤吃的，便打了他。张汤被冤枉挨了打，并没有像一般的小孩子一样只是躲起来哭，而是开始找原因。他成功找到了老鼠洞，拿出老鼠还没吃完的肉留作证据，然后再把老鼠捉来审判，写成审判的文书后进行传阅，向大家展示罪犯老鼠及证据余肉，最后才分解了老鼠。整个审鼠过程与审讯人并无不同，甚至张汤写成的审判文书就像长期从事这项工作的老吏写的一样。这件日常生活小事为后面张汤成为西汉酷吏做了很好的铺垫。

而《万石张叔列传》在描写万石君石奋一家（石奋及其四子皆为高官，俸禄共计一万石，故称万石君）的谨慎恭敬时也加入了细节刻画：

（石）建为郎中令，书奏事，事下，建读之，曰："误！书'马'字，与尾当五，今乃四，不足一。上谴死矣！"甚惶恐。其为谨慎，虽他皆如是。

万石君少子庆为太仆，御出，上问车中几马，庆以策数马毕，举手曰："六马。"庆于诸子中最为简易矣，然犹如此。

有一次，石奋的大儿子石建给皇帝呈上奏章，奏章批复下来时，石建再读后惊恐万分，原因是他发现自己奏章上的"马"字少了一笔。石奋的小儿子石庆当太仆时，有一天给皇帝驾车，皇帝故意问他驾车的马共有几匹。大家知道，古代礼制皇帝出行时所乘马车是有规定的，石庆完全可以直接回复，但他却举起鞭子一一清点马匹数量，再做回答。这些细节都生动地呈现出传主谨慎的性格特点。

《留侯世家》写刘邦手下著名的谋士张良年轻时的经历，同样用到了生动的细节描写：

良尝闲从容步游下邳圯上，有一老父，衣褐，至良所，直堕其履圯下，顾谓良曰："孺子，下取履！"良愕然，欲殴之。为其老，强忍，下取履。父曰："履我！"良业为取履，因长跪履之。父以足受，笑而去。良殊大惊，随目之。父去里所，复还，曰："孺子可教矣。后五日平明，与我会此。"良因怪之，跪曰："诺。"

五日平明，良往，父已先在，怒曰："与老人期，后，何也？"去，曰："后五日早会。”五日鸡鸣，良往，父又先在，复怒曰：“后，何也？”去，曰：“后五日复早来。”五日，良夜半往。有顷，父亦来，喜曰：“当如是。”出一编书，曰：“读此，则为王者师矣。后十年兴。十三年孺子见我济北，谷城山下黄石即我矣。”遂去，无他言，不复见。旦日视其书，乃《太公兵法》也。良因异之，常习诵读之。

有一次，张良闲步桥上，一个穿着粗布衣裳的老翁跑到张良面前，故意把自己的鞋子脱下来扔到桥底下，又回过头来让张良下去帮自己拿鞋子。张良惊呆了，想要打老人一顿，但是看他年纪很大便忍住了，并帮他取回了鞋子。张良取回鞋子，面对老翁提出的帮自己穿鞋子的要求，他按要求做了。老翁伸出脚让张良帮自己穿鞋，穿好后笑着离开。张良非常诧异，呆呆地看着老翁走。不一会儿，老翁又回来，对张良说：“孺子可教，五天后的黎明，来和我见面。”

五天后的黎明，张良到约定地点的时候发现老翁已经在那里了。老翁很生气，说：你一个年轻人和老人相约，怎么能来得比老人还晚呢？说完就离开了，又约他五天后碰面。五天后鸡一叫张良就出发，但老翁又比他早到，于是老翁又生气地离开，约他五天后见。这一次张良在午夜时分就出发，终于比老翁早到，老翁满意了，最终把兵书传给了张良。从这件小事我们就可以明白张良最终能够成就大业的个人原因。

以上都是汉代人物传记里的例子，司马迁在创作这一部分时，是没有丰富的书面材料可供参考的。我们知道，《史记》的材料来源主要有两种：一是有早期文献，如《左传》，《史记》可直接引用或者略加修改；而汉代前后的历史，要靠司马迁自己写作。在这样的情况下，司马迁利用描写细节来为之后重大事件叙述做铺垫的做法是很巧妙的一种写法，可以增强作品的丰富性与可读性，这是《史记》写作的独到之处。

除了细节描写，《史记》也注意以最重要、最典型的大事件和行动来重点刻画人物的性格特征。如《项羽本纪》里的巨鹿之战、鸿门宴、垓下之围，《廉颇蔺相如列传》里的完璧归赵、渑池会、将相和等。细节描写与重大事件的结合，两者相得益彰，既避免了行文的平铺直叙，又使文章生动形象，人物形象也更加鲜明突出。

（3）通过人物语言塑造人物性格。

《史记》善于通过人物的语言来塑造人物形象，或是在叙述事实的基础上，通过其他人的议论、评点，一针见血地点出人物的特点。如《汲郑列传》："天子（汉武帝）方招文学儒者，上曰吾欲云云，黯对曰：'陛下内多欲而外施仁义，奈何欲效唐虞之治乎！'上默然，怒，变色而罢朝。公卿皆为黯惧。"汲黯对汉武帝虚伪性情的直接评点，被当朝史书记录在册，这种现象是很难在后代史书中见到的。

或是通过人物个性化的语言，揭示人物的内心世界。如《张仪列传》：

尝从楚相饮，已而楚相亡璧，门下意张仪，曰："仪贫无行，必此盗相君之璧。"共执张仪，掠笞数百，不服，醳之。其妻曰："嘻！子毋读书游说，安得此辱乎？"张仪谓其妻曰："视吾舌尚在不？"其妻笑曰："舌在也。"仪曰："足矣。"

张仪曾在楚国和楚相吃饭，不久楚相丢失了一块玉，楚相的门客觉得是张仪偷的，就把他打了一顿。回到家后，他的妻子对他说："你要是不读书游说，现在又怎么会受辱呢？"而张仪只问了一句："我的舌头还在吗？"确认自己的舌头还在后，便告诉妻子："这就足够了。"这里他所说的话是与他的身份相关的。张仪是一个纵横家，主要活动是在各国游说，按照今天的话说，就是靠着一张嘴巴吃饭。因此他觉得舌头还在就是获得一切的基础条件。

或是直接引用人物的言论，阐述人物对某一重大事件的态度。如《鲁仲连列传》中鲁仲连与辛垣衍的对话、《苏秦列传》中苏秦游说诸侯的话语、《张仪列传》中张仪游说诸侯的言论等，都各自紧扣传主身份，淋漓尽致地表现出这些人物的独特个性。

此外，由于《史记》重在突出人，常用不同人物对同一件事情的评论来突显人物的性格差异。《项羽本纪》："秦始皇帝游会稽，渡浙江，梁与籍俱观。籍曰：'彼可取而代也。'梁掩其口曰：'毋妄言！族矣！'"《高祖本纪》："高祖常繇咸阳，纵观，观秦皇帝，喟然太息曰：'嗟乎！大丈夫当如此也。'"

秦始皇出游会稽，项羽对叔叔项梁说："彼可取而代也。"而高祖刘邦则说："大丈夫当如此也。"项羽是彪悍的，毫不掩饰地表露自己的野心。而刘邦相对是内敛的，只是表现出羡慕之情。细究背后的原因，为何二人会做出如此不同的反应？其一是年龄上的差距，当时项羽还是一个二十出头、年轻力壮的小伙子，而刘邦则已四十来岁；其二是身份上的差异，项羽是楚国名将的后代，而刘邦出身乡野。

由此可见，从二人对同一件事发表的不同言论，我们确实可以看出二人性格差异之所在。也曾有人把这两个片段和《陈涉世家》中陈胜的一番话语进行比较："（陈胜）召令徒属曰：'公等遇雨，皆已失期，失期当斩。藉第令毋斩，而戍死者固十六七。且壮士不死即已，死即举大名耳。王侯将相宁有种乎！'徒属皆曰：'敬受命。'乃诈称公子扶苏、项燕，从民欲也。"从陈胜在发动起义前的慷慨陈词"王侯将相宁有种乎"，我们可以看到陈胜的身份地位是较低的。

《史记》中利用语言来塑造人物的例子数不胜数，又如《萧相国世家》：

汉五年，既杀项羽，定天下，论功行封。群臣争功，岁余不决。高祖以萧何功最盛，封为酂侯，所食邑多。功臣皆曰："臣等身被坚执锐，多者百余战，少者数十合，攻城略地，大小各有差。今萧何未尝有汗马之劳，徒持文墨议论，不战，顾反居臣等上，何也？"高帝曰："诸君知猎乎？"曰："知之。""知猎狗乎？"曰："知之。"高帝曰："夫猎，追杀兽兔者狗也，而发踪指示兽处者人也。今诸君徒能得走兽耳，功狗也。至如萧何，发踪指示，功人也。且诸君独以身随我，多者两三人。今萧何举宗数十人皆随我，功不可忘也。"群臣皆莫敢言。

刘邦杀项羽定天下之后，论功行赏。他认为萧何功最大，便封萧何为酂侯，其他功臣不满，认为自己在战场上浴血奋战，而萧何只是在帷帐之内指手画脚而已。刘邦以打猎作比解释道：追杀野兽和兔子的是狗，而给狗指明方向的是人。你们是"功狗"，而萧何是"功人"。我们可以看到，刘邦的比喻是带有贬损意味的，但他毫不顾及对方面子、感受，直言而出。刘邦的做法是与他的性格有关的——刘邦读书不多，性格上也颇具流氓泼皮之气。

又如《韩长孺列传》：

其后（韩）安国坐法抵罪，蒙狱吏田甲辱安国。安国曰："死灰独不复然乎？"田甲曰："然即溺之。"居无何，梁内史缺，汉使使者拜安国为梁内史，起徒中为二千石。田甲亡走。安国曰："甲不就官，我灭而宗。"甲因肉袒谢。安国笑曰："可溺矣！公等足与治乎？"卒善遇之。

通过一个小小的片段，两个人的性格便活灵活现地展现在我们面前。韩安国犯法坐牢，有个叫田甲的狱吏趁机羞辱他。韩安国说：“你现在这么得意，就不怕将来我又得势？”田甲说：“如果死灰复燃，我就撒泡尿把它灭了。”过了没多久，韩安国真的被提拔为高官。田甲连忙逃跑。但俗话说，跑得了和尚跑不了庙，韩安国宣布，如若田甲不回来复职，就要灭了他的宗族。于是田甲只能回来请罪。本来故事到这里，看到的主要是田甲的性格，但紧接着韩安国的一句话便让他的性格凸显出来：“你之前说，如果死灰复燃，你撒泡尿就可以灭掉，现在你可以试试看了！你这种人怎么值得我计较呢？”最后也没有为难田甲。

除此之外，《史记》将人物的心理活动也处理得很好，常通过人物独白，或以他人的语言，或是由作者直接点拨等方式来披露人物的内心世界。如《李斯列传》中，李斯在不同处境下的独白：

李斯者，楚上蔡人也。年少时，为郡小吏，见吏舍厕中鼠食不洁，近人犬，数惊恐之。斯入仓，观仓中鼠，食积粟，居大庑之下，不见人犬之忧。于是李斯乃叹曰：“人之贤不肖譬如鼠矣，在所自处耳！”

斯长男由为三川守，诸男皆尚秦公主，女悉嫁秦诸公子。三川守李由告归咸阳，李斯置酒于家，百官长皆前为寿，门廷车骑以千数。李斯喟然而叹曰：“嗟乎！吾闻之荀卿曰‘物禁大盛’。夫斯乃上蔡布衣，闾巷之黔首，上不知其驽下，遂擢至此。当今人臣之位无居臣上者，可谓富贵极矣。物极则衰，吾未知所税驾也！”

高曰：“上下合同，可以长久；中外若一，事无表里。君听臣之计，即长有封侯，世世称孤，必有乔、松之寿，孔、墨之智。今释此而不从，祸及子孙，足以为寒心。善者因祸为福，君何处焉？”斯乃仰天而叹，垂泪太息曰：“嗟乎！独遭乱世，既以不能死，安托命哉？”于是斯乃听高。

二世二年七月，具斯五刑，论腰斩咸阳市。斯出狱，与其中子俱执，顾谓其中子曰："吾欲与若复牵黄犬俱出上蔡东门逐狡兔，岂可得乎？"遂父子相哭，而夷三族。

李斯是秦王朝能够统一六国以及制定大一统王朝规章制度的关键性人物。司马迁在为李斯作传时，巧妙地以李斯的"四叹"来结构文章，通过四种不同情况下李斯对人生的感悟来呈现李斯这个人物。

李斯年少时是郡里的小官吏。他看见厕所里吃脏东西的老鼠，每次有人或狗经过，就会慌忙跑开；而粮仓里的老鼠则可以安心地吃着干净的粮食，没有来自外界的忧患。李斯对此感叹道："一个人能不能成功，关键在于他所处的位置。"李斯有了这种认识，又具备行动力，这就决定了他不会甘居低位，长期当郡中小吏。于是他拜荀子为师，学成之后又到了当时天下最大的"粮仓"——秦国任职。联系李斯年轻时这一小小的感叹与其此后他的人生经历，就可以感受到司马迁撰文之用心。

而当他在秦国功成名就、权力到达顶峰时，他又有了另一番感慨。有一次李斯的长子三川守李由请假回到咸阳，李斯置办酒席宴请宾客。当地长官都来祝贺，门前车马数以千计。面对如此盛况，李斯感叹，"物禁大盛"，现在自己官职如此之高，到达了富贵的最高点，但"物极则衰"，之后的方向是他再也不能把控的了。这也就是说，当一个人进入政权核心地带的时候，就像一驾高速奔跑的马车，人已经无法控制马车，而只能任由马将他带到它要去的地方。在权力的洪流中，自我消失，个人只能顺着洪流走，顺则生，逆则亡。

而其后的走向也说明李斯当时的感叹是有道理的。赵高想找李斯合作矫诏，让胡亥替代原本的王位继承人扶苏继任皇位。李斯垂泪叹息自己已是穷途末路，只能选择妥协。

最后，赵高设计判处李斯腰斩之刑。在赴刑途中，李斯对他的儿子说：“我想和你再一起牵着黄犬出上蔡（李斯故乡）东门去打猎，还可能吗？”此刻普通人可以轻而易举做到的事情，对李斯来说却是一种奢望。

通过以上“四叹”，生动而形象地呈现出李斯波澜起伏的一生。司马迁如此布局，让后世人不仅看到了李斯的丰功伟绩，也看到了过度追逐功名利禄对人性的异化。

2. 文章风格，多姿多彩。

《史记》中文章的风格多样，各不相同。如《项羽本纪》《淮阴侯列传》多宏阔的战争场面描写，是壮美的；《老子韩非列传》《司马相如列传》则是优美的；《屈原贾生列传》《田儋列传》是凄美的；《封禅书》《万石张叔列传》是谐美的。而司马迁能够写作风格如此不同的文章，与他曾游历四海名山大川、与燕赵间豪杰交游的经历是相关的。宋祁《余师录》有言：“文者气之形，太史公周览四海名山大川，与燕赵间豪杰游，故其文章疏荡，颇有奋气。”

《史记》中的文章在谋篇布局上，也呈现出百态纷呈的特点，多首尾呼应，结构严密。如《李斯列传》以“四叹”串联李斯一生，《留侯世家》以《太公兵法》贯穿整篇传记。这样的布局使得文章长而不乱，短而不浮。

另外，《史记》多有戏剧性情节，吴敏树在《史记别钞》中曾如此评论《项羽本纪》：“此纪世之喜文者，无不读而赞之。究其所喜者，起事一段，救赵一段，鸿门一段，垓下一段，其他所知者盖仅矣。此由以精心读古人书，正如逢场观剧，取其搬演热眼者。”《史记》中的许多篇章颇像剧场上演出的小短剧，如前面所举的死灰复燃一段，若把田甲、韩安国说话的语气、神态表演出来，定能营造不错的剧场效果。又如《项羽本纪》中鸿门宴一段，矛盾冲突集中，极富戏剧张力，仅在2012年一年之内就两次被改编成电影上映——陆川的《王的盛宴》和李仁港的《鸿门宴传奇》。

正是由于司马迁叙事追求戏剧性效果，《史记》的某些叙事内容与事实不甚相符，也即《史记》诸多篇章的叙事皆可见到增饰手法的运用。如《田单列传》：

田单乃收城（即墨城，为燕军围困三年）中得千余牛，为绛缯衣，画以五彩龙文，束兵刃于其角，而灌脂束苇于尾，烧其端。凿城数十穴，夜纵牛，壮士五千人随其后。牛尾热，怒而奔燕军，燕军夜大惊。牛尾炬火光明炫燿，燕军视之，皆龙文，所触尽死伤。

燕国攻打齐国，齐国城池先后投降，只余下莒、即墨两座城。田单坚守即墨三年，做好准备后想要突围。他采用了“火牛阵”，收集了一千多头牛，点燃牛尾巴，打开城门让它们冲向敌方，打乱了敌军阵营，后方战士再趁乱击杀敌军，以此获胜。这无疑是一个场面宏大、具有戏剧效果的情节。但清人吴见思质疑：被围困三年，城中不发生易子而食的状况就已经很不错了，怎么可能还收集得到一千多头牛呢？

如果今天的史学家如此记录历史，我们一定会觉得他感情用事，但“感情用事”正是《史记》的独特之处。

3.《史记》的抒情性。

在阅读《史记》的过程中，我们会发现司马迁很容易“感情用事”。但这种“感情用事”，或许正是《史记》里最动人的地方，也是它更加贴近人性的地方。为什么《史记》抒情性如此强？原因就在于司马迁对历史的认识以及他个人的人生遭遇，在于他发愤著书的创作动机。

后人在评论《史记》时，也多强调它的抒情性特点。如明代唐宋派文人茅坤《与蔡白石书》：

读《游侠》，即欲轻生；读《屈原贾谊传》，即欲流涕；读《庄周》《鲁仲连传》，即欲遗世；读《李广传》，即欲立斗；读《石建传》，即欲俯躬；读《信陵》《平原君传》，即欲养士。若此者何哉？盖各得其物之情，而肆于心故也，而固非区区句字之激射者也。

读《游侠列传》，看到可为报恩而死、遇不平事便拔刀相助的豪气之士，受到感染，想成为像他们一样的人，自然就把自己的生命看轻了；读《屈原贾谊列传》，看到怀才不遇、命途坎坷的屈原和贾谊，联想到自己的遭遇，便会哭泣；读《庄周》《鲁仲连传》，看到逍遥自在的庄子，立功不受赏的鲁仲连，便会把功名利禄看轻，想要远离俗世；读《李广传》，看到骁勇善战的李将军，便也想去打仗；读《石建传》（即《万石张叔列传》），就会想要像石建一般谦逊恭敬；读《信陵》《平原君传》，也会想养门客。为什么会有如此的感受呢？大概是因为司马迁在创作《史记》时渲染了人物的情感，从而打动了历代的读者。这不是区区文字所能产生的效果，关键在于文字背后流露的情感。

《史记》众多篇章都流露出浓烈的情感。如《李将军列传》：

至莫府，广谓其麾下曰："广结发与匈奴大小七十余战，今幸从大将军出接单于兵，而大将军又徙广部行回远，而又迷失道，岂非天哉！且广年六十余矣，终不能复对刀笔之吏。”遂引刀自刭。广军士大夫一军皆哭。百姓闻之，知与不知，无老壮皆为垂涕。

李广老年时与卫青出兵打仗，因没有按时到达会合地点，贻误战机，将要被下狱审判。李广认为自己已年老无法应对狱吏审问，不愿临死受辱，最终选择自杀。结合前面所说《韩长孺列传》中韩安国下狱后被田甲羞辱的情节，如此文是司马迁出狱后所作，他联想到自己的遭遇，想必内心情感亦是激愤不已。即若不是，通过这些文字，我们也能感受到，司马迁在为这些人物作传时，对他们的痛苦是有共鸣、同感的。从文学的角度而言，这是很有感染力的，就像最后一句“广军士大夫一军皆哭。百姓闻之，知与不知，无老壮皆为垂涕”，讲到李广自杀后，无论军士还是百姓，全为他痛哭流涕。这种带有强烈情感的描绘，很容易让人感觉表述的不客观。

又如楚国的伍子胥，因自己的父亲、兄长被楚王所杀，所以就带领吴国的军队灭了自己的国家。这种个人的家仇重于国家利益的行为不论在哪个朝代都会受到非议，但司马迁在《伍子胥列传》赞语里直接肯定伍子胥，认为他能够忍辱负重，最终实现自己为父兄报仇的愿望。这种评价更多的是司马迁个人情感不可抑制的流露。

以上是对司马迁其人与《史记》其书的大致介绍。大家可能会发现，司马迁的《史记》与一般的史籍有很大的不同。正是由于这种不同，《史记》成为后世历史著作无法超越的存在，对后代的思想、文化、文学都产生极大的影响。李长之《司马迁之人格与风格》对此评价道：“司马迁不仅影响了后来的小说，他本人也是一个小说家，这话同样可以说他和戏剧的关系。在某种意义上说，他也是一个出色的剧作家，也就是他善于写紧张的局面（如‘楚汉大战’‘荆轲刺秦王’‘灌夫闹酒’

等），以及善于写对话可见的。”

（四）《史记》版本推介

《史记》最经典的本子是1963年出版的中华书局的绿皮本，2014年又出了修订本，但这个本子不附白话译注，阅读难度较大。全本阅读的话，推荐韩兆琦译注的《史记》（中华书局，2013年版），中华书局“中华经典名著全本全注全译丛书”中的一种，有九册，篇幅较大。选择性阅读的话，推荐李国祥等翻译的《史记选译》（凤凰出版社，2011年版），仅选二十篇，但本纪、世家、列传皆有涉及，列传篇章数量最多。

阅读《史记》要讲究方法。大家可以先阅读列传部分，后是世家，再是本纪。不做专门研究的话，表、书的部分可不读。从比较有趣、好读的部分开始阅读，这比较符合我们的阅读习惯。另外，《史记》不同于编年体史书，不需要严格按照书中篇章的编排顺序进行阅读，因此我们可以先选择自己感兴趣的篇章阅读。

二

项刘出身

鲁迅先生对《史记》的评价：“史家之绝唱，无韵之离骚。”《史记》不仅能给我们提供历史经验教训，更给予我们文学审美享受，这也是《史记》了不起的地方。通过文本细读的方法，我们可以很好地感受到《史记》在这两方面的特点。

我们要重点介绍的篇目是《项羽本纪》《高祖本纪》，从中我们可以了解2200多年前中国历史上的第一次农民起义。这场起义由陈胜、吴广起义作为导火线，最终推翻了当时强大的秦王朝。后代的农民起义事件很多，如李自成起义、太平天国等，但陈胜、吴广起义作为第一次农民起义，意义非凡。因为是第一次，尚处于尝试的阶段，没有多少历史经验可供借鉴，这场起义实际上有很大的偶然性。而项羽、刘邦能够走上历史的舞台，也有很大的偶然性——当时比他们更有实力的人看不透当时的局势，担心成为起义军领袖的后果。刘邦在被众人推上领导者位置时，一直以自己才能不足为由推托，但实际原因是心里没底，怕造反带来的后果。项羽阵营中早先想推陈婴当领导者，但由于母亲的一番话，陈婴打了退堂鼓，最后才让项梁领军。正由于是第一次，大家心里都没底，才给了敢闯、敢冒险的人机会。

以上情形在《项羽本纪》《高祖本纪》有具体记载。我们将《项羽本纪》《高祖本纪》进行对比阅读，通过选择同样的四个情境，我们看看在这两篇本纪中都是如何描写的，以此来感受司马迁的写作方法，看他如何通过详略安排来表达自己的观点、思想。

首先，我们来看项羽的出身：

项籍者，下相人也，字羽。初起时，年二十四。其季父项梁，梁父即楚将项燕，为秦将王翦所戮者也。项氏世世为楚将，封于项，故姓项氏。

介绍传主的名字与出身，这是史传文学开篇的惯用方式。“籍”是项羽的名，“羽”是他的字。在古人称谓礼仪中，称字比称名更为正式，是对对方的尊称。后世讲到古人，多称名，如韩信，因此以字称其为项羽，是较少见的。另外，古人取的字，是和名相关的。籍，此处通“藉”，是凭借的意思。而“羽”，是鸟的两只翅膀，鸟要凭借翅膀才能飞翔。所以他的名和字是相近的关系，像这样取字的还有：李白，字太白；杜甫，字子美（甫，即美男子）。取的字也可以和名相反，如韩愈，字退之（愈，即进）。

项羽是下相人。下相，在今天的江苏宿迁。刘邦是今江苏徐州人。李开元先生说，此二人故乡相距很近，在今天只要驱车两个半小时就可到达。至于年龄上的差距，我们上节课也有提到过，起义的时候项羽24岁，刘邦已经48岁，而此时秦始皇51岁。

项梁是项羽的小叔［古代兄弟间以伯（孟）、仲、叔、季顺序进行排序。伯（孟），是老大；季，可以是老三，也可以是最小的，视家中兄弟人数而定。季父，就是小叔］。项梁的父亲是楚国的著名将领项燕，被秦国将领王翦所杀。项氏世代为楚国将领，封于项地。这里“项氏”的“项”，是氏而非姓。汉代以前，姓和氏是不同的。姓是母系社会的产物，所以姓以女字旁的字为主。姓的概念比氏大，一个姓下往往有很多个氏。项羽一族是因为被封到项地，才开始以项为氏的。类似的有商氏，由于商鞅被封到商地，其后代以封地为氏，故称商氏。另外也有以官职名为氏的，例如司马氏、司空氏。掌握姓和氏的关系，有利于我们理解古诗文中的内容，比如陈胜起义事件后期，景驹被秦嘉拥立为王的原因就在于他姓景，是楚地贵族的后裔。

通过这句对项羽家族的介绍，我们就可以发现，项氏家族和秦王朝是世仇。知道了这层关系，我们或许更能够理解，为何项羽在攻打秦朝城池时比他人更有魄力和干劲，为何他在攻下秦朝城池后会采取诸如屠城、坑卒之类的残暴手段。另外，这也让我们明白了在为反秦斗争推举领袖的过程中，为何众人会选择项羽：他的祖父是有名的将领，而且项氏家族和秦王朝有世仇。

项籍少时，学书不成，去；学剑，又不成。项梁怒之。籍曰："书足以记名姓而已。剑一人敌，不足学，学万人敌。"于是项梁乃教籍兵法，籍大喜，略知其意，又不肯竟学。

之前我们说过，司马迁为文的精妙之处之一，便是他往往从细微之处着笔来反映人物的某一特点，以小事来反映人物接下来做事的整体风格。这在《项羽本纪》中同样有所表现：项羽小的时候，学认字、写字，还没学好就不学了；学用剑，又是半途而废。他的叔父项梁很生气（项羽的父亲于史无载，极有可能早逝，项羽由其叔父抚养长大），项羽对此回应道："学认字、写字，只能够用来写名字罢了；剑术，只能用来对抗一个人。这些都不值得学，我要学能够抵挡万人的本领。"于是，项梁教他兵法。项羽大喜，但是大致了解了一番后，又不肯把它学通。通过项羽年轻时的这些小事，我们可以从中发现他的性格特点：做事虎头蛇尾。开头轰轰烈烈，但最后却草草了事，惨败收场。这可以说是项羽性格的致命缺点。比如《鸿门宴》中项羽的表现。一开始得知刘邦想据关中为王之后，恼怒异常，豪言说明早就要灭了刘邦。但听项伯说了几句，就消了气。以他的整个打仗经历来看，亦是如此，一开始所向披靡，屡战屡胜，但最后却陷入垓下之围的绝境。正如民间俗语——"三岁看大，七岁看老"，纵观项羽整个人生，我们也会发现，项羽做事非常有干劲、有魄力，但却没有一件事能够坚持到底，始终如一。年少时的这些小事，正反映了项羽的性格，其实也为项羽的失败做了铺垫。反观刘邦，他的性格和项羽极为不同。

刘邦会耍无赖、泼皮，但在某些场合中能够委曲求全，并且也善于采纳别人的建议。

《项羽本纪》不单在写项羽，也介绍了他的叔父——项梁：

项梁尝有栎阳逮，乃请蕲狱掾曹咎书抵栎阳狱掾司马欣，以故事得已。项梁杀人，与籍避仇于吴中。吴中贤士大夫皆出项梁下。每吴中有大繇役及丧，项梁常为主办，阴以兵法部勒宾客及子弟，以是知其能。

项梁曾经在栎阳被官府逮捕，于是托蕲县的狱掾（即狱吏）曹咎写书信给栎阳的狱掾司马欣，以此了结了事情。简单来说，就是项梁靠人情疏通关系化解了牢狱之灾。明末清初著名思想家王夫之曾对此感慨，在律法极为严苛的秦朝，竟也存在以人情消解刑法的事情。接下来司马迁又强调了项梁的才能之高。项梁杀人，和项羽跑到吴中避难。吴中这个地方有才能的人，本事都比不上项梁，因此项梁在吴中有很高的地位。每次有大规模的徭役或丧事需要组织，都是由项梁负责主持。项梁暗地里用兵法来安排宾客和年轻人，以此来了解他们每个人的具体才能。这锻炼了项梁策划、组织起义与任用人员方面的能力，对他起义谋事有着重要作用，对此司马迁在接下来的叙述中也用了一个故事加以印证。

除了在吴中的行迹，司马迁也记录了项梁与项籍围观秦始皇出巡时的言行：

秦始皇帝游会稽，渡浙江，梁与籍俱观。籍曰："彼可取而代也。"梁掩其口，曰："毋妄言，族矣！"梁以此奇籍。籍长八尺余，力能扛鼎，才气过人，虽吴中子弟皆已惮籍矣。

秦始皇出巡会稽，在渡钱塘江的时候，项梁和项籍一起在旁边观看。项羽当场便说要取代秦始皇。项梁连忙掩住他的嘴巴，警告他说这种话不能乱讲，会被灭族的。但是项梁从这句话里，看出了自己的侄子非同常人。项羽非同常人的地方还表现在以下几方面：项羽身高一米八四左右；力气很大，能够扛鼎；才气过人。吴中子弟都很忌惮、害怕项羽。本来，作为一个到吴中避难的外乡人，项羽在身份上是比吴中本地子弟低一等的，吴中子弟根本没有必要害怕他，但他却成功地在吴中子弟中树立起威信，这就是项羽的厉害之处。接下来的故事中，我们会发现，随着项羽本事的增长，害怕他的人也越来越多。

以上便是项羽的出身，接下来我们要对比刘邦的出身背景：

高祖，沛丰邑中阳里人，姓刘氏，字季。父曰太公，母曰刘媪。其先刘媪尝息大泽之陂，梦与神遇。是时雷电晦冥，太公往视，则见蛟龙于其上。已而有身，遂产高祖。

高祖为人，隆准而龙颜，美须髯，左股有七十二黑子。仁而爱人，喜施，意豁如也。常有大度，不事家人生产作业。及壮，试为吏，为泗水亭长，廷中吏无所不狎侮，好酒及色。常从王媪、武负贳酒，醉卧，武负、王媪见其上常有龙，怪之。高祖每酤留饮，酒雠数倍。及见怪，岁竟，此两家常折券弃责。

高祖，是沛县丰邑（丰邑，刘邦发迹后，升级为丰县）中阳里人，姓刘，字季。我们知道，季是古代兄弟间的排行，刘季，即刘老三，这相当于农村里父母按照出生顺序喊自己的孩子老大、老二、老三，由此我们就可以看出刘邦出身之低。所以等他成名之后，他给自己另起名为邦，邦即是国。另外，《史记》里，刘邦的父母也是没有名字的，“父曰太公，母曰刘媪”，意即刘邦的父亲是刘老头，他的母亲是刘老太婆。从名字这个细节看出身，刘邦的身份与项羽的有着天壤之别。项羽家族“世世为楚将”，而刘邦及其父母，在他未发迹前连名字都没有。

接下来司马迁又记录有关刘邦身世的一个小故事：早前刘媪曾在沼泽地旁的山坡上休息，梦到与神结合。这时雷电交加，天地晦暗。刘太公看见一条蛟龙趴在自己妻子身上。不久，刘媪有了身孕，于是生下了刘邦。从这里开始，我们就可以发现，刘邦的传记里充满神话色彩，相较之下，项羽的传记则是中规中矩的。尽管我们读来觉得更大的可能是，刘邦是他的母亲和别人有外遇而生下的，但司马迁讲这样一个小故事，是为了说明刘邦是“龙子”，有着高贵的血统。这也是中国史书的传统，每一个开国君王，在他功成之后，他的历史记载总是会有一定的修饰成分。这种修饰或是发生在后代史官写史的过程中，或是帝王本身有意的编造。如秦国的祖先相传就是他的母亲在游玩的时候吃下了玄鸟（即燕子）的蛋而有了身孕，生下了他；周朝的祖先则是其母在郊外踩到巨人脚印，心中有了颤动，感而有孕生下的。早期的史书记载中，开国之君或是某个国家的祖先，他们的身世大都带有神话的色彩。而《高祖本纪》里刘邦的身世正有这种特点。

接下来，写到了刘邦不同寻常的外貌与性情。高鼻梁，额头宽广，胡子漂亮。更为独特的是，他左边的大腿有七十二颗黑痣。他有仁德之心，关爱身边的人，喜欢施舍。这与现实稍有龃龉之处，刘邦早期穷困潦倒，自己都要靠哥哥嫂嫂接济，并没有充裕的东西施与他人。但可能在这种情况下，反而会看轻物质化的东西，自己一旦有什么东西便会施舍给别人，内心豁达。刘邦有大志向，不像一般的人从事田间劳作。其实这有游手好闲的嫌疑，这也是很多人认为刘邦早年是乡间地痞无赖的原因之一。等到壮年，他做了小吏，泗水亭的亭长。古代的亭是供出行的官吏、游客休息的地方，相当于现在的旅店。亭长手下有两个小兵，一个负责打扫卫生，一个负责维护治安。对于公廷中的官吏，刘邦无一不进行戏弄。

刘邦喜欢喝酒与美色。他经常到武负、王媪的店里喝酒，没有钱结账，就打个欠条赊酒喝，喝醉了就在店里睡觉。这时武负、王媪看见刘邦身上总是有一条龙，觉得很奇怪，又联想到平时只要刘邦去他们店里喝酒，他们的生意就会变得很好，于是他们就主动销毁了刘邦的欠条，不用他还钱了。这里强调的，其实便是刘邦的帝王之气。

接下来一段是我们之前分析过的，刘邦看到秦始皇出巡后发出的感叹。其后讲刘邦是如何娶到他的妻子吕雉（即吕后，《史记》有《吕后本纪》，吕后对大汉王朝影响巨大）的。单父人吕公和沛县县令交好，为了躲避仇家，到沛县作客。吕公的经历会让我们联想起项梁杀人避祸到吴中。这与战国末期游侠的彪悍遗风有关，当时激愤拔刀、杀人泄恨的现象较为常见。结合这一点，我们或许更能理解后面他们打胜仗后为何会把人命看得那么轻，做出坑杀等残暴行为。

沛县中的豪杰、官吏听到县令有贵客来访，都去祝贺他。这时一个重要人物出现了，即后面成为西汉王朝第一任宰相的萧何，当时他是沛县的主吏，身份比这时的刘邦高很多。萧何负责登记来宾所送的礼物，对来宾说“礼钱不满一千钱的，坐在堂下”。刘邦作为亭长，在平时就很看不起这些官员，虽然身上没有钱，但他随意地写了张“贺钱一万”的单子递了进去。吕公看到后，大吃一惊，特地起身跑出去迎接他。吕公平时就很喜欢给人看相，他看到刘邦的相貌后，觉得他与众不同，非常敬重他，引他入座。而萧何说，刘邦这个人就喜欢吹水，很少能成事。刘邦进去后，便戏弄在座的宾客，坐到上座，也没有一点谦让、别扭的意思。吕公看到了刘邦的不同寻常之处，于是在酒席快要散的时候，就使眼色让刘邦留下来。吕公对刘邦说："我从小就喜欢给人看相，相过的人很多，但从来没有谁的相貌能比得上你，希望你保重。我有一个亲生的女儿，希望能成为你的妻子，给你洒水扫地。"吕公的妻子知道后很生气，对吕公说："你一直都很疼爱这个女儿，觉得她以后一定能嫁给贵人。沛县县令跟你这么要好，想要娶她，你都不答应，为什么现在轻易地就许配给刘邦？"吕公说："这不是妇孺之辈能够知道的。"最后吕公把女儿嫁给了刘邦。吕公的女儿就是后面的吕后。她生下了汉孝惠帝刘盈、鲁元公主。

高祖为亭长时，常告归之田。吕后与两子居田中耨，有一老父过请饮，吕后因哺之。老父相吕后曰："夫人天下贵人。"令相两子，见孝惠，曰："夫人所以贵者，乃此男也。"相鲁元，亦皆贵。老父已去，高祖适从旁舍来，吕后具言客有过，相我子母皆大贵。高祖问，曰："未远。"乃追及，问老父。老父曰："乡者夫人婴儿皆似君，君相贵不可言。"高祖乃谢曰："诚如父言，不敢忘德。"及高祖贵，遂不知老父处。

高祖当亭长的时候，常告假回家（古代官员假期很多，如五日一休沐假，即放假回家洗澡）。某一天吕雉和她的两个孩子在田里除草，有一个老人家经过要水喝，吕后就给了他水喝，还给他饭吃。老人家给吕雉看相，说："夫人是天下的贵人。"吕雉让他给自己的两个孩子看相。看到孝惠帝，老人家说："夫人您身份显贵的原因，正是这个孩子。"给鲁元公主看相，也是贵相。老人家走了之后，刘邦刚好来到田间，吕雉就跟他说了刚才老人看相一事。刘邦问吕雉老人的去处，吕雉回答还未走远。于是刘邦追上去，向他询问自己的前途。老人家回答："刚才夫人、小孩都是因为你，所以显贵的。你的相貌，贵不可言（当时尚是秦王朝的天下，当然不能直接说出刘邦有帝相）。”高祖感谢道：“如果正如你所说，我一定不敢忘记你的恩德。”等刘邦发迹后，却怎么也找不到这位老人。

高祖为亭长，乃以竹皮为冠，令求盗之薛治之，时时冠之，及贵常冠，所谓“刘氏冠”乃是也。

高祖以亭长为县送徒骊山，徒多道亡。自度比至皆亡之，到丰西泽中，止饮，夜乃解纵所送徒。曰：“公等皆去，吾亦从此逝矣！”徒中壮士愿从者十余人。高祖被酒，夜径泽中，令一人行前。行前者还报曰：“前有大蛇当径，愿还。”高祖醉，曰：“壮士行，何畏！”乃前，拔剑击斩蛇。蛇遂分为两，径开。行数里，醉，因卧。后人来至蛇所，有一老妪夜哭。人问何哭，妪曰：“人杀吾子，故哭之。”人曰：“妪子何为见杀？”妪曰：“吾，白帝子也，化为蛇，当道，今为赤帝子斩之，故哭。”人乃以妪为不诚，欲告之，妪因忽不见。后人至，高祖觉。后人告高祖，高祖乃心独喜，自负。诸从者日益畏之。

高祖当亭长的时候，自己用竹片做成帽子，经常戴在头上。这种帽子就是所谓的“刘氏冠”。刘邦发达后，衣着当然皆被解读为异于常人，所以得有专名。

接下来是有名的“刘邦斩蛇”的故事。高祖当亭长的时候，押送县里的劳役到郦山去修皇陵。有很多劳役在半路上逃跑。面对这种状况，刘邦的处理就很聪明，他忖度等到了目的地，这些劳役差不多就逃光了，反正到时自己也会受到惩罚，还不如把他们都放了。于是到了丰邑西边的沼泽地，停下来休息喝水，刘邦夜里就释放了所押送的劳役，让他们自行选择离去或是跟随他，有十几个人选择留下来跟随他。刘邦带着酒意前行，经过沼泽地，让一个人在前面探路。探路人回来报告说前面有一条大蛇挡住了道路，建议往回走。刘邦醉醺醺的，说：“壮士走路，有什么好怕的！”于是拔剑斩蛇，蛇被斩为两段，道路因此畅通。

刘邦走了数里路，因为醉得厉害，就躺下来睡觉。走在后面的人来到斩蛇的地方，看到有一个老妇人在哭泣。有人问她为什么哭，老妇人回答说有人杀了她的孩子。他们又问：“你的孩子为什么被杀？”老妇人说：“我的孩子是白帝的儿子，化身为蛇，挡住了道路，现在被赤帝的儿子斩杀，所以我才哭。”接下来的故事里，人们觉得老妇人不诚实，想要打她，但是老妇人突然就不见了。后面的人跟上队伍后，刘邦也清醒了。他们告诉了刘邦这件事，刘邦心里很高兴，觉得自己是天选之人。更重要的是，跟随他的人愈发敬畏他，觉得刘邦与众不同。

秦始皇帝常曰“东南有天子气”，于是因东游以厌之。高祖即自疑，亡匿，隐于芒、砀山泽岩石之间。吕后与人俱求，常得之。高祖怪问之。吕后曰：“季所居上常有云气，故从往常得季。”高祖心喜。沛中子弟或闻之，多欲附者矣。

当时秦始皇常听观象占卜的人说，东南边有天子之气，于是他巡游东方，以此来压制东南的天子之气。刘邦认为秦始皇防备的就是自己，于是逃跑，躲藏在芒山、砀山之间。这时又发生了异事。吕雉等人去找刘邦时，常常能够成功地找到他。刘邦觉得很奇怪，吕雉说：“你所在之地的上方常有一团云气，所以我循着云气的方向总是能够找到你。”刘邦心里很高兴。沛县子弟听到这件事后，很多人都想去归附他。

以上分别是《史记》中项羽、刘邦二人出身的相关描写。两者相比较，有关项羽出身的记载，事件都很简短，没有过多的描述，更为真实，故事性相对较弱，整体体现为现实主义风格；而刘邦的故事，篇幅长，多想象、怪力乱神之辞，故事性相对很强，充满浪漫主义色彩。造成这种差异的原因就在于二人出身的不同：项羽出身贵族世家，不需要借助故事来吸引、号召别人；刘邦出身低微，他需要借助神奇的故事来吸引别人拥护自己。

刘邦的经历，可能很多都是他在起义的过程中自己编造的。这样做最直接的原因就在于要吸引更多的人归附、拥护自己。个体力量如此微弱的人类能够对抗自然中的野兽，原因就在于人类能够团结在一起，以集体的力量去对抗劲敌。那是什么东西把人类团结起来的呢？有研究者认为是讲故事。通过讲故事的形式，把人团结起来，共同去达成某个目的。反思一下，其实这种说法很有道理。小的时候，对我们来说最具吸引力的，是村里大树下老人家讲的故事。故事的感召力是极为强大的，这也是刘邦讲故事的原因。

而实际上故事有两种，除了刘邦所利用的这种外，另一种是不用讲的，就像项羽的故事。他有良好的家世背景，自然能够吸引到一批人归附于他。刘邦没有这样的优势，他只能借助编造的故事来号召、吸引别人，以达到自己的目的。这就像今天，李泽楷完全不用讲述自己的奋斗史，他的家庭背景已经决定了他可以获得更多的信任；而一个刚创业的人去拉赞助，那他就必须把他早期的经历说得更为吸引人。

三

项刘灭秦

上一节，我们讲到了项羽、刘邦二人的出身，分析了《史记》中相关内容记载形式的不同及其原因。这一回，我们要讲的是项刘灭秦。这一节内容较多，主要有四部分。

（一）项羽起事

秦二世元年七月，陈涉等起大泽中。其九月，会稽守通谓梁曰："江西皆反，此亦天亡秦之时也。吾闻先即制人，后则为人所制。吾欲发兵，使公及桓楚将。"是时桓楚亡在泽中。梁曰："桓楚亡，人莫知其处，独籍知之耳。"梁乃出，诫籍持剑居外待。梁复入，与守坐，曰："请召籍，使受命召桓楚。"守曰："诺。"梁召籍入。须臾，梁眴籍曰："可行矣！"于是籍遂拔剑斩守头。项梁持守头，佩其印绶。门下大惊，扰乱，籍所击杀数十百人。一府中皆慑伏，莫敢起。

秦二世元年（公元前209年），陈涉等在大泽乡中起义。这是中国历史上第一次农民起义，也是一次非常奇特的起义：一个强大的王朝竟被一群连兵器都没有（秦王朝收缴天下武器，熔铸为十二铜像，至此天下无兵器）的农民打得落花流水。这次起义撼动了秦王朝的统治根基。

这一年九月，很多地方纷纷响应起义。会稽长官殷通对项梁说（前面说过，项梁在会稽取得了一定地位，当地事务经常问决于他）：“长江以西都造反了，这是上天要灭亡秦朝的时刻到了。我听说先发动者能够控制别人，后发动者被别人控制。我想要起义，想要让您同桓楚带兵打仗。”这时桓楚逃亡在草泽之中。项梁说：“桓楚已经逃跑，没有谁知道他在哪儿，只有我的侄子项籍知道。”项梁出来后，嘱咐项羽持剑在外等待。交代好后，项梁又进去，和殷通坐下来，说：“请让项籍进来，让他接受您的命令去找桓楚。”殷通允许了，于是项梁把项羽叫了进来。过了一会儿，项梁给项羽使眼色，示意他可以行动了。于是项羽拔剑斩下了殷通的脑袋。项羽拿着殷通的头和印章出去，殷通的手下看到后非常惊慌，现场一片混乱，项羽一连杀了百来人。最后，项羽用他的霸气震慑了整个郡府。看到这里，我们会有疑问：为什么项梁不参加殷通的起义而是把他杀了？这是因为殷通是秦朝官员，这一身份决定了殷通领导的起义必是不牢靠的。《高祖本纪》里也曾分析过同样的问题，选举为秦朝办事的人做起义军首领，那么信服他的人肯定很少。由此，我们也可以看到，项梁的起义是有安排的，是按计划一步步进行的。从逃难到吴中开始，他便有意地进行鉴别、筛选人才的准备工作：

梁乃召故所知豪吏，谕以所为起大事，遂举吴中兵。使人收下县，得精兵八千人。梁部署吴中豪杰为校尉、候、司马。有一人不得用，自言于梁。梁曰：“前时某丧使公主某事，不能办，以此不任用公。”众乃皆伏。于是梁为会稽守，籍为裨将，徇下县。

杀死郡守殷通后，项梁召集了之前认识的豪强官吏，告诉他们自己要起义反秦的事情，于是发动了吴中的士兵起义。派人接收下属各县，最终得到了八千精兵（要注意的是，这八千精兵是项羽起义的主干力量，最后在乌江亭一役中只剩十余人。这也是项羽自刎乌江前喟叹“无颜见江东父老”的原因）。项梁接下来对这八千人进行部署分配，给他们授予相应的官职。但有一个人没有得到任用，于是他跑去问项梁。项梁说：“之前的某场丧事，我让你负责做某事，你没有做好，所以现在我不能任用你。”这呼应了我们前面讲到的，项梁在吴中组织各种丧礼、徭役时，暗地里都会用兵法来部署手下做事的人，通过这个方法他了解了身边人的能力。前后文之间的相互呼应，让我们也看到了司马迁为文之用心。对项梁的做法，最终大家都非常敬服。于是项梁成为会稽郡守，项羽为副将，去巡行下属各县。项梁把整个局面都安排、控制得很好，绝不是匆忙起义。

广陵人召平于是为陈王徇广陵，未能下。闻陈王败走，秦兵又且至，乃渡江矫陈王命，拜梁为楚王上柱国。曰：“江东已定，急引兵西击秦。”项梁乃以八千人渡江而西。闻陈婴已下东阳，使使欲与连和俱西。

陈胜、吴广起义后，成功建立起一个政权——张楚政权。作为第一支由起义军建立起的政权，它在当时就已经被人认可，具有较高的号召力。在这种背景下，广陵人召平替陈王（陈胜）攻打广陵，没有成功。召平听说陈王兵败逃走（陈胜兵败被杀，起义军没有了首领），秦国军队又快到了，于是渡江假传陈胜的命令，任命项梁为楚王的上柱国（官职名）。这就是说，项梁起义的有效性被承认，取得了身份认可，他的号召力随之增强。于是，项梁率领八千精兵渡过长江向西进军。他听说陈婴的起义军攻下了东阳，就派人去东阳和陈婴商量合兵向西。大家要注意这个方位词“西”，项羽军队“向西”（秦国在西边）时，总能获胜，一旦向东归，就开始失利。

陈婴者，故东阳令史，居县中，素信谨，称为长者。东阳少年杀其令，相聚数千人，欲置长，无适用，乃请陈婴。婴谢不能，遂强立婴为长，县中从者得二万人。少年欲立婴便为王，异军苍头特起。陈婴母谓婴曰：“自我为汝家妇，未尝闻汝先古之有贵者。今暴得大名，不祥。不如有所属，事成犹得封侯，事败易以亡，非世所指名也。”婴乃不敢为王。谓其军吏曰：“项氏世世将家，有名于楚。今欲举大事，将非其人，不可。我倚名族，亡秦必矣。”于是众从其言，以兵属项梁。项梁渡淮，黥布、蒲将军亦以兵属焉。凡六七万人，军下邳。

陈婴，先前是东阳县的令史，一向诚实谨慎，受到县里人的敬重。东阳起义军杀死了县令，聚集了数千人，想要找领军首领，没有合适的人选，于是他们就来请陈婴。陈婴推辞，但他们强行让他当了首领，县里跟随他的人有两万人。那帮年轻人想索性立陈婴为王，为与其他军队相区别，用青巾裹头，以表示是新突起的一支义军。但这时，陈婴的母亲对他说：“自从我嫁到你们家，从来没有听说过你们家有发达显贵之人。现在你突然有了名气，这是不祥的事情，不如你把军队给其他人。如果成功的话，可以封侯拜相；要是失败，你也可以逃走。这样，你不会被世人所注目。”于是陈婴不敢当首领。刘义庆《世说新语·贤媛篇》专讲聪慧贤能的女性，第一条就是陈婴的母亲。这个故事的结果，也确实如陈婴母亲所言，陈婴带领部队投靠项羽，项羽失败后，他又投靠了刘邦，最终被封侯。看上去这是个正确的选择，但其实选择并没有对错之分，关键在于你想得到的是什么。换成相信“王侯将相宁有种乎”的陈胜就肯定不会听从这样的意见，尽管他最终被杀，但他的影响同样深远，他的选择也并没有错。选择揭竿起义，但又一味想着保全自我，缩手缩脚，这样才是可怕的。陈婴选择归附项羽一方，他对属下说：“项氏世代做将领，在楚国是名门。现在我们想要做大事，首领只能是这个人。我们依靠这样的名门世家，一定能成功灭掉秦国。”陈婴这种想法在中国古代是很常见的。因为人们习惯为异常事件的发生寻找原因，而“古已有之”就是对异常事件的最好解释，一旦可以将它归为传统，人们就会容易信服。因此每次朝代更替，新旧君主之间常会有一次“禅让”的仪式。尽管“禅让”只是种形式，本质上依旧是权力的争斗，但它能让天下人相信，新政权是合法的，而不是靠武力夺来的，以此来遏制天下人的效仿之心。依照这个思路，项羽领军起义，同样需要名目需要世系背景支持，这也是一开始他不自立为王，而是选择拥立楚王后代熊心的原因。最后，众人听从了陈婴的建议，把军队并入了项梁的军队。项梁渡过淮水之后，又接收了黥布（原姓英，秦末因犯法，脸上被刺字，故称黥布）、蒲将军的军队。至此，项梁的军队壮大为六七万人。

之后起义军内部发生了矛盾：

当是时，秦嘉已立景驹为楚王，军彭城东，欲距项梁。项梁谓军吏曰：“陈王先首事，战不利，未闻所在。今秦嘉倍陈王而立景驹，逆无道。”乃进兵击秦嘉。秦嘉军败走，追之至胡陵。嘉还战一日，嘉死，军降。景驹走死梁地。项梁已并秦嘉军，军胡陵，将引军而西。

之前我们说过，陈涉已死，于是陈涉的手下秦嘉另立景驹为王（之所以拥立他，就在于他的姓氏为景。楚国国姓为芈，芈姓下分熊、屈、景、召等氏，也就是说，景驹是楚国贵族的后代）。之后，秦嘉一方驻扎在彭城以东，想要抵抗项梁。项梁对他的手下说："陈王最先起义，仗打得不顺利，不知道他如今在哪里。现在秦嘉背弃陈王而拥立景驹，这是大逆不道的事。"于是项梁举兵攻打秦嘉，最终将秦嘉军队收归麾下。项梁的军队进一步壮大。

章邯军至栗，项梁使别将朱鸡石、余樊君与战。余樊君死。朱鸡石军败，亡走胡陵。项梁乃引兵入薛，诛鸡石。项梁前使项羽别攻襄城，襄城坚守不下。已拔，皆坑之。还报项梁。项梁闻陈王定死，召诸别将会薛计事。此时沛公亦起沛，往焉。

秦将章邯出兵攻打项梁，一连打败了项梁派出的两名将领。其中朱鸡石兵败逃跑，项梁带兵杀死了他。项梁让项羽围攻襄城，襄城一开始坚持不投降，项羽攻下襄城后，坑杀了城中军民。这是项羽立的第一次大功，也是他第一次做出坑杀降兵的暴行。项梁听说陈王已经死了，于是他召集了所有的起义军队伍到薛地商议大事，这其中就包括沛公刘邦。

至此，项梁确立了自己在起义军中的领导地位。取得政权中心地位后，需要向天下证明其合法性，以此来使天下人归服，巩固自己的政权。项梁与项羽不擅长于此，因此他们急需谋士的加入，而此时，范增出现：

居巢人范增，年七十，素居家，好奇计，往说项梁曰："陈胜败固当。夫秦灭六国，楚最无罪。自怀王入秦不反，楚人怜之至今，故楚南公曰'楚虽三户，亡秦必楚’也。今陈胜首事，不立楚后而自立，其势不长。今君起江东，楚蜂午之将皆争附君者，以君世世楚将，为能复立楚之后也。”于是项梁然其言，乃求楚怀王孙心民间，为人牧羊，立以为楚怀王，从民所望也。陈婴为楚上柱国，封五县，与怀王都盱台。项梁自号为武信君。

范增，居巢人，时七十岁（此时项羽二十四五岁，老少搭配，刚好能互补），家居不仕，喜欢钻研奇谋妙计。他去游说项梁说："陈胜的失败是必然的。秦国灭掉六国，楚国是最无辜的（张仪两次哄骗楚怀王，甚至把他骗到秦国囚禁，最后楚怀王死在秦国）。自从楚怀王被骗入秦国没有返回，楚国人至今还在同情他，所以楚南公曾有预言：'楚国人口虽然不多，但是最后灭掉秦国的一定是楚人。'现在陈胜起义，不立楚国的后代却自立为王，他的势力不会长久。如今你在江东起兵，很多人争着来投靠你，这是因为你家世代是楚国将领，你能够重新立楚国后代为王。"范增的这个建议在当时是很有道理的，但也留下了后患，当项梁羽翼丰满、想自立为王的时候，如何处理自己亲手拥立的楚王？我们知道，后面项羽的处理方式是，把楚王赶到偏远地方，再命人把他杀掉，而这最后也成了刘邦攻讦项羽"无义"的把柄。但范增的建议确实能增强起义军新队伍的号召力，因此当时项梁采纳了范增的意见，到民间寻找楚怀王的孙子熊心。楚国灭亡后，熊心流落民间，此时的他靠给人放羊为生。范增将熊心立为楚怀王，以此顺应民心。陈婴做了楚国的上柱国，封给他五个县，辅佐楚怀王建都盱台。项梁自己号称武信君。

居数月，引兵攻亢父，与齐田荣、司马龙且军救东阿，大破秦军于东阿。田荣即引兵归，逐其王假。假亡走楚。假相田角亡走赵。角弟田间故齐将，居赵不敢归。田荣立田儋子市为齐王。项梁已破东阿下军，遂追秦军。数使使趣齐兵，欲与俱西。田荣曰："楚杀田假，赵杀田角、田间，乃发兵。"项梁曰："田假为与国之王，穷来从我，不忍杀之。"赵亦不杀田角、田间以市于齐。齐遂不肯发兵助楚。

在团结、合并其他起义军的过程中，项梁同样也会遇到不愿意合作的势力。几个月后，项梁带兵攻打亢父（地名），和齐国的田荣、司马龙且一起援救东阿，大败秦军。田荣带兵返回齐国，赶走了齐王田假（齐王田假是项羽所立）。田假逃到楚国，田假的手下田角逃到赵国。田荣控制了齐国政权，立田儋（田荣的堂哥）的儿子田市为齐王。而此时的项梁正忙着追击秦军，他派人到齐国催促齐国发兵，想和齐国一起向西进军，攻打秦国。田荣提出要求，让楚国杀死田假，赵国杀死田角、田间，他才发兵。项梁不同意，认为他们在走投无路的情况下投靠了自己，这种情况下杀死他们，很难跟天下起义军交代（这个矛盾实际上也是项羽最后败亡的原因之一）。所以齐国始终不肯发兵帮助楚国。我们知道，项羽最后失败，就是因为田荣所领导的军队一直在反抗项羽。另外，田荣的弟弟田横也是当时著名的起义首领。田横死后，其部下五百壮士全部在海岛自杀，极为悲壮。

项梁使沛公及项羽别攻城阳，屠之。西破秦军濮阳东，秦兵收入濮阳。沛公、项羽乃攻定陶。定陶未下，去，西略地至雍丘，大破秦军，斩李由。还攻外黄，外黄未下。

项梁派刘邦和项羽攻下城阳，屠杀了城阳军民（值得注意的是，这次屠城，刘邦是有参与的。后面会提到，怀王在挑选部队攻城的时候属意刘邦，因为觉得他仁厚爱人，而项羽彪悍凶暴。但从屠城阳这件事看，打胜仗后屠城在当时是常态）。之后他们向西进攻，在濮阳以东大败秦军，秦军收拾残军退入濮阳城。接着刘邦、项羽攻打定陶，久攻不下，转而攻打雍丘，大败秦军，杀死一个重要人物——三川郡郡守李由，即李斯的大儿子（这也成为之后赵高构陷李斯的一个借口——李由打败仗，自杀，实为私通起义军。这是一个很大的罪状，所以同一年李斯被定罪腰斩）。之后他们又攻打外黄，但久攻不下。于是他们转而攻打巨鹿，这场巨鹿之战是项羽起事的重要转折点。

（二）刘邦起事

历史事件总是具有高度的相似性。在阅读过程中我们会发现，刘邦的起义过程和项羽有很多相似性，这两篇本纪在这部分的结构布局上也有很高的相似度。

秦二世元年秋，陈胜等起蕲，至陈而王，号为“张楚”。诸郡县皆多杀其长吏以应陈涉。沛令恐，欲以沛应涉。掾、主吏萧何、曹参乃曰：“君为秦吏，今欲背之，率沛子弟，恐不听。愿君召诸亡在外者，可得数百人，因劫众，众不敢不听。”乃令樊哙召刘季。刘季之众已数十百人矣。

刘邦的起义同样以陈胜起义为背景。陈胜等起义后，建立张楚政权。“张楚”即张大楚国，意为复兴、扩大楚国。和之前在《项羽本纪》中看到的一样，陈胜起义后，各地纷纷揭竿而起，杀掉当地长官，以此来响应陈胜。消息传到沛县后，沛县县令非常惊恐，想领导沛县来响应陈胜。但是他的下属萧何、曹参（萧何为汉王朝第一任宰相，曹参是第二任，萧规曹随即是关于此二人的成语）对他说：“您是秦国的官吏，现在想背弃秦国，率领沛县的子弟，恐怕他们是不会服从您的。”这个担忧也是项梁杀死殷通的原因，沛县县令和殷通对起义军没有号召力。于是萧、曹二人建议沛县县令寻回犯了法逃亡在外的人，以此可以得到数百人的队伍来胁持众人。他们由此想到了隐匿在芒山、砀山之间的刘邦，让樊哙去请他回来，而此时刘邦的队伍已有百来人。这里我们对比项梁在吴中起义时征集到的八千子弟，刘邦的队伍就显得很弱小了。

樊哙把刘邦带回来了，但是沛县县令却后悔了，于是关闭了城门，派人防守，不让刘邦进城，又想杀死提此建议的萧、曹二人。萧、曹二人害怕了，翻过城墙投靠刘邦。刘邦写了封信，又用箭把它射到城中。信里对沛县父老乡亲说：“天下苦于秦朝的暴政已经很久了。现在你们为县令守城，等到起义军攻下沛县，一定会屠城。你们不如和我一起杀了县令，另立合适的人当首领，以此响应起义。这样可以保全身家性命，不然，你们的家里人全都会遭殃。”于是沛县人杀了县令，开城门迎接刘邦，想推举他当沛县县令。这对刘邦来说，无异于天下掉馅饼，但是，刘邦欲擒故纵，先推辞了：“现在天下不安定，诸侯争相起事，如果现在选择的将领不恰当，就会一败涂地。我并不是吝惜自己，只是担心自己才能不足，不能保全父老乡亲。这是大事，希望大家再挑选合适的人。”当时秦朝盛行连坐法，一人犯法，全族被诛。萧何、曹参等文官，一方面看重身家性命，另一方面又担心起义不成功，秦朝会诛灭他们的全族，因此都把首领的位子推给刘邦。我们之前说过，殷通让位给项籍，是因为他的家世背景，而沛县父老推举刘邦的理由则是“我们平时听到刘季很多传奇的事情，看来刘季是该发达显贵的。我们也占卜过，刘季是最吉利的”。回溯前面的情节，我们可以看到，刘邦为自己讲的故事确实是有作用的，它们为他现在获得众人的支持提供了理由。

众莫敢为，乃立季为沛公。祠黄帝，祭蚩尤于沛庭，而衅鼓旗，帜皆赤。由所杀蛇白帝子，杀者赤帝子，故上赤。于是少年豪吏如萧、曹、樊哙等皆为收沛子弟二三千人，攻胡陵、方与，还守丰。

众人没有谁敢当首领的，于是拥立刘邦为沛公。因为之前刘邦斩杀白帝子，于是他领导的队伍旗帜是红色的，而汉朝也是崇尚红色的。最后沛公队伍共征集了两三千人，攻下胡陵、方与，最后回守丰邑。

秦二世二年，陈涉之将周章军西至戏而还。燕、赵、齐、魏皆自立为王。项氏起吴。秦泗川监平将兵围丰，二日，出与战，破之。命雍齿守丰，引兵之薛。泗州守壮败于薛，走至戚，沛公左司马得泗川守壮，杀之。沛公还军亢父，至方与，未战。陈王使魏人周市略地。周市使人谓雍齿曰："丰，故梁徙也。今魏地已定者数十城。齿今下魏，魏以齿为侯守丰。不下，且屠丰。"雍齿雅不欲属沛公，及魏招之，即反为魏守丰。沛公引兵攻丰，不能取。沛公病，还之沛。沛公怨雍齿与丰子弟叛之，闻东阳甯君、秦嘉立景驹为假王，在留，乃往从之，欲请兵以攻丰。

和项羽一样，刘邦的队伍在起义过程中同样遇到内部矛盾。秦二世二年（公元前208年），天下起义军蜂拥而起。秦国派兵围攻丰邑，刘邦出兵应战，打败了秦军。刘邦让雍齿守卫丰邑，自己带兵攻打薛地。此时陈胜派魏国人周市攻城略地，扩张地盘。周市派人诱降雍齿，让他归降魏国，并威胁他不降则将被屠城。而雍齿平时就不愿意当刘邦手下，便背弃了刘邦，投靠陈王。之后，刘邦引兵攻丰邑，但久攻不下，为此大病一场，只能回到沛县休养。这时刘邦听说秦嘉立了景驹为王，于是前去投靠他，想请求他出兵来攻打丰邑。

从项梁月余，项羽已拔襄城还。项梁尽召别将居薛。闻陈王定死，因立楚后怀王孙心为楚王，治盱台。项梁号武信君。居数月，北攻亢父，救东阿，破秦军。齐军归，楚独追北，使沛公、项羽别攻城阳，屠之。军濮阳之东，与秦军战，破之。

秦军复振，守濮阳，环水。楚军去而攻定陶，定陶未下。沛公与项羽西略地至雍丘之下，与秦军战，大破之，斩李由。还攻外黄，外黄未下。

刘邦因实力不足投靠项梁，和项羽合力攻下城阳后，二人对城阳军民进行屠杀。我们知道，后期怀王他们讨论要派项羽还是刘邦去攻打咸阳时，最终选择了刘邦，原因是他们认为项羽杀伐残酷，攻下一地后总是会进行屠城，其中他们就举了襄城的例子。但是从此处看，项羽并未在襄城屠杀百姓，而是在城阳有屠杀之举，而且此次屠城，刘邦是参与其中的。

项羽与刘邦带领的军队力量越来越强，最终打败了李由（李斯长子）。这件事影响很大，直接导致李斯势力的衰落，李斯被诬告说，他的儿子李由与刘邦项羽有勾结才导致战争失败，因此，李斯被处斩。

项梁再破秦军，有骄色。宋义谏，不听。秦益章邯兵，夜衔枚击项梁，大破之定陶，项梁死。沛公与项羽方攻陈留，闻项梁死，引兵与吕将军俱东。吕臣军彭城东，项羽军彭城西，沛公军砀。

章邯已破项梁军，则以为楚地兵不足忧，乃渡河，北击赵，大破之。当是之时，赵歇为王，秦将王离围之巨鹿城，此所谓河北之军也。

随着胜仗次数的增多，项梁有了骄傲之心。我们看这两句重点突出的话——“宋义谏”“项梁死”，它们决定了之后的一场重要战争——巨鹿之战。宋义进谏让项梁戒骄色，项梁不听。结果秦王朝集中兵力攻打项梁，项梁在定陶兵败而死。这时候如果我们回顾《项羽本纪》，就会发现，在项梁战死之前，《项羽本纪》更多的篇幅是在写项梁，所以也有人说《项羽本纪》是项梁、项羽的合传。从项梁死开始，《项羽本纪》的主角才是项羽。

章邯打败项梁之后，认为楚地再也不足为惧，就调转兵力，向北攻打赵国。赵国国君赵歇由于兵力不足，被围攻在巨鹿。由此引出项羽所打下的一场影响整个局势的战争——巨鹿之战，这场战争确立了他在起义军联盟中的重要地位。

（三）巨鹿之战（《项羽本纪》）

项梁起东阿，西，比至定陶，再破秦军，项羽等又斩李由，益轻秦，有骄色。宋义乃谏项梁曰："战胜而将骄卒惰者败。今卒少惰矣，秦兵日益，臣为君畏之。"项梁弗听。乃使宋义使于齐。道遇齐使者高陵君显，曰："公将见武信君乎？"曰："然。"曰："臣论武信君军必败。公徐行即免死，疾行则及祸。"

…… ……

初，宋义所遇齐使者高陵君显在楚军，见楚王曰："宋义论武信君之军必败，居数日，军果败。兵未战而先见败征，此可谓知兵矣。"王召宋义与计事而大说之，因

置以为上将军，项羽为鲁公，为次将，范增为末将，救赵。诸别将皆属宋义，号为卿子冠军。

上面所提及《高祖本纪》的内容同样出现在《项羽本纪》中，只不过，宋义劝谏项梁的具体内容在《高祖本纪》中被略过，而《项羽本纪》则详细记载。这种详略的布局安排，是很考验史学家功夫的。

回到原文。项梁自东阿出发西进，等来到定陶时，已两次打败秦军，项羽等又杀了李由，因此更加轻视秦军，渐渐显露出骄傲的神态。宋义劝谏项梁："打胜仗后，将领产生骄傲之心而士卒怠惰的军队，会失败。现在我们的士卒有一些怠惰，而秦国军队日益强盛，我很为您担心。"但是项梁不听，反而派宋义出使齐国（齐国是灭秦战争中的重要一环，之前我们说过，项羽所面对的起义军内部压力主要来自齐国田荣，因此项梁派人出使齐国，是想说服他们和自己合作）。宋义在路上遇到了齐国使者高陵君显。宋义告诫高陵君显，项梁的军队一定会失败，走慢点可以躲过一劫，要是走得快了就会赶上灭顶之灾。

项梁兵败之后，齐国使者高陵君显又到了楚国军队里，对楚王说，宋义说过项梁军队一定会被打败，没过几日，果然应验了。仗还没开始打，就看出战争形势走向，宋义是一个懂得用兵的人。楚王就召来宋义，和他商计大事后非常高兴，于是任命他为大将军，派项羽、刘邦、范增等人与他一同救援赵国。各路将领都归属于宋义，称他为"卿子冠军"（此处"卿子"是对男子的美称，"冠军"即在军队之中名列第一）。

行至安阳，留四十六日不进。项羽曰："吾闻秦军围赵王巨鹿，疾引兵渡河，楚

击其外，赵应其内，破秦军必矣。”宋义曰：“不然。夫搏牛之虻不可以破虮虱。今秦攻赵，战胜则兵罢，我承其敝；不胜，则我引兵鼓行而西，必举秦矣。故不如先斗秦、赵。夫被坚执锐，义不如公；坐而运策，公不如义。”因下令军中曰：“猛如虎，很如羊，贪如狼，强不可使者，皆斩之。”

宋义带兵救援赵国。但是宋义的策略和项羽的不同，二人发生矛盾。到了安阳，宋义军队停留了四十六天。项羽认为，这样做是不合适的，秦国军队将巨鹿围得水泄不通，就快将其攻破，局势已经很紧急，现在进攻的话，楚国和赵国里应外合，可能打败秦军。但是宋义认为此行目的不在救赵，而在灭秦。所以他想等秦国打赵国打得筋疲力尽的时候，再渔翁得利。这种战略不能说完全没道理，但可能不太适合当时的形势。而且，宋义直接对项羽开火。他对项羽说：“如果穿上盔甲去打仗，那我比不上你；但是论谋划能力，你不如我。”还下令：“像老虎一样凶猛，像羊一样固执，像豺狼一样贪婪，倔强不听命令的人，都给我杀了！”针对性如此强烈的话最终激怒了项羽。因此，反观宋义此人，他可能有一定的谋略，但更像是纸上谈兵的赵括，一旦遇上实际，就行不通了。就说在这样的场合下，手下重要将士提出不同的意见，作为一军首领，不能婉言说服、消解其疑虑，反而直接激化矛盾，是不可取的。

乃遣其子宋襄相齐，身送之至无盐，饮酒高会。天寒大雨，士卒冻饥。项羽曰：“将戮力而攻秦，久留不行。今岁饥民贫，士卒食芋菽，军无见粮，乃饮酒高会，不引兵渡河因赵食，与赵并力攻秦，乃曰：‘承其敝’。夫以秦之强，攻新造之赵，其势必举赵。赵举而秦强，何敝之承！且国兵新破，王坐不安席，埽境内而专属于将军，国家安危，在此一举。今不恤士卒而徇其私，非社稷之臣！”项羽晨朝上将军宋义，即其帐中斩宋义头，出令军中曰：“宋义与齐谋反楚，楚王阴令羽诛之。”当是时，诸将皆慑服，莫敢枝梧。皆曰：“首立楚者，将军家也。今将军诛乱。”乃相与共立羽为假上将军。使人追宋义子，及之齐，杀之。使桓楚报命于怀王。怀王因使项羽为上将军，当阳君、蒲将军皆属项羽。

除了与项羽关系处理不当之外，宋义还做了件不妥的事情：派他的儿子宋襄到齐国为相（齐国被反复提起，在整场战争中的作用很关键），并亲自送到无盐。按照古人送别的惯例，他置备筵席，大宴宾客。但此时盟军的处境并不好，“天寒大雨，士卒冻饥”，将领和普通士兵间的矛盾很突出。这就给了项羽机会，他向大家列举宋义的两宗罪：原本大家合力来攻打秦国，现在宋义却久久停留，不向前进，说着什么等秦国疲惫的话；如今是荒年，士兵吃的是野菜，军队没有存粮，宋义却在这种时候置办筵席。最后他又把事情提到国家的高度，“国家安危，在此一举”。这都为项羽接下来的举动做了合理化说明。

项羽趁着早上参见上将军宋义的时候，在帐中斩下了他的头。这一切与项羽杀殷通相似，我们可以看到，司马迁为文时有注意到前后文之间的呼应。杀了宋义后，项羽又做了件很聪明的事，他出帐对众人说：“宋义和齐国合谋反对楚国，楚王暗中命令我处死他。”齐国对起义军一直是不合作的态度，而且宋义还派了自己儿子去齐国为相，这很容易让士卒们相信项羽的话。当时，众人都畏服项羽，没有人敢说二话，都说：“首先拥立楚国的，是将军您家（项羽和项梁之前立了楚王后代熊心为义帝），现在您只是诛灭了叛乱之人。”这是项羽夺权的过程，快刀斩乱麻，直截快速。

项羽已杀卿子冠军，威震楚国，名闻诸侯。乃遣当阳君、蒲将军将卒二万渡河，救巨鹿。战少利，陈馀复请兵。项羽乃悉引兵渡河，皆沉船，破釜甑，烧庐舍，持三日粮，以示士卒必死，无一还心。于是至则围王离，与秦军遇，九战，绝其甬道，大破之，杀苏角，虏王离。涉间不降楚，自烧杀。

这一段是成语“破釜沉舟”的故事来源。司马迁在这里用了很多短句，读的时候我们可以感觉到咄咄逼人的气势。项羽杀宋义，取得军队指挥权后，派兵渡河救巨鹿。战争形势不好，于是项羽带领所有士兵渡河增援，“皆沉船，破釜甑，烧庐舍，持三日粮，以示士卒必死，无一还心”，我们可以感受到司马迁此处行文快捷的目的。“于是至则围王离，与秦军遇，九战，绝其甬道”，“甬道”是古代行军打仗时运送粮食的通道，破甬道，是项羽取胜的关键处。最后，“大破之，杀苏角，虏王离。涉间不降楚，自烧杀”。本来巨鹿之战写到这里应该结束，但是司马迁又加了精彩的一段：

当是时，楚兵冠诸侯。诸侯军救巨鹿下者十余壁，莫敢纵兵。及楚击秦，诸将皆从壁上观。楚战士无不一以当十，楚兵呼声动天，诸侯军无不人人惴恐。于是已破秦军，项羽召见诸侯将，入辕门，无不膝行而前，莫敢仰视。项羽由是始为诸侯上将军，诸侯皆属焉。

当时，楚国军队勇冠各路起义军之首。开始时，前来援救巨鹿的各路起义军并没有与秦军对杀，等到楚军攻打秦军，各路起义军也畏惧于秦国的强大而作壁上观，不加入战争。这种做法和宋义是一样的，看别人打仗，最后自己坐收渔翁之利。

但结局却出乎他们意料，“楚战士无不一以当十，楚兵呼声动天，诸侯军无不人人惴恐”，楚国军队战斗力如此强大，作壁上观的起义军开始恐惧接下来自己的处境。等到项羽打败秦军，他们完全被项羽的气魄所震慑，“项羽召见诸侯将，入辕门，无不膝行而前，莫敢仰视。项羽由是始为诸侯上将军，诸侯皆属焉”。至此，巨鹿之战奠定了项羽在反秦联军中的地位。这一段完全烘托出项羽的气势，为他后期成为诸侯联军首领奠定了基础。而其中重复出现的“莫敢”“无不”等词，更是突出了诸侯军看到楚军之勇猛时的惊讶、惶恐。这是司马迁为文的一种习惯，以重复用词来渲染、强调，大巧若拙。

章邯军棘原，项羽军漳南，相持未战。秦军数却，二世使人让章邯。章邯恐，使长史欣请事。至咸阳，留司马门三日，赵高不见，有不信之心。长史欣恐，还走其军，不敢出故道，赵高果使人追之，不及。欣至军，报曰：“赵高用事于中，下无可为者。今战能胜，高必疾妒吾功；战不能胜，不免于死。愿将军孰计之。”

巨鹿之战让章邯部队受到重击，原本兵力更胜一筹的章邯此时与项羽陷入对峙状态，章邯持守势。本来这种状态是比较平和的，秦军的处境并不是很危险，但此时秦国内部出现了问题。秦朝以赵高为主的势力怀疑章邯的做法。秦军数次退却，秦二世就派人责备章邯。章邯很害怕，就让长史司马欣（前面为项梁杀人一事解围者。司马欣在《史记》共出现四次，每次出现都很关键）回去向朝廷报告战况。司马欣回到咸阳，赵高坚持不见他，表露出不信任的意思。司马欣连忙跑回军中，告诉了章邯一席话，瓦解了章邯打仗的信心。司马欣说：“赵高掌握政权，下面没有人可以好好做事。你现在打仗，胜利的话，赵高会妒忌你；如果失败，即使不会战死，回去赵高也不会放过你。”章邯最终选择投降的原因，除了秦王朝内部赵高的专权、赵高对章邯的排挤，还有陈馀所写的一封书信：

陈馀亦遗章邯书曰：“白起为秦将，南征鄢郢，北坑马服，攻城略地，不可胜计，而竟赐死。蒙恬为秦将，北逐戎人，开榆中地数千里，竟斩阳周。何者？功多，秦不能尽封，因以法诛之。今将军为秦将三岁矣，所亡失以十万数，而诸侯并起滋益多。彼赵高素谀日久，今事急，亦恐二世诛之，故欲以法诛将军以塞责，使人更代将军以脱其祸。夫将军居外久，多内郤，有功亦诛，无功亦诛。且天之亡秦，无愚智皆知之。今将军内不能直谏，外为亡国将，孤特独立而欲常存，岂不哀哉！将军何不还兵与诸侯为从，约共攻秦，分王其地，南面称孤；此孰与身伏斧质，妻子为戮乎？”

陈馀是巨鹿之战中被围困的赵国将领，他在给章邯写的书信里分别从历史与现实两个角度进行劝说。他首先举了白起和蒙恬两个例子，这两个人都是为秦国立下汗马功劳的重要将领，但是最终都不得善终。另外他又提到如今秦国赵高专权的局面。他建议章邯“还兵与诸侯为从，约共攻秦，分王其地，南面称孤”，否则，不仅自已被杀，也连累家人。

章邯狐疑，阴使候始成使项羽，欲约。约未成，项羽使蒲将军日夜引兵度三户，军漳南，与秦战，再破之。项羽悉引兵击秦军汙水上，大破之。

章邯使人见项羽，欲约。项羽召军吏谋曰：“粮少，欲听其约。”军吏皆曰“善。”项羽乃与期洹水南殷墟上。已盟，章邯见项羽而流涕，为言赵高。项羽乃立章邯为雍王，置楚军中。使长史欣为上将军，将秦军为前行。

章邯开始犹豫着要投降还是继续抵抗，于是暗地里派人与项羽商议。盟约还未定下，项羽与秦军作战，又连胜两场。这就彻底打消了章邯的顾虑，他派人见项羽，想和项羽订立盟约。项羽考虑到军粮不足，于是接受了章邯的请求。这里也出现了项羽唯一一次在处理大事时与手下商量的情景，对比《高祖本纪》，刘邦身边总是会有很多人给他提意见，像张良、萧何、韩信、陈平，反观项羽，给他提意见的只有范增，而项羽最后还没采纳。

最后章邯与项羽成功订立盟约。章邯见到项羽后痛哭流涕，述说赵高的种种不是。项羽立章邯为雍王，还让他带领原先的军队。这里章邯所率领的，是秦国的主力军。后来刘邦西进咸阳时遇到的阻力相对较弱，原因就在于此处项羽帮他拿下了秦国的主力军队。

到新安。诸侯吏卒异时故繇使屯戍过秦中，秦中吏卒遇之多无状，及秦军降诸侯，诸侯吏卒乘胜多奴虏使之，轻折辱秦吏卒。秦吏卒多窃言曰："章将军等诈吾属降诸侯。今能入关破秦，大善；即不能，诸侯虏吾属而东，秦必尽诛吾父母妻子。"诸将微闻其计，以告项羽。项羽乃召黥布、蒲将军计曰："秦吏卒尚众，其心不服，至关中不听，事必危，不如击杀之，而独与章邯、长史欣、都尉翳入秦。"于是楚军夜击坑秦卒二十余万人新安城南。

接收了章邯的军队后，项羽又要面对一个新的问题，即如何安排投降的秦兵。到新安之后，问题出现。先前，起义军士兵在秦王朝统治时间常要到秦地服徭役，秦地官兵对东方六国来的这些劳役很不好，常打骂他们。现在看到秦国军队投降，起义军们也趁机报仇，把他们当作奴隶，随意侮辱。所以秦国士兵私底下议论：“章将军骗我们投降了起义军，如果能入关破秦，那就很好；如果不能，不但我们会被起义军俘虏带回东方，我们的家人也一定会被秦国所杀。”这种议论的影响很大，因为当时投降的士兵有二十万，他们一旦哗变，结果会很严重。所以当时的起义军将领听到这种言论后，报告给了项羽。项羽做出坑杀这二十万秦国降兵的决定，但又留下了最后被封王的三个人——章邯、长史欣、都尉翳。作为秦地人、秦国的将领，带领士兵投降，最后独善其身，而手下士兵全被坑杀，其结果便是秦地人民极为痛恨此三人，因此后期项羽将秦地分为三块，分别派这三个人去管理时，引起了秦地人民的强烈抵制。项羽的举动实际上埋下了一个很大的隐患。

以上是项羽所带领的军队的战况。我们可以看到，项羽军队所遇到的阻力是较大的。而接下来我们要讲的是刘邦所带领的军队，他们更早地进入了咸阳城。

（四）破秦入关（《高祖本纪》）

秦二世三年，楚怀王见项梁军破，恐，徙盱台都彭城，并吕臣、项羽军自将之。以沛公为砀郡长，封为武安侯，将砀郡兵。封项羽为长安侯，号为鲁公。吕臣为司徒，其父吕青为令尹。

赵数请救，怀王乃以宋义为上将军，项羽为次将，范增为末将，北救赵。令沛公西略地入关。与诸将约，先入定关中者王之。

当时赵国请求救援，楚怀王与众将商议，定出两条作战线路——“北救赵”与西击秦，派项羽向北援救赵国，派刘邦向西攻打秦国，并且约定，先打下咸阳城，就可以称王。这个约定明显偏向西击秦的一方，也就是刘邦的军队，所以项羽心里是不满的。

当是时，秦兵强，常乘胜逐北，诸将莫利先入关。独项羽怨秦破项梁军，奋，原与沛公西入关。怀王诸老将皆曰："项羽为人僄悍猾贼。项羽尝攻襄城，襄城无遗类，皆阬之，诸所过无不残灭。且楚数进取，前陈王、项梁皆败。不如更遣长者扶义而西，告谕秦父兄。秦父兄苦其主久矣，今诚得长者往，毋侵暴，宜可下。今项羽僄悍，今不可遣。独沛公素宽大长者，可遣。"卒不许项羽，而遣沛公西略地，收陈王、项梁散卒。乃道砀至成阳，与杠里秦军夹壁，破二军。楚军出兵击王离，大破之。

当时，秦国军队还很强大，经常向东追击诸侯军队。所以针对西击长安这一战略，其他将领都认为攻打咸阳是没有好处的，只有项羽痛恨秦军杀死了他的叔父项梁，愿意和刘邦西进入关。可见，项羽反抗秦军，是和他的身世背景有莫大关系的。他的祖父、叔父都被秦军所杀，与秦军有家仇。但是当时楚怀王的手下认为项羽彪悍、狡猾、残忍，以他的品性，攻下咸阳也未必是好事。因为前有陈胜、吴广的教训——以武力的形式去打天下，最终失败。他们认为应该换一种相对平和的策略，所以他们更为属意刘邦，觉得刘邦是"宽大长者"。首先刘邦年纪大，比项羽大二十四岁，项羽当时还是个毛头小子，而刘邦接近五十岁；其次刘邦性情比较仁厚。所以，最终刘邦率军西征。这个过程中，他也遇到了一些对抗，但比起项羽的巨鹿之战的阻力，是弱很多的。

沛公引兵西，遇彭越昌邑，因与俱攻秦军，战不利。还至栗，遇刚武侯，夺其军，可四千余人，并之。与魏将皇欣、魏申徒武蒲之军并攻昌邑，昌邑未拔。西过高阳。郦食其为监门，曰："诸将过此者多，吾视沛公大人长者。"乃求见说沛公。沛公方踞床，使两女子洗足。郦生不拜，长揖，曰："足下必欲诛无道秦，不宜踞见长者。"于是沛公起，摄衣谢之，延上坐。

刘邦西击秦，战局有胜有败，但是他的军队在不断扩大，"遇刚武侯，夺其军，可四千余人，并之"，在栗地并入刚武侯（其人已不可考）军队四千人。之后攻打昌邑，没有成功。这时发生了件小事。郦食其（读作lì yì jī，人名有专门的读法），一个看守城门的人，觉得刘邦很独特，便去游说刘邦。留心史书，我们会发现，大概是阅人众多的缘故，古代看守城门的人大都看人比较厉害。就像《老子》这本书的产生，就是因为守关人尹喜看出了将要出关的老子的异相，而让他留步著书五千字；还有《魏公子列传》的侯生。郦食其在一旁进谏的时候，刘邦是什么状态呢？"沛公方踞床，使两女子洗足"，他很不正经地斜靠着，让两个女子为他洗脚。有本事的人来访，做不到倒履相迎，也应该恭敬待之，但刘邦的态度却非常傲慢。这便是刘邦的常态，之前在府衙当小吏时，他就已经是这样了，不论对谁都是"狎侮之"。但刘邦有个可取之处，当他意识到别人的厉害之处的时候，会一改常态，变得非常尊敬。对待郦食其，他就是这样的。郦食其不下拜，作揖对他说："如果您想灭掉残暴无道的秦国，你就不应该这样对待长者。"于是刘邦马上站起来，整理衣服跟郦食其道歉，并请他上座。这也是刘邦能够取得天下的重要原因，而相比之下，项羽就很少主动接受别人的建议。刘邦在分析自己为何能够获得天下的时候说，带兵打仗，自己比不上韩信，论谋略运算，自己比不上张良，但是自己善于采纳这些人才的建议，利用这些人才。所以在这一点上，刘邦是有自知之明的。

食其说沛公袭陈留，得秦积粟。乃以郦食其为广野君，郦商为将，将陈留兵，与偕攻开封，开封未拔。西与秦将杨熊战白马，又战曲遇东，大破之。杨熊走之荥阳，二世使使者斩以徇。南攻颍阳，屠之。因张良遂略韩地轘辕。

其后郦食其为刘邦献策，提议攻打陈留，因为陈留是秦国的粮食集中地。先前项羽同意和章邯结盟的原因就是粮少；而《三国演义》里，赤壁之战中曹操之所以选择先火烧乌巢，也是因为乌巢是袁绍的粮食集中地。由此，我们可以理解粮食在战争中的重要地位。刘邦采纳了郦食其的建议，并且封郦食其的弟弟郦商为将。值得注意的是，最后刘邦攻下颍阳，所谓的“宽大长者”，同样进行屠城。所以古代战争中如何处理战俘是个很大的问题。正是因为归顺的战俘有很大的不稳定因素，所以坑杀战俘在当时是很常见的。

当是时，赵别将司马卬方欲渡河入关，沛公乃北攻平阴，绝河津。南，战雒阳东，军不利，还至阳城，收军中马骑，与南阳守齮战犨东，破之。略南阳郡，南阳守齮走，保城守宛。沛公引兵过而西。张良谏曰：“沛公虽欲急入关，秦兵尚众，距险。今不下宛，宛从后击，强秦在前，此危道也。”于是沛公乃夜引兵从他道还，更旗帜，黎明，围宛城三匝。南阳守欲自刭。其舍人陈恢曰：“死未晚也。”乃逾城见沛公，曰：“臣闻足下约，先入咸阳者王之。今足下留守宛。宛，大郡之都也，连城数十，人民众，积蓄多，吏人自以为降必死，故皆坚守乘城。今足下尽日止攻，士死伤者必多；引兵去宛，宛必随足下后：足下前则失咸阳之约，后又有强宛之患。为足下计，莫若约降，封其守，因使止守，引其甲卒与之西。诸城未下者，闻声争开门而待，足下通行无所累。”沛公曰：“善。”乃以宛守为殷侯，封陈恢千户。引兵西，无不下者。至丹水，高武侯鳃、襄侯王陵降西陵。还攻胡阳，遇番君别将梅鋗，与皆，降析、郦。遣魏人甯昌使秦，使者未来。是时章邯已以军降项羽于赵矣。

从以上我们可以看到刘邦所率军队的战斗过程，战争胜败皆有。这时刘邦围攻宛城，久攻不下，于是刘邦想放过宛城，引兵西进。这时又有一个人给刘邦提建议。看到这里，我们要想一想：为什么这么多人给刘邦提建议，却很少有人给项羽提建议呢？张良认为应该先把宛城攻下。因为如果放着宛城先去攻打秦国，那么刘邦的军队一旦被前方的秦军、后方的宛军夹攻，那就会有危险。刘邦听取了张良的建议，围攻宛城。南阳太守吕齮想自杀，他的手下陈恢把他劝下，并出城去游说刘邦，让刘邦用招降而不是攻打的形式拿下宛城。这个招降的策略对刘邦帮助极大，使他得以加快进入咸阳的步伐。试想，项羽坑杀二十万秦国降兵，那么其他的秦军宁可拼死一战也不会投降项羽。而采用招降的策略，刘邦少了很多阻碍。

刘邦最后采纳了陈恢的建议。即使是敌人给的建议，只要合理，刘邦同样会采纳。而且刘邦还封吕齮为殷侯，封给陈恢千户。由于刘邦的宽厚政策，之后引兵向西，军民无不投降。而此时，另一战场上，章邯已经被项羽招降。

初，项羽与宋义北救赵，及项羽杀宋义，代为上将军，诸将黥布皆属，破秦将王离军，降章邯，诸侯皆附。及赵高已杀二世，使人来，欲约分王关中。沛公以为诈，乃用张良计，使郦生、陆贾往说秦将，啖以利，因袭攻武关，破之。又与秦军战于蓝田南，益张疑兵旗帜，诸所过毋得掠卤，秦人憙，秦军解，因大破之。又战其北，大破之。乘胜，遂破之。

这一段前面用了互见的手法，简要概括项羽在巨鹿打败章邯，诸侯归附一事。失去了主力军又面临刘邦军队压境的困局，赵高便杀了秦二世，派人去刘邦军队和他商量平分天下。当时的刘邦没有听从，而是采用张良的计策，派郦生、陆贾去游说秦国将领，答应投降的话就给予他们好处。于是刘邦攻破武关，仗打得非常顺利，一直打进咸阳。

汉元年十月，沛公兵遂先诸侯至霸上。秦王子婴素车白马，系颈以组，封皇帝玺符节，降轵道旁。诸将或言诛秦王。沛公曰："始怀王遣我，固以能宽容；且人已服降，又杀之，不祥。"乃以秦王属吏，遂西入咸阳。

接下来，秦王朝的继承者秦王子婴向刘邦投降。汉元年（公元前206年）十月，刘邦率军到了霸上，举行秦王子婴（一说子婴为秦始皇儿子，一说子婴为秦二世儿子，不可考）投降仪式，"素车白马，系颈以组，封皇帝玺符节，降轵道旁"。有人说应该把子婴杀了，但是刘邦说当时怀王派我来，就是因为我为人宽厚，而且人家都投降了，我们还杀他，这不好。这就和项羽的行为形成对比。这也是刘邦收买人心的第一招。之后刘邦把子婴交给了其他的官员，就向西进入咸阳。

欲止宫休舍，樊哙、张良谏，乃封秦重宝财物府库，还军霸上。召诸县父老豪桀曰："父老苦秦苛法久矣，诽谤者族，偶语者弃市。吾与诸侯约，先入关者王之，吾当王关中。与父老约，法三章耳：杀人者死，伤人及盗抵罪。余悉除去秦法。诸吏人皆案堵如故。凡吾所以来，为父老除害，非有所侵暴，无恐！且吾所以还军霸上，待诸侯至而定约束耳。”乃使人与秦吏行县乡邑，告谕之。秦人大喜，争持牛羊酒食献飨军士。沛公又让不受，曰：“仓粟多，非乏，不欲费人。”人又益喜，唯恐沛公不为秦王。

其实一开始刘邦是想住在宫殿里，但樊哙、张良劝阻了他。刘邦听从他们的意见，并把秦王朝的贵重宝物封存入库，然后回到霸上。这个策略很关键，影响到事件的走向。如果没有这个策略，后面鸿门宴上，刘邦也就没有了逃脱的借口。这件事在《高祖本纪》里只有简短的一句话，但其实这件事不简单，《留侯世家》有详细的描写：

沛公入秦宫，宫室帷帐狗马重宝妇女以千数，意欲留居之。樊哙谏沛公出舍。沛公不听。良曰：“夫秦为无道，故沛公得至此。夫为天下除残贼，宜缟素为资。今始入秦，即安其乐，此所谓‘助桀为虐’。且‘忠言逆耳利于行，毒药苦口利于病’，愿沛公听樊哙言。”沛公乃还军霸上。

留侯，即张良。当时，刘邦进入秦王宫，看到秦王宫的奢华场面，就想要留下来住。樊哙劝他出去住，但刘邦不听。这时张良才出来，跟他说了一番大道理，他才听从了。所以读《史记》，一定要把相关的内容联系起来，才能知道整件事情的来龙去脉。《留侯世家》里的描写才是正常状态下刘邦的反应。纵观刘邦的一生，他喜欢享乐、追求物欲，后面我们还会讲到这一点。虽然在某些情况下看不清局势、陷入欲望之中，但身边的人劝说，他就会听从，这方面刘邦做得很好。

另外，刘邦又与秦地人民约法三章："杀人者死，伤人及盗抵罪。余悉除去秦法。"（这也是成语"约法三章"的出处）这条简要明确的法令对秦地人意义重大，因为秦国法律过于苛刻，条目繁多。刘邦能以这样简洁的形式规范法律，为民着想，这是他成功得到民心的第二个原因。而且秦朝官吏职位一切如常，稳定了整个政治局面，这也是关键的一招。联想李自成在北京城失败，而清王朝入关却能成功掌控局势，原因就在此。李自成攻入北京后，不论政府官员还是人民百姓，一律进行杀掠，农民起义军占据一切，最后导致政权不能稳定；而清王朝入关，做出的举动和刘邦一样，"诸吏人皆案堵如故"，一旦你投降于我，你就可以保有你原来的官位，如此整个政权可以稳定过渡。刘邦的做法是很聪明的，他安慰秦国官民："我来这里就是为了帮你们推翻秦王朝的暴政，并不想要其他，你们不要害怕。"最后回霸上驻扎，等各路起义军到来。

乃使人与秦吏行县乡邑，告谕之。秦人大喜，争持牛、羊、酒食献飨军士。沛公又让不受，曰："仓粟多，非乏，不欲费人。"人又益喜，唯恐沛公不为秦王。

采用如此策略的刘邦自然赢得了秦地人民的支持。刘邦派人到各个县邑宣传自己的政策，秦地人民听到都很高兴，争相拿出吃的、喝的款待刘邦军队，刘邦谦让不肯接受。于是人民更加开心了，都担心刘邦不做秦王。通过这样的方式，刘邦实际上稳固地接管了咸阳城，这才让他有资本和项羽对抗。

四

楚汉相争

成功灭秦后，刘邦和项羽的外部矛盾解决，至此进入二人的内部矛盾——楚汉相争。这场战争持续了六年，是《高祖本纪》和《项羽本纪》中的重要内容。

（一）鸿门宴（《项羽本纪》）

行略定秦地。函谷关有兵守关，不得入。又闻沛公已破咸阳，项羽大怒，使当阳君等击关，项羽遂入，至于戏西。沛公军霸上，未得与项羽相见。沛公左司马曹无伤使人言于项羽曰："沛公欲王关中，使子婴为相，珍宝尽有之。"项羽大怒曰："旦日飨士卒，为击破沛公军！"当是时，项羽兵四十万，在新丰鸿门；沛公兵十万，在霸上。范增说项羽曰："沛公居山东时，贪于财货，好美姬。今入关，财物无所取，妇女无所幸，此其志不在小。吾令人望其气，皆为龙虎，成五采，此天子气也。急击勿失！"

楚左尹项伯者，项羽季父也，素善留侯张良。张良是时从沛公，项伯乃夜驰之沛公军，私见张良，具告以事，欲呼张良与俱去，曰："毋从俱死也。"张良曰："臣为韩王送沛公，沛公今事有急，亡去不义，不可不语。"

前面我们说过，刘邦进入咸阳后采取的一系列举措，使他赢得民心、民望，奠定了其获得统治权力的基础。现在项羽也到了秦地，看到函谷关有士兵把守，又听说刘邦已经拿下了咸阳，立刻警觉：刘邦这是想拥城自立。所以，“项羽大怒”（这是司马迁讲到项羽生气时常用的四个字，出现多次），派人出战，一路打到戏水西边。

刘邦驻扎在霸上，还没和项羽相见。这时刘邦的左司马曹无伤派人对项羽说：“刘邦想在关中称王，令子婴当丞相，把所有珍宝都占为己有了。”于是，项羽大怒，说：“旦日飨士卒，为击破沛公军！”（看《左传》就可以发现，讲这类话的人往往以失败告终）这就是项羽的第一反应，生气的时候就想着把对方一杀了之，就像之前他对宋义一样。

这时范增又加了把火。他说：“刘邦之前在崤山以东时，贪财爱色。现在进入咸阳城，既没要钱财，也不亲近美女，他的志向肯定不小。我让人看他那边的云气，呈现龙虎之状，发出五彩光芒，这是天子之气。赶快进攻他，不要错失良机！”

这时项伯出现（他是关键人物，曾三次救了刘邦，这是第一次）。楚国左尹项伯，是项羽的叔父，一向和张良交好。张良当时刚好在刘邦手下做事，项伯想救张良，于是趁着夜里偷偷跑到张良那，告诉他快点跑，不要和刘邦一起丢了性命。但是张良很讲义气，他说：“我替韩王（张良是韩国贵族）护送沛公，现在沛公有危急之事，我自己跑掉，这是背信弃义的事情，我必须要告诉沛公这件事。”

良乃入，具告沛公。沛公大惊，曰：“为之奈何？”张良曰：“谁为大王为此计者？”曰：“鲰生说我曰‘距关，毋内诸侯，秦地可尽王也’。故听之。”良曰：“料大王士卒足以当项王乎？”沛公默然，曰：“固不如也。且为之奈何？”张良曰：“请往谓项伯，言沛公不敢背项王也。”沛公曰：“君安与项伯有故？”张良曰：“秦时与臣游，项伯杀人，臣活之；今事有急，故幸来告良。”沛公曰：“孰与君少长？”良曰：“长于臣。”沛公曰：“君为我呼入，吾得兄事之。”

张良告诉刘邦后，刘邦大惊，问张良应该怎么办。换成项羽，他是不会问出这种问题的。张良反问刘邦：“谁让您派兵驻守函谷关的呢？”刘邦回答：“有个臭小子跟我说，守住函谷关，不要让诸侯进来（‘内’即纳，接纳），我就可以在秦地称王。所以我就听了。”张良问：“您觉得您的军队能够抵挡项羽吗？”此时，“沛公默然”，然后说，当然不行。于是张良帮刘邦想了个办法，游说项伯，通过项伯向项羽表明自己不会称王。

这时刘邦的聪明与警觉又一次表现出来。他问张良为何与项伯有联系。张良解释说，先前项伯杀了人，自己曾救过他，因此现在项伯来报答自己。刘邦打消了疑虑，又很细心地问了一个关键问题：“你和项伯，哪一个比较年长？”张良回答：“他年纪比我大。”刘邦于是才说：“你帮我把他叫进来，我要像对待兄长一样对待他。”刘邦拉拢人心的能力由此可见一斑。

张良出，要项伯。项伯即入见沛公。沛公奉卮酒为寿，约为婚姻，曰：“吾入关，秋毫不敢有所近，籍吏民，封府库，而待将军。所以遣将守关者，备他盗之出入与非常也。日夜望将军至，岂敢反乎！愿伯具言臣之不敢倍德也。”项伯许诺，谓沛公曰：“旦日不可不蚤自来谢项王。”沛公曰：“诺。”于是项伯复夜去，至军中，具以沛公言报项王。因言曰：“沛公不先破关中，公岂敢入乎？今人有大功而击之，不义也。不如因善遇之。”项王许诺。

张良于是出来，邀请项伯进去。项伯进去后，刘邦敬酒祝寿，并和项伯约定结为儿女亲家，又跟项伯解释自己进到咸阳，什么东西也不敢动，就是为了等项羽来。他让项伯回去跟项羽交代，自己是不可能背叛他的。

项伯答应了，还给刘邦提了个建议，让他第二天早早去向项羽请罪。只要项羽怒气消了，刘邦性命就可以保全。项伯连夜赶回军营，把刘邦的话告诉了项羽。试想：如果我们是项羽，此时会怎么做？我们的第一反应会是，转身就把自己营里的计划透漏给敌方，这是奸细所为，应该拉出去砍了。但是项羽却答应了项伯，要跟刘邦好好相处。至此，其实项羽已经打消了杀刘邦的念头。

沛公旦日从百余骑来见项王，至鸿门，谢曰："臣与将军戮力而攻秦，将军战河北，臣战河南，然不自意能先入关破秦，得复见将军于此。今者有小人之言，令将军与臣有郤。"项王曰："此沛公左司马曹无伤言之。不然，籍何以至此？"项王即日因留沛公与饮。项王、项伯东向坐；亚父南向坐，——亚父者，范增也；沛公北向坐；张良西向侍。范增数目项王，举所佩玉玦以示之者三，项王默然不应。

第二天早上，刘邦带了一百多人来见项羽，他跟项羽解释了一番。一见面，项羽就说了一句糟糕的话，暴露了自己安插的间谍："这是您那边的左司马曹无伤说的，不然，我怎么会这么做。"有人通风报信给你，你却将他暴露给敌人，这句看似无心的话，实则很致命。刘邦从鸿门宴上回到自己的营帐，做的第一件事情，就是立马诛杀曹无伤。可怜的曹无伤，想向项羽邀功不成，反丢了性命。

误会消除，于是项羽把刘邦留下来一起喝酒，以下就是精彩的"鸿门宴"情节。司马迁在写到此类宴会场景时，很注意座次方位，条理清晰。此处"项王、项伯东向坐，亚父南向坐，——亚父者，范增也；沛公北向坐；张良西向侍”，之后樊哙闯进来，站在张良旁边，所以司马迁记录的是樊哙“西向立”。座次方位之间的联系是密切相关、前后照应的。另外，这也涉及古代尊位问题，东向是秦汉时的尊位。喝酒时，范增数次用眼神示意项羽，举起玉玦提醒项羽要下定决心杀刘邦，但是“项王默然不应”。项羽可能领会了范增的意思，但没有采取相应的行动。

范增起，出，召项庄，谓曰：“君王为人不忍。若入前为寿，寿毕，请以剑舞，因击沛公于坐，杀之。不者，若属皆且为所虏！”庄则入为寿。寿毕，曰：“君王与沛公饮，军中无以为乐，请以剑舞。”项王曰：“诺。”项庄拔剑起舞。项伯亦拔剑起舞，常以身翼蔽沛公，庄不得击。

于是张良至军门见樊哙。樊哙曰：“今日之事何如？”良曰：“甚急！今者项庄拔剑舞，其意常在沛公也。”哙曰：“此迫矣！臣请入，与之同命。”

于是范增坐不住了，出去叫项庄，指出项羽“为人不忍”。这也是人的悖论之处，项羽可以坑杀二十万降兵，可以屠城，但是面对这样的事情却不忍心，所以范增认为这是妇人之仁，该下定决心的时候却犹豫迟疑。范增让项庄以敬酒祝寿为借口，假装舞剑，趁机刺杀刘邦。这也是成语“项庄舞剑，意在沛公”的出处。但是在项庄实施计划、舞着剑想要刺杀刘邦时，项伯却在一旁护住刘邦，项庄因此没有成功。

舞剑场面气氛非常紧张，于是接下来另一个人出现，平衡了两方势力。张良出去见樊哙，跟他说了现场形势。樊哙立马表示自己要进去和刘邦共生死。这一段司马迁用到很多短句，将当时的紧张气氛突显出来。

哙即带剑拥盾入军门。交戟之卫士欲止不内。樊哙侧其盾以撞，卫士仆地。哙遂入，披帷西向立，瞋目视项王，头发上指，目眦尽裂。项王按剑而跽曰："客何为者？"张良曰："沛公之参乘樊哙者也。"项王曰："壮士！——赐之卮酒。"则与斗卮酒。哙拜谢，起，立而饮之。项王曰："赐之彘肩。"则与一生彘肩。樊哙覆其盾于地，加彘肩上，拔剑切而啖之。项王曰："壮士，能复饮乎？"樊哙曰："臣死且不避，卮酒安足辞！夫秦王有虎狼之心，杀人如不能举，刑人如恐不胜，天下皆叛之。怀王与诸将约曰：'先破秦入咸阳者王之。'今沛公先破秦入咸阳，毫毛不敢有所近，封闭宫室，还军霸上，以待大王来。故遣将守关者，备他盗出入与非常也。劳苦而功高如此，未有封侯之赏，而听细说，欲诛有功之人，此亡秦之续耳。窃为大王不取也！"项王未有以应，曰："坐。"樊哙从良坐。坐须臾，沛公起如厕，因招樊哙出。

武士樊哙带着利剑拥着盾牌就往军门里闯，门口交相持戟的守卫想挡住他，但是"樊哙侧其盾以撞，卫士仆地。哙遂入，披帷西向立"。樊哙进去后，睁大眼睛瞪着项羽，头发向上竖起，眼角都快裂开，极为愤怒。酒宴气氛更为紧张，项羽自然做出防卫的姿势，手握宝剑，挺直身体（古人坐姿一般为跪坐式，即臀部坐在脚跟上），问这是谁。张良回答："这是沛公的参乘（车夫）樊哙。"

原本一个人贸贸然闯进宴会里，是不符合礼节的，但是同为"赳赳武士"的项羽惺惺相惜，非但不怪罪，还以"壮士"称呼，并赐酒和肉给樊哙。樊哙吃完肉，项羽又问他："壮士，能再喝点酒吗？"樊哙借此回应："我死都不怕，一杯酒算什么！之前秦国残暴无道，天下纷纷起义。怀王和大家约定，先进入秦地的人可以称王。现在沛公先破秦入关，但是却不敢称王，等着你来。功劳如此之大的人，你不封赏，却听信小人谗言想要杀他，这和秦国的做法没有区别。”如此逻辑清晰、论证严密、丝丝入扣的话，不像武士樊哙所说，应是谋士张良的安排。以此观之，整个鸿门宴，实际上是在张良这样的谋士的严密安排下进行的。

项羽理屈词穷，没有话回应，只是让樊哙坐下。樊哙在张良旁边坐下。过了一会儿，刘邦出去上厕所，趁机带着樊哙出去。

沛公已出，项王使都尉陈平召沛公。沛公曰："今者出，未辞也，为之奈何？"樊哙曰："大行不顾细谨，大礼不辞小让。如今人方为刀俎，我为鱼肉，何辞为？"于是遂去。乃令张良留谢。良问曰："大王来何操？"曰："我持白璧一双，欲献项王，玉斗一双，欲与亚父。会其怒，不敢献。公为我献之。"张良曰："谨诺。"当是时，项王军在鸿门下，沛公军在霸上，相去四十里。沛公则置车骑，脱身独骑，与樊哙、夏侯婴、靳强、纪信等四人持剑盾步走，从郦山下，道芷阳间行。沛公谓张良曰："从此道至吾军，不过二十里耳。度我至军中，公乃入。"

沛公已去，间至军中。张良入谢，曰："沛公不胜杯杓，不能辞。谨使臣良奉白璧一双，再拜献大王足下；玉斗一双，再拜奉大将军足下。"

项王曰："沛公安在？"良曰："闻大王有意督过之，脱身独去，已至军矣。"项王则受璧，置之坐上。亚父受玉斗，置之地，拔剑撞而破之，曰："唉！竖子不足与谋！夺项王天下者必沛公也。吾属今为之虏矣！"

沛公至军，立诛杀曹无伤。

刘邦出去后，项羽让都尉陈平（文官陈平、武将韩信都曾是项羽的手下，后来都转投刘邦）去叫刘邦。刘邦说："现在出来，还没有辞别，要怎么办呢？"此时樊哙又说了一段很不像出自他口中的话："大行不顾细谨，大礼不辞小让。如今人方为刀俎，我为鱼肉，何辞为？"于是刘邦决定离开，留下张良跟项羽交代，并嘱托他把自己带来的礼物献给项羽。

刘邦怕事情有变，为了尽快回到自己阵营，于是走了小路。保险起见，回去之前他还交代张良，说自己回去的这条路大概二十里，让张良在自己差不多到的时候再进去告诉项羽。这样即使项羽反悔，想追回刘邦，那也来不及了。看到这，我们就可以发现，鸿门宴里，不论是提前准备礼物，还是计划逃跑，刘邦的每一步都安排得很好。

张良进到营帐，对项羽说："沛公不胜酒力，因此先回去了。他让我把这些礼物献给您和大将军。"而项羽和范增接受刘邦礼物时的反应也大相径庭。项羽问张良，刘邦在哪里。张良说："听说您有意责备他，他已经脱身离开，现在已经回到军营了。"项羽没办法，于是接过礼物，放在座位上。范增接过玉斗，扔在地上，拔出剑来击破它，叹了口气，说："你们这些小子，不值得我和你们谋大事。夺得项王天下的，一定是沛公。我们这些人注定成为他的俘虏。"这就是鸿门宴的过程。对刘邦来说，他躲过了一劫，也动摇了项羽最重要的谋士范增。

刘邦回到军营，立刻诛杀了曹无伤。对比项羽，刘邦更有成大事的魄力。

（二）项羽封王（《项羽本纪》）

鸿门宴后，刘邦消沉，项羽大权在握，于是做了件大事——封王。但处理不当，留下很多隐患。

居数日，项羽引兵西屠咸阳，杀秦降王子婴，烧秦宫室，火三月不灭；收其货宝妇女而东。人或说项王曰："关中阻山河四塞，地肥饶，可都以霸。"项王见秦宫皆以烧残破，又心怀思欲东归，曰："富贵不归故乡，如衣绣夜行，谁知之者！"说者曰："人言楚人沐猴而冠耳，果然。"项王闻之，烹说者。

前面我们说过，刘邦入关后，放过了秦王子婴，也善待百姓，但项羽的做法却与之相反。鸿门宴的后几天，项羽引兵入咸阳，屠城，杀子婴，烧秦王宫（据说烧的就是杜牧《阿房宫赋》所写的阿房宫），将秦地的珍宝、妇女尽收东归。注意此处的"东"，这个方位对项羽很不利，向东是项羽失败的开始。

之前我们说很少有人会给项羽提建议，以下这个故事或许正说明了个中缘由。此时有人游说项羽："咸阳易守难攻，土地又肥沃，可以在这里称霸。"项羽可能本来是有心听从的，但是想到自己已经烧了秦王宫殿，又思乡心切，于是他说："一个人发达之后，如果不回家乡，就像穿着锦绣衣裳在夜里行走，谁能看到呢？"衣锦还乡是我国百姓的普遍心理，就像今天的人发达了要买个豪车开回乡下。游说者听到后，讥讽项羽道："人家说楚人就像是猴子戴了帽子（猴子戴了帽子假装是人，但实际上还是猴子），成不了大事，果然是这样。"项羽听说后，把游说者扔锅里煮了。

项王使人致命怀王。怀王曰："如约。"乃尊怀王为义帝。项王欲自王，先王诸将相。谓曰："天下初发难时，假立诸侯后以伐秦。然身被坚执锐首事，暴露于野三年，灭秦定天下者，皆将相诸君与籍之力也。义帝虽无功，故当分其地而王之。"诸将皆曰："善！"乃分天下，立诸将为侯王。

项羽派人对自己所拥立的楚怀王报告情况，怀王只回复了两个字："如约。"让他像原来约定的那样做——先入关者王之。先入关的是刘邦，怀王的说法等于不承认项羽，所以项羽想除掉怀王。项羽想要自立为王，他走了很聪明的一步，先论功行赏，给自己的手下封侯，这样他们才会支持他。项羽说，我们现在之所以能取得成功，是因为我们在战场上浴血奋战、出生入死，和怀王没什么关系，就让他当个地方诸侯吧。但我们知道，后面项羽暗地里杀了怀王。

项王、范增疑沛公之有天下，业已讲解，又恶负约，恐诸侯叛之，乃阴谋曰："巴、蜀道险，秦之迁人皆居蜀。"乃曰："巴、蜀亦关中地也。"故立沛公为汉王，王巴、蜀、汉中，都南郑。而三分关中，王秦降将以距塞汉王。项王乃立章邯为雍王，王咸阳以西，都废丘。长史欣者，故为栎阳狱掾，尝有德于项梁；都尉董翳者，本劝章邯降楚。故立司马欣为塞王，王咸阳以东至河，都栎阳；立董翳为翟王，王上郡，都高奴。徙魏王豹为西魏王，王河东，都平阳。

项羽给很多人封了侯，重要的有几位：封刘邦为汉王，统治巴蜀之地（巴蜀是很偏僻的地方，秦代被贬的人经常就是被贬到巴蜀，例如吕不韦。《高祖本纪》所称汉元年，就是指刘邦被封汉王这一年）。封巨鹿之战中投降的秦国将领章邯为雍王，封司马欣为塞王，封董翳为翟王。这三个人所封的地方刚好是原来秦国的地盘，这三个地方又刚好围住汉中，也就是说，项羽是想要他们看住刘邦。但是这三个人因为巨鹿之战，被秦地人民敌视，他们是没有能力统治秦地的。

司马迁也特意讲道："长史欣者，故为栎阳狱掾，尝有德于项梁。"之前项梁在栎阳被捕，是司马欣替项梁开脱。后面司马迁又一次提到这件事。司马迁一再提到司马欣与项氏的渊源，其实就是想告诉我们：成事者，往往也是败事者。项氏家族取得天下，跟早前司马欣的救助有关系，但是他们最后走向失败，和司马欣同样有密切联系。

当阳君黥布为楚将，常冠军，故立布为九江王，都六。鄱君吴芮率百越佐诸侯，又从入关，故立芮为衡山王，都邾。义帝柱国共敖将兵击南郡，功多，因立敖为临江王，都江陵。徙燕王韩广为辽东王。燕将臧荼从楚救赵，因从入关，故立荼为燕王，都蓟。徙齐王田市为胶东王。齐将田都从共救赵，因从入关，故立都为齐王，都临菑。故秦所灭齐王建孙田安，项羽方渡河救赵，田安下济北数城，引其兵降项羽，故立安为济北王，都博阳。

封田荣为齐王也是很重要的一环。由于齐国实力强大，项羽有所顾忌，想了个策略，把齐国分为三块，分封三个王：胶东王、齐王、济北王。但是齐国一直不归服，最后田荣灭掉其他二王，合并三地，成为第一股反叛项羽的力量。

（三）被封汉王（《高祖本纪》）

四月，兵罢戏下，诸侯各就国。汉王之国，项王使卒三万人从，楚与诸侯之慕从者数万人，从杜南入蚀中。去辄烧绝栈道，以备诸侯盗兵袭之，亦示项羽无东意。至南郑，诸将及士卒多道亡归，士卒皆歌思东归。韩信说汉王曰："项羽王诸将之有功者，而王独居南郑，是迁也。军吏士卒皆山东之人也，日夜跂而望归，及其锋而用之，可以有大功。天下已定，人皆自宁，不可复用。不如决策东乡，争权天下。"

刘邦被封为汉王，要去封地巴蜀，项羽给了他三万士卒，又有楚国与其他诸侯军中仰慕刘邦的一万多人，跟着他去巴蜀。读李白《蜀道难》，我们就知道，通往蜀地的道路很险要，一夫当关，万夫莫开。刘邦一路将通行蜀地的栈道烧毁，以此来防备其他军队袭击，并向项羽表示自己不会有同他争天下的想法。但实际上这是在迷惑项羽，不让他觉察自己的野心。稍作分析，刘邦与项羽争天下，不单是为了自己，也是因为现实因素——他的士兵的要求。刘邦与项羽同为江浙人，同样起义成功，但项羽的部队风风光光回到故乡，而刘邦的部队却沦落到偏僻荒凉之地。到了南郑，刘邦部队的士兵纷纷逃跑回家，毕竟打了胜仗却得不着好，士兵们表达想要东归回家的愿望。这样，刘邦就获得了能够与项羽争天下的兵力基础。项羽带着部队回到故里，士兵斗志消沉，反而失去了作战优势。

在这种情况下，韩信趁机游说刘邦："项羽表面上是给你封地，但实际上这是贬谪。我们军队中的士兵日夜盼望着回到故乡，气势强盛，你若能够利用这样的力量，绝对能够成功。如果等天下安定，到时每个人都安居乐业，你再想来争天下就很难了。"将项羽与刘邦相比较，项羽的情况就是"天下已定，人皆自宁，不可复用"，而刘邦的则是"及其锋而用之，可以有大功"，所以韩信建议刘邦尽早向东进攻，争夺天下。刘邦听从了韩信的建议。

项羽出关，使人徙义帝。曰："古之帝者地方千里，必居上游。"乃使使徙义帝长沙郴县，趣义帝行，群臣稍倍叛之，乃阴令衡山王、临江王击之，杀义帝江南。项羽怨田荣，立齐将田都为齐王。田荣怒，因自立为齐王，杀田都而反楚；予彭越将军印，令反梁地。楚令萧公角击彭越，彭越大破之。陈馀怨项羽之弗王己也，令夏说说田荣，请兵击张耳。齐予陈馀兵，击破常山王张耳，张耳亡归汉。迎赵王歇于代，复立为赵王。赵王因立陈馀为代王。项羽大怒，北击齐。

这时天下形势又给刘邦起事争权制造了机会：一是项羽杀了楚怀王，失信于天下；二是齐国田荣叛乱，又联合陈馀、张耳等人一起反抗项羽。此时，“项羽大怒”（第三次出现），出兵平定叛乱，注意力转移，忽视了刘邦势力。

（四）田荣反项（《项羽本纪》）

田荣者，数负项梁，又不肯将兵从楚击秦，以故不封。成安君陈馀弃将印去，不从入关，然素闻其贤，有功于赵，闻其在南皮，故因环封三县。番君将梅鋗功多，故封十万户侯。项王自立为西楚霸王，王九郡，都彭城。

田荣反项是楚汉战争里极为关键的一环。前面我们也说过，田荣一直是反对项羽的。正是田荣率军起义反抗项羽，为刘邦起义创造了机会。这方面的内容在《项羽本纪》有详细记述，此处不作细讲。

（五）项刘之争（《项羽本纪》）

春，汉王部五诸侯兵，凡五十六万人，东伐楚。项王闻之，即令诸将击齐，而自以精兵三万人南从鲁出胡陵。四月，汉皆已入彭城，收其货宝美人，日置酒高会。项王乃西从萧，晨击汉军而东，至彭城，日中，大破汉军。汉军皆走，相随入谷、泗水，杀汉卒十余万人。汉卒皆南走山，楚又追击至灵壁东睢水上。汉军却，为楚所挤，多杀，汉卒十余万人皆入睢水，睢水为之不流。围汉王三匝。

刘邦靠着以上所讲的机会，开始起兵与项羽争夺天下。前面我们说，刘邦此时占据了两个有利条件，但其实作战实力方面，项羽更具优势——他率领的是精锐部队，而刘邦的部队虽人多，但是松散混乱。当时，刘邦率领和他一起起义的五支起义军，一共五十六万人，向东攻打楚国。项羽听说后，让其他将领接管齐国战场，自己带着三万精兵迎战刘邦。四月初，刘邦的军队进入彭城，没有人约束的刘邦尽收财宝美女，每天置办酒席宴饮。而项羽率军到达彭城，以三万人打败刘邦五十六万人的军队。汉军败逃。楚军追击，连杀汉军二十余万人，死亡的汉军落入睢水，睢水为之不流。最后楚军团团围住刘邦。

于是大风从西北而起，折木发屋，扬沙石，窈冥昼晦，逢迎楚军。楚军大乱，坏散，而汉王乃得与数十骑遁去，欲过沛，收家室而西；楚亦使人追之沛，取汉王家：家皆亡，不与汉王相见。汉王道逢得孝惠、鲁元，乃载行。楚骑追汉王，汉王急，推堕孝惠、鲁元车下，滕公常下收载之。如是者三。曰："虽急不可以驱，奈何弃之？"于是遂得脱。求太公、吕后不相遇。审食其从太公、吕后间行，求汉王，反遇楚军。楚军遂与归，报项王，项王常置军中。

在上述的困局中，本来刘邦应该是无力回天的，但神异事件发生了：突然刮起大风，树木、屋顶都被毁坏，沙石飞扬，白昼晦暗，大风直吹楚军，楚军溃散，于是刘邦得以逃脱。他经过沛县，想带上家人一起走，但是楚军已经派人追到沛县，带走了刘邦的家人。刘邦的父亲、妻子因此被监禁在项羽处两年，直到"鸿沟结盟"，项羽才把刘太公、吕雉送还刘邦。吕后的经历是很坎坷的，年轻的时候丈夫在外流亡，自己总是担心他被杀，之后又被绑架了两年，所以她在执权后表现出的狠劲，包括把刘邦宠妃戚夫人做成“人彘”，都是有原因的。

刘邦在路上遇到了自己的女儿、儿子，于是载上他们一起走。这时楚军又来追杀刘邦，刘邦很着急，担心载的人多了，车跑不快，就把自己的女儿和儿子推下车，想要自己逃。刘邦的手下滕公看不下去了，又把他的一对儿女抱上车，但是刘邦又把他们推下去。这样重复了几次，滕公就对刘邦说：“即使情况紧急，马不能跑得更快，但怎么可以弃自己的儿女不顾呢？”这样刘邦才让自己的孩子待在车上。之后他又去找自己的父亲和妻子，但是没找到。至此，他才知道太公和吕雉被困在项羽军中。但实际上，这样的人质对刘邦根本没什么用。后来两军对战，项羽威胁刘邦，如果还不投降，就要把他的父亲煮了。刘邦回应，那你就煮吧，到时记得分我一杯羹。

是时吕后兄周吕侯为汉将兵居下邑，汉王间往从之，稍稍收其士卒。至荥阳，诸败军皆会，萧何亦发关中老弱未傅悉诣荥阳，复大振。楚起于彭城，常乘胜逐北，与汉战荥阳南京、索间，汉败楚，楚以故不能过荥阳而西。

项王之救彭城，追汉王至荥阳，田横亦得收齐，立田荣子广为齐王。汉王之败彭城，诸侯皆复与楚而背汉。汉军荥阳，筑甬道属之河，以取敖仓粟。

打了败仗的刘邦，靠着吕雉的哥哥所保存的兵力，以及萧何从关中聚集的由年老力弱之兵组成的军队，暂时维持着局势。当时刘邦一打了败仗，所有诸侯就像墙头草一样投靠项羽。这是项羽的绝佳机会，但是他并没有把握住。

汉之三年，项王数侵夺汉甬道，汉王食乏，恐，请和，割荥阳以西为汉。项王欲听之。历阳侯范增曰："汉易与耳，今释弗取，后必悔之。"项王乃与范增急围荥阳。汉王患之，乃用陈平计间项王。项王使者来，为太牢具，举欲进之。见使者，详惊愕曰："吾以为亚父使者，乃反项王使者。"更持去，以恶食食项王使者。使者归报项王，项王乃疑范增与汉有私，稍夺之权。范增大怒，曰："天下事大定矣，君王自为之。愿赐骸骨归卒伍。"项王许之。行未至彭城，疽发背而死。

刘邦为了立足，便想和项羽讲和。汉三年（公元前204年），项羽多次侵夺刘邦运送粮食的通道。刘邦军队粮食匮乏，于是刘邦向项羽请和，想约定划分地盘。这时项羽最重要的谋士范增告诫项羽一定不能和刘邦讲和。范增给项羽提过两次重要的意见，一是鸿门宴上让项羽杀了刘邦，另一个就是这一次。刘邦知道，只要有范增，讲和的事情一定失败，所以他决定采用陈平所提的反间计除掉范增。项羽的使者到了刘邦阵营后，刘邦置办了非常丰盛的筵席，见到他之后又故意说："我还以为你是范增派来的，没想到是项王的使者。"之后就撤了酒席，拿粗劣的饭食给使者吃。这样就成功离间了项羽和范增的关系，项羽开始怀疑范增和刘邦有私情。我们知道，刚开始跟着二十几岁的项羽起义时，范增已经七十岁，照理七十岁的老人家应该很稳重，但是范增身上始终有一股侠气，他知道项羽的想法后非常生气，毅然离开。最后还没到彭城，就因为毒疮发作而死，项羽至此失去了最为重要的谋士。范增对项羽的意义，就等同于张良之于刘邦。如果没有张良，刘邦也就不会有后面的成就。

汉将纪信说汉王曰："事已急矣，请为王诳楚为王，王可以间出。"于是汉王夜出女子荥阳东门被甲二千人，楚兵四面击之。纪信乘黄屋车，傅左纛，曰："城中食尽，汉王降。"楚军皆呼万岁。汉王亦与数十骑从城西门出，走成皋。项王见纪信，问："汉王安在？"曰："汉王已出矣。"项王烧杀纪信。

汉王使御史大夫周苛、枞公、魏豹守荥阳。周苛、枞公谋曰："反国之王，难与守城。"乃共杀魏豹。楚下荥阳城，生得周苛。项王谓周苛曰："为我将，我以公为上将军，封三万户。"周苛骂曰："若不趣降汉，汉今虏若，若非汉敌也。"项王怒，烹周苛，并杀枞公。

汉王之出荥阳，南走宛、叶，得九江王布，行收兵，复入保成皋。

刘邦的成功，也有赖于许多将领牺牲自己以保全他的性命。刘邦逃亡，楚兵从四面包围。危急时刻，纪信挺身而出，假装刘邦引开楚军，使刘邦得以脱险，而纪信最后被项羽活活烧死；还有周苛、枞公、魏豹等人，其中周苛甚至被项羽煮成羹。同时，刘邦也成功吸引到项羽阵营的许多贤能之人前来归顺，如九江王黥布。

汉之四年，项王进兵围成皋。汉王逃，独与滕公出成皋北门，渡河走修武，从张耳、韩信军。诸将稍稍得出成皋，从汉王。楚遂拔成皋，欲西。汉使兵距之巩，令其不得西。

是时，彭越渡河击楚东阿，杀楚将军薛公。项王乃自东击彭越。汉王得淮阴侯兵，欲渡河南。郑忠说汉王，乃止壁河内。使刘贾将兵佐彭越，烧楚积聚。项王东击破之，走彭越。汉王则引兵渡河，复取成皋，军广武，就敖仓食。项王已定东海来，西，与汉俱临广武而军，相守数月。

当此时，彭越数反梁地，绝楚粮食，项王患之。为高俎，置太公其上，告汉王曰："今不急下，吾烹太公。"汉王曰："吾与项羽俱北面受命怀王，曰'约为兄弟'，吾翁即若翁，必欲烹而翁，则幸分我一杯羹。"项王怒，欲杀之。项伯曰："天下事未可知，且为天下者不顾家，虽杀之无益，只益祸耳。"项王从之。

刘邦实力增长，而且获得了重要的力量支持。一是张耳、韩信所率军队，我们知道，韩信是刘邦争天下过程中不可缺少的一员大将。二是彭越，他是刘邦能够和项羽对峙的重要筹码。

《史记》往往会在大事件后跟着讲一个小故事，这里也是如此。当时，彭越断绝了楚军的粮食，项羽深以为患，于是想了个计策，把之前所俘虏的刘太公（刘邦父亲）放到高台上，威胁刘邦说，再不投降，就要把他父亲煮了。但这个威胁对刘邦丝毫不起作用，他说："当时我和你约定结为兄弟，我的父亲就是你的父亲。如果你要烹煮你的父亲，别忘了也分我一碗。"虽然刘邦的做法应该是一种策略，但联系前面逃亡时刘邦是如何对待自己孩子的，他这样说，我们也不奇怪。另外，项羽不杀太公，也是由于项伯。鸿门宴上项伯曾救过刘邦，这是他第二次帮助刘邦。他对项羽说："天下的事情还不知道会怎样，而且干大事的人往往是不顾虑家里人的，就算杀了太公，也于事无补。"于是项羽没有杀刘太公。

楚汉久相持未决，丁壮苦军旅，老弱罢转漕。项王谓汉王曰："天下匈匈数岁者，徒以吾两人耳，愿与汉王挑战，决雌雄，毋徒苦天下之民父子为也。"汉王笑谢曰："吾宁斗智，不能斗力。"项王令壮士出挑战。汉有善骑射者楼烦，楚挑战三合，楼烦辄射杀之。项王大怒，乃自被甲持戟挑战。楼烦欲射之，项王瞋目叱之，楼烦目不敢视，手不敢发，遂走还入壁，不敢复出。汉王使人间问之，乃项王也。汉王大惊。于是项王乃即汉王相与临广武间而语。汉王数之，项王怒，欲一战。汉王不听，项王伏弩射中汉王。汉王伤，走入成皋。

接下来一个小故事又一次说明项羽和刘邦性情差异之大。楚汉对峙多时，两方士兵皆深受其苦。于是项羽对刘邦说："天下多年混战，都只是因为我们两个人。不如我们两个人进行决斗，赢者得天下。"以单打独斗来一决胜负的方式，常在戏曲表演中出现，项羽的解决方法太过儿戏，毕竟这个问题不是他和刘邦两人之间的，而是关乎整个天下。刘邦的武力是斗不过项羽的，他表示自己宁可斗智，也不斗力。

下面一个小场景表现出项羽的勇猛、英雄气概。刘邦派了擅长射箭的将士楼烦应战，赢了楚军三个回合。于是，"项王大怒，乃自被甲持戟挑战"，项羽自己出马。楼烦想要射杀项羽，项羽"瞋目叱之"，"楼烦目不敢视，手不敢发，遂走还入壁，不敢复出"。没开打，之前连胜项羽手下三场的楼烦，就这样被项羽吓得跑回阵营，再也不敢出来。项羽的勇猛由此凸显。项羽不怒自威的西楚霸王形象在《项羽本纪》中尚有诸多细节描写，此处司马迁也主要用到了短句增强气势的手法。

后来在对峙过程中，项羽射了刘邦一箭。这个场景描写在《项羽本纪》中较为简略，借助《高祖本纪》，我们就知道，项羽那一箭射中了刘邦的胸膛，而刘邦却假装说箭是射中他的脚趾。我们可以看到，《史记》在不同的人物传记里写同一件事，是有不同的侧重点的。

项王闻淮阴侯已举河北，破齐、赵，且欲击楚，乃使龙且往击之。淮阴侯与战，骑将灌婴击之，大破楚军，杀龙且。韩信因自立为齐王。项王闻龙且军破，则恐，使盱台人武涉往说淮阴侯。淮阴侯弗听。是时，彭越复反，下梁地，绝楚粮。项王乃谓海春侯大司马曹咎等曰："谨守成皋，则汉欲挑战，慎勿与战，毋令得东而已。我十五日必诛彭越，定梁地，复从将军。"乃东，行击陈留、外黄。

从前面的形势来看，项羽还是掌握作战主导权的一方，但此时又出了新状况。一是韩信问题。淮阴侯韩信连攻多地，甚至拿下齐国，解决了之前项羽一直解决不了的问题。于是韩信居功，自立为齐王。这件事在《项羽本纪》中很简略，只说到后来项羽听到龙且的军队被打败后，派人去游说韩信，但被韩信拒绝。为何韩信会拒绝？《项羽本纪》中没有详细说明，但通过《高祖本纪》，我们就可以知道整件事情的前因后果。韩信自立为齐王的消息传到刘邦耳中，他很生气，但是在张良的劝说下，他下令正式封韩信为齐王。刘邦做出的这个决策很重要，如果刘邦这时在怒气之下不对韩信进行册封，那么后面项羽派人游说韩信投靠他时，韩信未必会拒绝，楚汉战争的结局可能也会被改写。另外，立场不坚定、墙头草般的彭越又一次背弃项羽。项羽和刘邦的势力在这时再一次形成一种平衡的局面。

对比在战争中主要负责调兵遣将的刘邦，项羽是比较辛苦的，他总是要亲自带领部队去征讨各处反抗势力。这次，他将要带兵攻打外黄。出征前，他嘱托曹咎（项梁在栎阳被逮捕时，曹咎写信给司马欣让他救项梁，即他对项羽有恩）等人，让他坚守城池，不要和汉军交战。

外黄不下。数日，已降，项王怒，悉令男子年十五已上诣城东，欲坑之。外黄令舍人儿年十三，往说项王曰："彭越强劫外黄，外黄恐，故且降，待大王。大王至，又皆坑之，百姓岂有归心？从此以东，梁地十余城皆恐，莫肯下矣。"项王然其言，乃赦外黄当坑者。东至睢阳，闻之皆争下项王。

汉果数挑楚军战，楚军不出。使人辱之，五六日，大司马怒，渡兵汜水。士卒半渡，汉击之，大破楚军，尽得楚国货赂。大司马咎、长史翳、塞王欣皆自到汜水上。大司马咎者，故蕲狱掾，长史欣亦故栎阳狱吏，两人尝有德于项梁，是以项王信任之。当是时，项王在睢阳，闻海春侯军败，则引兵还。汉军方围钟离眛于荥阳东，项王至，汉军畏楚，尽走险阻。

开始时外黄久攻不下，后来终于攻下后，项羽很生气，又想要坑杀城中男子。这时，外黄县县令手下的儿子，才十五岁，就去游说项羽。项羽难得听取了他人的建议，没有坑杀外黄百姓。消息传到别的地方，各地人民纷纷投降项羽。

本来形势一片大好，但是战场后方又出现了问题。曹咎被项羽安排留下来守城，刘邦数次挑战，最后大司马曹咎忍不住带兵想渡过汜水应战，但是渡到一半时，汉军趁机进攻，打败了楚军，掳走了他们的财物。汜水之战是项羽和刘邦争天下的重要转折点，之后，项羽的形势急转直下，失去了战争主导权。

汜水战后，曹咎、董翳、司马欣自杀。司马迁特意点到，曹咎、司马欣先前对项梁有恩，所以项羽很信任他们。这两个人一再被提起——从在项羽小时候他们救了项梁，到项羽分封诸侯时他们被委以重任，再到现在的汜水之战。司马迁这样写，有宿命论的影响，也是在告诉我们，祸与福是难以预料的。如果没有这两个人，项梁当时就不能存活，项羽也就没有力量参与起义；但是最后项羽失败，很大程度上也是因为他们。

是时，汉兵盛食多，项王兵罢食绝。汉遣陆贾说项王，请太公，项王弗听。汉王复使侯公往说项王，项王乃与汉约，中分天下，割鸿沟以西者为汉，鸿沟而东者为楚。项王许之，即归汉王父母妻子。军皆呼万岁。汉王乃封侯公为平国君。匿弗肯复见。曰："此天下辩士，所居倾国，故号为平国君。"项王已约，乃引兵解而东归。

局势进入胶着状态，只能先讲和。当时汉军士气强盛，军粮充足；楚军疲惫，粮食匮乏。刘邦派人和项羽讲和，最后两人订下"鸿沟之盟"：以鸿沟为界，中分天下。这个盟约对刘邦来说是胜利，对项羽却是由胜转败的转折点。之后项羽解兵东归，之前我们也说过，向东，对项羽来说就意味着失败。

（六）争权天下（《高祖本纪》）

《高祖本纪》同样写到刘邦和项羽争权天下的过程，我们主要来讲二者的不同之处。

三月，汉王从临晋渡，魏王豹将兵从。下河内，虏殷王，置河内郡。南渡平阴津，至雒阳。新城三老董公遮说汉王以义帝死故。汉王闻之，袒而大哭。遂为义帝发丧，临三日。发使者告诸侯曰："天下共立义帝，北面事之。今项羽放杀义帝于江南，大逆无道。寡人亲为发丧，诸侯皆缟素。悉发关内兵，收三河士，南浮江汉以下，愿从诸侯王击楚之杀义帝者。"

"击楚之杀义帝者"成为刘邦作战的重要口号，以此来号召天下诸侯和他一起讨伐项羽。所以之前我们说，项羽杀死楚怀王是错误的决定，给反对他的人留下了把柄。

汉王军荥阳南，筑甬道属之河，以取敖仓。与项羽相距岁余。项羽数侵夺汉甬道，汉军乏食，遂围汉王。汉王请和，割荥阳以西者为汉。项王不听。汉王患之，乃用陈平之计，予陈平金四万斤，以间疏楚君臣。于是项羽乃疑亚父。亚父是时劝项羽遂下荥阳，及其见疑，乃怒，辞老，原赐骸骨归卒伍，未至彭城而死。

《高祖本纪》交代了刘邦离间项羽和范增的一个细节：刘邦给了陈平四万斤黄金，用以离间项羽和范增。

汉王之出荥阳入关，收兵欲复东。袁生说汉王曰："汉与楚相距荥阳数岁，汉常困。原君王出武关，项羽必引兵南走，王深壁，令荥阳成皋间且得休。使韩信等辑河北赵地，连燕齐，君王乃复走荥阳，未晚也。如此，则楚所备者多，力分，汉得休，复与之战，破楚必矣。"汉王从其计，出军宛叶间，与黥布行收兵。

刘邦逃出荥阳进入函谷关，想聚集兵队再次向东攻打。这时袁生提出，项羽的弱点是兵力分散，刘邦应该团结各方势力一起攻打项羽。刘邦采纳了他的建议。

韩信已破齐，使人言曰："齐边楚，权轻，不为假王，恐不能安齐。"汉王欲攻之。留侯曰："不如因而立之，使自为守。"乃遣张良操印绶立韩信为齐王。

项羽闻龙且军破，则恐，使盱台人武涉往说韩信。韩信不听。

韩信攻破齐国后，派人对刘邦说，如果自己不当假王（代齐王），恐怕不能守住齐国。刘邦听到后很生气，想要攻打韩信。但是张良劝他说："不如趁机封他为齐王，让他好好守住齐国。"刘邦同意了。之后项羽派人游说韩信，韩信才没有答应。所以结合《高祖本纪》，我们才更能理解为什么韩信没有答应投靠项羽。正是由于张良所提的这个重要建议，刘邦才留住了韩信。

楚汉久相持未决，丁壮苦军旅，老弱罢转饷。汉王项羽相与临广武之间而语。项羽欲与汉王独身挑战。汉王数项羽曰："始与项羽俱受命怀王，曰先入定关中者王之，项羽负约，王我于蜀汉，罪一。秦项羽矫杀卿子冠军而自尊，罪二。项羽已救赵，当还报，而擅劫诸侯兵入关，罪三。怀王约入秦无暴掠，项羽烧秦宫室，掘始皇帝冢，私收其财物，罪四。又强杀秦降王子婴，罪五。诈坑秦子弟新安二十万，王其将，罪六。项羽皆王诸将善地，而徙逐故主，令臣下争叛逆，罪七。项羽出逐义帝彭城，自都之，夺韩王地，并王梁楚，多自予，罪八。项羽使人阴弑义帝江南，罪九。夫为人臣而弑其主，杀已降，为政不平，主约不信，天下所不容，大逆无道，罪十也。吾以义兵从诸侯诛残贼，使刑余罪人击杀项羽，何苦乃与公挑战！"项羽大怒，伏弩射中汉王。汉王伤匈，乃扪足曰："虏中吾指！"汉王病创卧，张良强请汉王起行劳军，以安士卒，毋令楚乘胜于汉。汉王出行军，病甚，因驰入成皋。

前面《项羽本纪》讲到项羽想单挑刘邦时，只简单提到刘邦拒绝后派将士应战，而《高祖本纪》则详细讲到了此时刘邦的反应：他数落项羽的十条罪状，如背弃盟约，没有让先入关的刘邦当王以及杀宋义等。把这部分放在《高祖本纪》，可以使刘邦对项羽的反抗更具正义性。

数完项羽罪状后，刘邦表示自己不屑和项羽对战，只要派受过刑罚的人就足以杀掉项羽。这是在故意激怒项羽。于是，“项羽大怒”，用箭射杀刘邦。刘邦被射中胸，但为了稳定局势，他假装被射中的是脚趾。刘邦的临场反应之迅速以及稳定大局的能力之强，确可显示其领导风范。

（七）垓下之围（《项羽本纪》）

汉欲西归，张良、陈平说曰：“汉有天下太半，而诸侯皆附之。楚兵罢食尽，此天亡楚之时也，不如因其机而遂取之。今释弗击，此所谓‘养虎自遗患’也。”汉王听之。汉五年，汉王乃追项王至阳夏南，止军，与淮阴侯韩信、建成侯彭越期会而击楚军。至固陵，而信、越之兵不会。楚击汉军，大破之。汉王复入壁，深堑而自守。谓张子房曰：“诸侯不从约，为之奈何？”对曰：“楚兵且破，信、越未有分地，其不至固宜。君王能与共分天下，今可立致也。即不能，事未可知也。君王能自陈以东傅海，尽与韩信；睢阳以北至谷城，以与彭越：使各自为战，则楚易败也。”汉王曰：“善。”于是乃发使者告韩信、彭越曰：“并力击楚。楚破，自陈以东傅海与齐王，睢阳以北至谷城与彭相国。”使者至，韩信、彭越皆报曰：“请今进兵。”韩信乃从齐往，刘贾军从寿春并行，屠城父，至垓下。大司马周殷叛楚，以舒屠六，举九江兵，随刘贾、彭越皆会垓下，诣项王。

对峙局面结束后，《项羽本纪》进入重要部分“垓下之围”，讲述一个英雄的穷途末路。这部分内容，《项羽本纪》比影视作品写得更精彩。

刘邦和项羽约定中分天下后，想要回去西边。但是张良、陈平劝他说，这样的举动无异于养虎为患。鸿门宴上，范增对项羽提过类似的劝谏，项羽没听，但是刘邦听从了二人的建议，聚集了韩信和彭越的军队大破楚军。

刘邦问张良，为什么自己号召诸侯攻打做尽不义之事的项羽，诸侯却不从命。张良回答说："如果您能够把打下的天下分封给他们，那他们会从命的。"他劝说刘邦分好处给众人，特别提到韩信和彭越。因为之前刘邦和韩信、彭越约定攻打楚国，但是他们两个人反水了。现在关键的事情是要稳住这两个人，而最好的方法就是"与共分天下"。这个建议非常重要，因为韩信、彭越听到刘邦许诺的好处后，都表示马上出兵帮助刘邦。于是局势大变，项羽败退到垓下。

项王军壁垓下，兵少食尽，汉军及诸侯兵围之数重。夜闻汉军四面皆楚歌，项王乃大惊曰："汉皆已得楚乎？是何楚人之多也！"项王则夜起，饮帐中。有美人名虞，常幸从；骏马名骓，常骑之。于是项王乃悲歌慷慨，自为诗曰："力拔山兮气盖世，时不利兮骓不逝。骓不逝兮可奈何，虞兮虞兮奈若何！"歌数阕，美人和之。项王泣数行下，左右皆泣，莫能仰视。

《项羽本纪》有三个精彩的片段：巨鹿之战、鸿门宴、垓下之围。描写极为精彩的垓下之围，让我们见识到何为悲剧式英雄人物。所谓悲剧式英雄人物，就是他有某种性格缺陷，因而最终导致失败，但是他又有强烈的人格魅力。

项羽军队驻扎在垓下，兵少粮尽，被汉军团团包围。夜里项羽听到四面传来楚地的歌曲，他非常惊异，说："汉皆已得楚乎？是何楚人之多也！"于是他起身，在营帐中饮酒消愁。旁边陪伴着他的，是他宠爱的美人虞姬，以及他的爱马。这时他慷慨悲歌："力拔山兮气盖世，时不利兮骓不逝。骓不逝兮可奈何，虞兮虞兮奈若何！”这首诗和刘邦的《大风歌》同为汉诗的开端之作，二者同样气势宏大，但项羽的宏大气势中带有无奈：在人生顶峰的时候，可以呼风唤雨，一句话就决定二十万人的生死，可是在人生的末路，连自己喜欢的东西都保不住。而司马迁应该是很能体会这种情感的，他通过写项羽身边人的反应，流露自己对项羽的同情、悲悯，“项王泣数行下，左右皆泣，莫能仰视”。

于是项王乃上马骑，麾下壮士骑从者八百余人，直夜溃围南出，驰走。平明，汉军乃觉之，令骑将灌婴以五千骑追之。项王渡淮，骑能属者百余人耳。项王至阴陵，迷失道，问一田父，田父绐曰“左”。左，乃陷大泽中。以故汉追及之。项王乃复引兵而东，至东城，乃有二十八骑。汉骑追者数千人。项王自度不得脱。谓其骑曰：“吾起兵至今八岁矣，身七十余战，所当者破，所击者服，未尝败北，遂霸有天下。然今卒困于此，此天之亡我，非战之罪也。今日固决死，愿为诸君快战，必三胜之，为诸君溃围，斩将，刈旗，令诸君知天亡我，非战之罪也。”乃分其骑以为四队，四向。汉军围之数重。项王谓其骑曰：“吾为公取彼一将。”令四面骑驰下，期山东为三处。于是项王大呼驰下，汉军皆披靡，遂斩汉一将。是时，赤泉侯为骑将，追项王，项王瞋目而叱之，赤泉侯人马俱惊，辟易数里，与其骑会为三处。汉军不知项王所在，乃分军为三，复围之。项王乃驰，复斩汉一都尉，杀数十百人，复聚其骑，亡其两骑耳。乃谓其骑曰：“何如？”骑皆伏曰：“如大王言。”

接下来写到项羽突围，项羽的处境越来越窘困，手下部队从八百多人锐减为一百多人，最后只剩二十八人，但是他始终不屈服，气概丝毫不减。这也是英雄人物的悲剧之处——不断地抗争，不断地失败。

项羽此时应该很有感触，他的老朋友有很多人在刘邦的阵营，诸如张良、韩信、陈平，这些人他都留不住。最后项羽被分尸为五部分，分别由五个人拿着回去领赏。临死还想让朋友拿着自己的尸体回去领赏，这就是项羽，有着悲壮的英雄主义色彩的一个人。

由于项羽曾被封为鲁公，所以当楚地其余地方都投降刘邦后，只有鲁地坚持不投降。最后是拿着项羽的头给鲁国人看，让他们知道自己的君主已经死亡，鲁国这才降服。刘邦也宽容处理了项羽的亲人，这也呼应了前面项羽要烹煮刘太公时，刘邦所说的自己和项羽一起起兵反秦，是为兄弟一说。

（八）灭楚称帝（《高祖本纪》）

《高祖本纪》里同样有相关描写，我们重点分析二者不同的地方。

五年，高祖与诸侯兵共击楚军，与项羽决胜垓下。淮阴侯将三十万自当之，孔将军居左，费将军居右，皇帝在后，绛侯、柴将军在皇帝后。项羽之卒可十万。淮阴先合，不利，却。孔将军、费将军纵，楚兵不利，淮阴侯复乘之，大败垓下。

垓下一役，刘邦的主要兵力就是淮阴侯韩信的三十万兵，当时项羽只有十万。所以当时刘邦能够听从张良意见，拉拢韩信，这真的非常重要。

正月，诸侯及将相相与共请尊汉王为皇帝。汉王曰："吾闻帝贤者有也，空言虚语，非所守也，吾不敢当帝位。"群臣皆曰："大王起微细，诛暴逆，平定四海，有功者辄裂地而封为王侯。大王不尊号，皆疑不信。臣等以死守之。”汉王三让，不得已，曰：“诸君必以为便，便国家。”甲午，乃即皇帝位汜水之阳。

除掉项羽，天下已定，于是诸侯坐而论功，推举刘邦为王。刘邦推辞，群臣于是列举刘邦的功劳，其中有一条便是“有功者辄裂地而封为王侯”（封有功者为王侯），之前我们说过，这是陈平给刘邦提的重要建议。最后，刘邦在汜水北边称帝，汜水就是决定项羽走向衰落的地方。

皇帝曰义帝无后。齐王韩信习楚风俗，徙为楚王，都下邳。立建成侯彭越为梁王，都定陶。故韩王信为韩王，都阳翟。徙衡山王吴芮为长沙王，都临湘。番君之将梅鋗有功，从入武关，故德番君。淮南王布、燕王臧荼、赵王敖皆如故。

天下大定。高祖都雒阳，诸侯皆臣属。故临江王驩为项羽叛汉，令卢绾、刘贾围之，不下。数月而降，杀之雒阳。

五月，兵皆罢归家。诸侯子在关中者复之十二岁，其归者复之六岁，食之一岁。

称王之后，刘邦大封诸王侯。改封齐王韩信为楚王，封彭越为梁王，韩王信为韩王，吴芮为长沙王。通过封王的形式，天下得以安定。但大封诸侯也给汉朝统治埋下很大的问题：后面诸侯势力越来越大，中央难以管理。诸侯势力过大的问题一直到刘邦去世都没有解决，吕后执政后也一直存在。

五

刘邦治国

在没有成熟经验借鉴的情况下，作为一个中央集权国家，如何对待功臣，如何巩固政权，如何在实行集权的同时处理好开国功臣，这都是刘邦要考虑的问题。另外，由于刘邦的出身比较低微，所以这些问题更加棘手。秦王朝十五年而亡，汉王朝是中央集权国家第一个成功运转的范例，延续了四百多年，说明刘邦还是给后世提供了可供借鉴的治国经验的。

（一）诛杀功臣（《高祖本纪》）

高祖置酒雒阳南宫。高祖曰："列侯诸将无敢隐朕，皆言其情。吾所以有天下者何？项氏之所以失天下者何？"高起、王陵对曰："陛下慢而侮人，项羽仁而爱人。然陛下使人攻城略地，所降下者因以予之，与天下同利也。项羽妒贤嫉能，有功者害之，贤者疑之，战胜而不予人功，得地而不予人利，此所以失天下也。"高祖曰："公知其一，未知其二。夫运筹策帷帐之中，决胜于千里之外，吾不如子房。镇国家，抚百姓，给馈饷，不绝粮道，吾不如萧何。连百万之军，战必胜，攻必取，吾不如韩信。此三者，皆人杰也，吾能用之，此吾所以取天下也。项羽有一范增而不能用，此其所以为我擒也。"

平定天下与治理天下是两个很不同的问题。刘邦曾在洛阳南宫置办酒席，问诸将："你们不要隐瞒我，都告诉我实话。为什么我能够拥有天下，而项羽不能呢？"高起和王陵率先说："您傲慢又喜欢侮辱人，项羽仁而爱人。但是您每次派人攻城略地，攻下的地盘都送给他们，与天下人利益共享。但是项羽不能做到这样，他嫉妒贤能之人，不能论功行赏，也不和人共享利益，所以他失去天下。"

刘邦自己分析说："论运筹帷幄的能力，我不如张良；论镇守国家、安抚百姓、调节运营的能力，我不如萧何；论带兵打仗的能力，我不如韩信。这三人是人中俊杰（张良、萧何、韩信被称为'汉初三杰'），但都能为我所用。而项羽只有一个谋士范增，还不能任用他。这才是我取胜的原因。"

其实两者的分析都有道理。前者认为，天下同力是刘邦能够取胜的重要原因。确实是如此，只有个人的利益和集体挂钩，他才会有最大的动力参与其中。而发现人才、善用人才同样很重要，这是刘邦做得很厉害的方面，像陈平、韩信之前都是项羽的手下，可是最后都到了刘邦阵营。

高祖欲长都雒阳，齐人刘敬说，乃留侯劝上入都关中，高祖是日驾，入都关中。六月，大赦天下。

之后，刘邦又开始考虑定都问题。一开始他想定都洛阳（洛阳是东汉首都），但是被刘敬劝阻，之后在张良的说服下决定定都关中（长安）。这就让我们想起之前也有人劝项羽定都关中，不要回江东，但是项羽不听，最后还烹杀此人。两相对比，我们就可以感受到司马迁为文之精妙，他在两篇传记里设置相似情节，遥相呼应，传主形象差异对比更为明显。

十月，燕王臧荼反，攻下代地。高祖自将击之，得燕王臧荼。即立太尉卢绾为燕王。使丞相哙将兵攻代。

其秋，利几反，高祖自将兵击之，利几走。利几者，项氏之将。项氏败，利几为陈公，不随项羽，亡降高祖，高祖侯之颍川。高祖至雒阳，举通侯籍召之，而利几恐，故反。

周朝实行分封制（分封，即封邦建国之意，这也是“封建”原意），而秦朝实行郡县制；西周延续了近八百年，而秦朝只维持了十五年，所以其实很多人都在讨论两种制度到底哪种好。汉初，刘邦选择了分封制，分封了众多侯王。在当时，对刘邦来说，如何稳定这些诸侯，巩固政权是一个很棘手的问题。至于为什么后代君王没有这些问题，就在于他们是从家族父兄手中继承政权的，他们的身世背景决定了旁人无法效仿取代，因此政权相对稳定。

之后便陆续有人造反，如燕王臧荼、县侯利几，虽然很快被刘邦镇压，但此类事情一直存在。

六年，高祖五日一朝太公，如家人父子礼。太公家令说太公曰：“天无二日，土无二王。今高祖虽子，人主也；太公虽父，人臣也。奈何令人主拜人臣！如此，则威重不行。”后高祖朝，太公拥彗，迎门却行。高祖大惊，下扶太公。太公曰：“帝，人主也，奈何以我乱天下法！”于是高祖乃尊太公为太上皇。心善家令言，赐金五百斤。

诸侯叛乱事件之间，司马迁又插入了一件有趣的小事，说明刘邦是如何处理新政权的关系的：刘邦每五天都要去看刘太公，见面的时候会行一般家人所行之礼。太公的管家却劝诫太公说，虽然他是刘邦的父亲，但是刘邦现在是一国之君，太公只是臣子。为了巩固政权，家庭伦理只能让步于皇权。为什么要提到这个小故事呢？因为这是汉王朝所建立的统治天下的体系。《史记》里孙叔通也曾劝谏刘邦，如果在朝堂之上还保持着原先“狎侮诸吏”的懒散态度，那么于君臣关系、政治秩序都不利，因此建议他要建立一套相应的礼仪制度。

十二月，人有上变事告楚王信谋反，上问左右，左右争欲击之。用陈平计，乃伪游云梦，会诸侯于陈，楚王信迎，即因执之。是日，大赦天下。田肯贺，因说高祖曰：“陛下得韩信，又治秦中。秦，形胜之国，带河山之险，县隔千里，持戟百万，秦得百二焉。地势便利，其以下兵于诸侯，譬犹居高屋之上建瓴水也。”

……

七年，匈奴攻韩王信马邑，信因与谋反太原。白土曼丘臣、王黄立故赵将赵利为王以反，高祖自往击之。会天寒，士卒堕指者什二三，遂至平城。匈奴围我平城，七日而后罢去。令樊哙止定代地。立兄刘仲为代王。

公元前201年，韩信造反，刘邦想出兵镇压，但是之后又采用陈平的计谋，假装出游，将韩信骗到陈县，抓了他后，将他降为淮阴侯。《史记》里韩信的传记就叫《淮阴侯列传》。公元前200年，韩王信反，最后也被刘邦平定。

二月，高祖自平城过赵、雒阳，至长安。长乐宫成，丞相已下徙治长安。

八年，高祖东击韩王信余反寇于东垣。

萧丞相营作未央宫，立东阙、北阙、前殿、武库、太仓。高祖还，见宫阙壮甚，怒，谓萧何曰：“天下匈匈苦战数岁，成败未可知，是何治宫室过度也？”萧何曰：

“天下方未定，故可因遂就宫室。且夫天子四海为家，非壮丽无以重威，且无令后世有以加也。”高祖乃说。

原先项羽火烧咸阳，长安宫殿尽毁，所以刘邦入主长安后，陆续修建宫殿。第一个建成的是长乐宫，另外萧何又主持修建未央宫。刘邦外出平定叛乱后回到咸阳，看到未央宫过于壮丽奢华，于是批评了萧何。而萧何则回应，自己这么做有两个原因：一是天子以四海为家，奢华壮丽的未央宫才能凸显天子的气概；二是不让后世的宫殿超越当代的未央宫。前者是有道理的，气势宏伟的建筑令人有敬畏之感，联想《陈涉世家》中，陈涉早年的朋友看到他的宫殿后无不惊叹的反应，便可以理解这种威慑的作用；后者则有点勉强，人的欲望会无限扩张，后世的宫殿只会在未央宫的基础上愈加奢华。

高祖之东垣，过柏人，赵相贯高等谋弑高祖，高祖心动，因不留。代王刘仲弃国亡，自归雒阳，废以为合阳侯。

九年，赵相贯高等事发觉，夷三族。废赵王敖为宣平侯。是岁，徙贵族楚昭、屈、景、怀、齐田氏关中。

未央宫成。高祖大朝诸侯群臣，置酒未央前殿。高祖奉玉卮，起为太上皇寿，曰：“始大人常以臣无赖，不能治产业，不如仲力。今某之业所就孰与仲多？”殿上群臣皆呼万岁，大笑为乐。

这时司马迁又记录了一个生活化的小插曲。未央宫建成后，刘邦在前殿设酒席宴请群臣。席上，刘邦给自己的父亲太公敬酒，说：“以前您常说我是无赖小子，不能好好劳动，不如二哥。现在我的成就和二哥比，谁厉害呢？”在这样一个场合，因为小时候的事对自己的父亲发牢骚，这样活灵活现的细节，使刘邦显得很有人情味。

十年十月，淮南王黥布、梁王彭越、燕王卢绾、荆王刘贾、楚王刘交、齐王刘肥、长沙王吴芮皆来朝长乐宫。春夏无事。

七月，太上皇崩栎阳宫。楚王、梁王皆来送葬。赦栎阳囚。更命郦邑曰新丰。

八月，赵相国陈豨反代地。上曰：“豨尝为吾使，甚有信。代地吾所急也，故封豨为列侯，以相国守代，今乃与王黄等劫掠代地！代地吏民非有罪也。其赦代吏民。”九月，上自东往击之。至邯郸，上喜曰：“豨不南据邯郸而阻漳水，吾知其无能为也。”闻豨将皆故贾人也，上曰：“吾知所以与之。”乃多以金啖豨将，豨将多降者。

十一年，高祖在邯郸诛豨等未毕，豨将侯敞将万余人游行，王黄军曲逆，张春渡河击聊城。汉使将军郭蒙与齐将击，大破之。太尉周勃道太原入，定代地。至马邑，马邑不下，即攻残之。

豨将赵利守东垣，高祖攻之，不下。月余，卒骂高祖，高祖怒。城降，令出骂者斩之，不骂者原之。于是乃分赵山北，立子恒以为代王，都晋阳。

赵国是个很独特的地方。前面说过，赵相国贯高谋反，被诛杀。继任者陈豨又因谋反被杀。后来刘邦的三个儿子又接连被封赵国，先后被吕后所杀。所以当吕后想封时任代王的刘恒（后为汉文帝）为赵王时，刘恒表示宁愿留在边境之地代国，也不愿去赵国。

平定陈豨的过程，又出现了一位重要人物——周勃。后期，他对巩固汉王朝、安定刘氏江山起了重要作用。

春，淮阴侯韩信谋反关中，夷三族。

夏，梁王彭越谋反，废迁蜀；复欲反，遂夷三族。立子恢为梁王，子友为淮阳王。

秋七月，淮南王黥布反，东并荆王刘贾地，北渡淮，楚王交走入薛。高祖自往击之。立子长为淮南王。

十二年，十月，高祖已击布军会甀，布走，令别将追之。

高祖还归，过沛，留。置酒沛宫，悉召故人父老子弟纵酒，发沛中儿得百二十人，教之歌。酒酣，高祖击筑，自为歌诗曰："大风起兮云飞扬，威加海内兮归故乡，安得猛士兮守四方！"令儿皆和习之。高祖乃起舞，慷慨伤怀，泣数行下。谓沛父兄曰："游子悲故乡。吾虽都关中，万岁后吾魂魄犹乐思沛。且朕自沛公以诛暴逆，遂有天下，其以沛为朕汤沐邑，复其民，世世无有所与。"沛父兄诸母故人日乐饮极欢，道旧故为笑乐。

淮阴侯韩信、梁王彭越、淮南王黥布相继谋反，被刘邦诛杀。立下赫赫战功的人先后谋反，刘邦的身边只剩下张良、萧何、樊哙等人。这种情况下，刘邦刚好经过故地沛县，便在沛县大摆筵席，宴请父老乡亲。席间，他唱了一首与项羽《垓下歌》齐名的歌："大风起兮云飞扬，威加海内兮归故乡，安得猛士兮守四方！"这首诗气势宏伟，但同样有悲凉之气：曾经和自己一起打天下的人，都想着谋反取代自己，哪里有人能够忠诚于自己呢？唱完之后，"高祖乃起舞，慷慨伤怀，泣数行下"。在这样欢快的场合里，刘邦却感伤流泪。原因可能就是，想到自己已年老，而身边却没有可靠的人辅助后继者。

以上是刘邦称帝后处理功臣问题的过程。我们可以看到，最后留在他身边的功臣，所剩无多。

（二）高祖驾崩（《高祖本纪》）

十一月，高祖自布军至长安。十二月，高祖曰："秦始皇帝、楚隐王陈涉、魏安釐王、齐缗王、赵悼襄王皆绝无后，予守冢各十家，秦皇帝二十家，魏公子无忌五家。"赦代地吏民为陈豨、赵利所劫掠者，皆赦之。陈豨降将言豨反时，燕王卢绾使人之豨所，与阴谋。上使辟阳侯迎绾，绾称病。辟阳侯归，具言绾反有端矣。二月，使樊哙、周勃将兵击燕王绾，赦燕吏民与反者。立皇子建为燕王。

十一月，刘邦征讨完黥布，回到长安。十二月，他封赏祭地给去世的前朝君王，以抚慰他们的后代，安抚人心。陈豨事件平定后，刘邦的朋友，和刘邦同一天出生、一起长大的燕王卢绾被人指控有谋反之心。刘邦派人去调查，然后派兵攻打卢绾，于是卢绾逃至匈奴。

高祖击布时，为流矢所中，行道病。病甚，吕后迎良医，医入见，高祖问医，医曰："病可治。"于是高祖嫚骂之曰："吾以布衣提三尺剑取天下，此非天命乎？命乃在天，虽扁鹊何益！"遂不使治病，赐金五十斤罢之。已而吕后问："陛下百岁后，萧相国即死，令谁代之？"上曰："曹参可。"问其次，上曰："王陵可。然陵少戆，陈平可以助之。陈平智有余，然难以独任。周勃重厚少文，然安刘氏者必勃也，可令为太尉。"吕后复问其次，上曰："此后亦非而所知也。"

刘邦攻打黥布的时候，被箭射中，路上得了病，病情严重。吕后请的医生跟刘邦说他的病是可以治的。但是刘邦回复："吾以布衣提三尺剑取天下，此非天命乎？”这种言论和项羽临终前所说相似，觉得一切都已命定。所以刘邦没有让医生治病，直接赏赐钱财让他离开。

于是吕后问刘邦身后之事：“您去世（‘百岁’是死的讳称）后，萧何要是去世了，让谁代替他？”刘邦回答：“曹参。”吕后又问曹参之后的人选，刘邦回答：“王陵。但是王陵呆板，陈平可以辅助他。陈平很聪明，但是难以独任。周勃稳重厚道，虽然缺少文采，但是安定刘氏天下的一定是他，可以让他当太尉。”这段描写其实也回应了先前刘邦分析自己能够取得天下的原因时所说的，自己有知人善任的能力。后面事情如他所言，这些人在汉王朝的巩固方面发挥了重要作用。最后，吕后又追问之后的人选，而刘邦说：“之后的事也不是你所能知道的了。”就是说，那已经是吕后去世后的事情了。

卢绾与数千骑居塞下候伺，幸上病愈自入谢。

四月甲辰，高祖崩长乐宫。四日不发丧。吕后与审食其谋曰：“诸将与帝为编户民，今北面为臣，此常怏怏，今乃事少主，非尽族是，天下不安。”人或闻之，语郦将军。郦将军往见审食其，曰：“吾闻帝已崩，四日不发丧，欲诛诸将。诚如此，天下危矣。陈平、灌婴将十万守荥阳，樊哙、周勃将二十万定燕、代，此闻帝崩，诸将皆诛，必连兵还乡以攻关中。大臣内叛，诸侯外反，亡可翘足而待也。”审食其入言之，乃以丁未发丧，大赦天下。

卢绾闻高祖崩，遂亡入匈奴。

丙寅，葬。己巳，立太子，至太上皇庙。群臣皆曰：“高祖起微细，拨乱世反之正，平定天下，为汉太祖，功最高。”上尊号为高皇帝。太子袭号为皇帝，孝惠帝也。令郡国诸侯各立高祖庙，以岁时祠。

原本卢绾念于旧情，想回来跟刘邦解释，但却听到了刘邦去世的消息，他就逃跑到匈奴去了。四月，刘邦在长乐宫驾崩。吕后秘不发丧，不告诉天下人刘邦去世的消息。吕后是个很厉害的人物，《史记》的《吕后本纪》有讲到吕后在刘邦死后是如何治理汉朝天下的。吕后既是刘邦的支持者，也是他的继承者，更是他的颠覆者。如果没有吕后，就没有刘邦一开始的地位；吕后也在刘邦去世后继承他治理国家、处理功臣问题的方式；最后她又想掌握政权，用吕氏取代刘氏。我们知道，中国历史上，最早称帝的女性是唐代武则天，实际上还有两位虽然没有称帝，但实际上已经掌握了执政权力的女性：其一是清末慈禧，另一个就是吕后。

吕后和审食其商量说："众位诸侯之前和皇帝一样同为平民，现在让他们俯首称臣，他们心里一定不痛快。现在皇帝去世，让他们辅佐小皇帝（即汉惠帝刘盈），心里一定更不高兴。不将他们灭族，天下是不会安定的。"这就是继承刘邦的做法，夷灭功臣整个家族。

郦商知道后，就去劝说审食其，让吕后尽早发丧。他说："现在陈平、灌婴带着十万军队驻守荥阳，樊哙、周勃二十万军队驻扎燕国、代国。现在不告诉他们，他们要是起兵，关中没有反击之力。"最后吕后听从意见，大赦天下。之后，刘盈被立为太子。

高帝八男：长庶齐悼惠王肥；次孝惠，吕后子；次戚夫人子赵隐王如意；次代王恒，已立为孝文帝，薄太后子；次梁王恢，吕太后时徙为赵共王；次淮阳王友，吕太后时徙为赵幽王；次淮南厉王长；次燕王建。

刘邦留下了八个儿子：长子刘肥据说是刘邦之前在乡下生的私生子，生母不可考。由于吕后当权，刘邦的八个儿子结局都不是很好，像如意、刘友最后都被吕后所杀，只有最为低调的代王刘恒最后继承王位，成为孝文帝。他能够继位，是因为周勃、陈平看中他没有外戚隐患。

回顾刘邦的人生经历，知人善任、能够团结人才的确是他非常突出的一种能力。看《史记》目录，我们会发现，在《高祖本纪》中出现的绝大部分人物，在《史记》里都有相关的传文。像“世家”部分的《萧相国世家》（萧何）、《曹相国世家》（曹参）、《留侯世家》（张良）、《陈丞相世家》（陈平）、《绛侯周勃世家》（周勃），又如“列传”部分的《魏豹彭越列传》《淮阴侯列传》《韩信卢绾列传》《田儋列传》《樊郦滕灌列传》《郦生陆贾列传》等。而项羽的手下则较少在《史记》中留传。招揽人才能力的重要性由此可见一斑。

（三）史公论赞

1.《高祖本纪》

太史公曰：夏之政忠。忠之敝，小人以野，故殷人承之以敬。敬之敝，小人以鬼，故周人承之以文。文之敝，小人以僿，故救僿莫若以忠。三王之道若循环，终而复始。周秦之闲，可谓文敝矣。秦政不改，反酷刑法，岂不缪乎？故汉兴，承敝易变，使人不倦，得天统矣。朝以十月。车服黄屋左纛。葬长陵。

2.《项羽本纪》

太史公曰：吾闻之周生曰“舜目盖重瞳子”，又闻项羽亦重瞳子。羽岂其苗裔邪？何兴之暴也！夫秦失其政，陈涉首难，豪杰蜂起，相与并争，不可胜数，然羽非有尺寸，乘势起陇亩之中，三年，遂将五诸侯灭秦，分裂天下，而封王侯，政由羽出，号为“霸王”，位虽不终，近古以来未尝有也。及羽背关怀楚，放逐义帝而自立，怨王侯叛己，难矣。自矜功伐，奋其私智而不师古，谓霸王之业，欲以力征经营天下，五年卒亡其国，身死东城，尚不觉寤而不自责，过矣。乃引“天亡我，非用兵之罪也”，岂不谬哉！

《高祖本纪》和《项羽本纪》后都附有太史公论赞。我们来看看司马迁对这两人的评价有何不同。《高祖本纪》里，司马迁主要在朝代更替的循环规律下分析秦之失败，而汉取得成功的原因；而《项羽本纪》里，司马迁主要讲到项羽的独特性，他为项羽追认了一位伟大的祖先：项羽是“重瞳子”（据说即两个瞳孔），而周生说舜也是这样的，所以或许项羽就是舜的后裔。接着，他又讲到项羽起义过程非常迅猛顺利。最后否定了项羽死前认为自己失败是因为命数的说法。

《高祖本纪》的论赞部分，司马迁并没有对刘邦个人进行评点，而《项羽本纪》中则对项羽有诸多评论。由此我们可以看出司马迁对二人不同的情感态度，司马迁对刘邦的认同感较项羽低，所以采用了宏观大体的评价，而不是具体细微式的。

《史记》的《项羽本纪》《高祖本纪》我们就讲到这里，要更加全面深入地了解刘邦与项羽，除了这两篇本纪，我们还可以借助《史记》中相关人物的传记，所以希望大家以此阅读方法，继续阅读《史记》中其他的精彩篇章。

中国古典诗词漫谈

□中山大学哲学系　周春健

近几年来，随着国家提倡复兴中国优秀传统文化，古典诗词也越来越受到重视。出版社出版了各种不同版本的古典诗词作品，电视台也推出了各种不同形式的电视节目，网络媒体也广泛传播古典诗词名篇。这就逐渐形成一个爱诗、读诗、写诗的良好氛围，对提升社会大众的文化素养、人格修养都是有极大好处的。中央电视台举办的《中国诗词大会》《经典咏流传》等节目引起了全社会的热议，并激发了大众对中国古典诗词的浓厚兴趣，我觉得是一件大好事！

本人本科毕业于中文系，当年也在课堂上学过不少古典诗词名篇。但后来工作以后从事的主要是历史、哲学相关的教学研究工作。虽然也在学校开过关于《诗经》的课，但对于唐诗、宋词的接触就相对很少了。尤其是讲《诗经》，也主要是从经学意义、思想史意义的角度去理解的，而较少从文学鉴赏的角度去体察。这次课程，对我来说也是个重新学习的过程。

今天这一天的课程，我准备从三个方面来讲解：

第一，中国古典诗词的体式。主要是梳理一下中国古代的所谓诗歌主要包含哪些形式，各种不同体式产生的先后以及特点，这其中也会涉及诸多诗词名篇。

第二，中国古典诗词鉴赏。谈的是诗词鉴赏的方法，主要从风格、意境、理趣、画意诗情四个角度来谈，分别会列举一些名篇或名句来展开赏析。

第三，东瀛诗作与中国文化之影响。谈谈我2017年寒假到日本访问的一些感想，向大家展示一下我在日本旧书店淘到的日本汉诗人冈文涛写的汉诗手稿，从他的诗作中也可以看到大约百年前的日本诗人受到的中国文化的影响。

一

中国古典诗词的体式

这部分内容，我主要参考的是杨仲义先生《中国古代诗体简论》（中华书局1997年版）和程毅中先生《中国诗体流变》（中华书局1992年版）两部著作，同时结合了我自己的一些学习体会。

大家知道，每一个时代都有相对应的代表性文学样式，称“一代之文学”（王国维《宋元戏曲考》)。中国古代诗歌的体式，主要经历了如下的历史演变：二言、四言古谣—诗经四言体—楚辞骚体—五言、七言乐府—五言、七言古诗—唐宋格律诗—宋词—元曲……

（一）二言、四言古谣

二言、四言古谣，是中国古代诗歌的早期形态。

1. 二言古谣。

产生于汉代的《淮南子·道应训》一书中有这样的记载：“今夫举大木者，前呼‘邪许’，后亦应之，此举重劝力之歌也。”这里的“邪许”，其实就是最早的诗歌，属于二言古谣。

鲁迅先生在《且介亭杂文·门外文谈》中有更形象的描述：

人类在未有文字之前就有了创作的，可惜没有人记下，也没有法子记下。我们的祖先的原始人原是连话也不会说的，为了共同劳作，必须发表意见，才渐渐练出复杂的声音来。假如那时大家抬木头，都觉得吃力了，却想不到发表，其中有一个叫道“杭育杭育”，那么这就是创作。大家也要佩服、应用的，这就等于出版；倘若用什么记号留存下来，这就是文学。他当然就是作家，也就是文学家，是“杭育杭育派”。

这里的“杭育”，便类似于《淮南子》中所记载的“邪许”，也是二言古谣。由此，我们可以知晓二言古谣的基本面目，同时还可以看出古代歌谣的产生与劳动生产有着密切的关联。

另外，相传黄帝时产生的《弹歌》：“断竹，续竹，飞土，逐肉。”描述的是原始人类以竹子制作弹弓、猎捕飞禽走兽的过程，用的也是二言。《周易》中的某些卦爻辞，如《离·九四》：“突如，其来如，焚如，死如，弃如！”亦属二言诗体。

2. 四言古谣。

在二言古谣基础上，产生了表意更为复杂的四言古谣。比如：

《周易·明夷·初九》：“明夷于飞，垂其翼。君子于行，三日不食。”《礼记·郊特牲》之伊蓍氏“蜡（zhà，古代祭祀名，周朝年终大祭万物——作者注）辞”：“土反其宅！水归其壑！昆虫毋作！草木归其泽！”

上面两个例子虽然也夹杂三言、五言句式，但都以四言为基础，都可以算作早期产生的四言诗体。

3.《诗经》四言体。

《诗经》收录了西周初年到春秋中叶大约500年间的305篇作品，是四言体的集大成者，也代表了四言体诗歌的最高成就。《诗经》亦夹杂三言、五言、七言等不同句式，但其核心也是四言体。

从文学表现的角度讲，《诗经》四言体较以往有了极大发展，可以说代表了四言体的最高艺术成就。从基本体式上讲，《诗经》的成熟体现在如下几个方面：

第一，双音词入诗，大大增强了诗歌的表现力、音乐美、形象性。

如双声词："参差荇菜，左右流之"（《关雎》）；"蒹葭苍苍，白露为霜"（《蒹葭》）。

如叠韵词："窈窕淑女，君子好逑"（《关雎》）；"凡民有丧，匍匐救之"（《谷风》）。

如叠字："哀哀父母，生我劬劳"（《蓼莪》）；"我徂东山，慆慆不归"（《东山》）。

第二，诗句组构灵活。

如倒装："七月流火，九月授衣"（《七月》）；"无衣无褐，何以卒岁"（《七月》）。

如句式："彼尔维何？维常之华"（《采薇》）；"一日不见，如三秋兮"（《采葛》）。

第三，押韵自然灵活。

如《关雎》首章"关关雎鸠，在河之洲。窈窕淑女，君子好逑"，首句、次句连用韵，隔第三句而于第四句用韵，此为后世诗歌通常的用韵方式。

如全诗一韵到底者《邶风·柏舟》、一章中中途换韵者《鄘风·载驰》。

第四，篇章结构上多重章复沓，增强抒情效果。如《周南·樛木》：

南有樛木，葛藟累之。乐只君子，福履绥之。

南有樛木，葛藟荒之。乐只君子，福履将之。

南有樛木，葛藟萦之。乐只君子，福履成之。

（二）楚辞体

楚辞体又称“骚体”（因屈原的《离骚》是最有名的楚辞作品），是后世五言、七言诗的雏形。

1. 楚辞体的产生。

《诗经》四言体之后，在楚国产生了一种崭新的诗体——楚辞。这一体式的产生，有着这样的背景：

古者诸侯、卿、大夫交接邻国，以微言相感，当揖让之时，必称《诗》以谕其志，盖以别贤不肖而观盛衰焉。故孔子曰‘不学《诗》，无以言’也。春秋之后，周道浸坏，聘问歌咏不行于列国。学《诗》之士，逸在布衣，而贤人失志之赋作矣。大儒孙卿、楚臣屈原，离谗忧国，皆作赋以风，咸有恻隐古诗之义，其后宋玉、唐勒。（《汉书·艺文志·诗赋略》）

这段文字的前半部分讲《诗经》在春秋时期的实际应用，后半部分则讲楚辞体的产生。“咸有恻隐古诗之义”的“古诗”，指的便是《诗经》，从这里也可以看出《楚辞》与《诗经》之间存在的内在关联。

2. 楚辞体的特点。

楚辞体有其明显的地域特征，宋人黄伯思在《校定楚辞序》中说：

盖屈、宋诸骚，皆书楚语，作楚声，纪楚地，名楚物，故可谓之“楚辞”。若“些、只、羌、谇、蹇、纷、侘傺”者，楚语也；悲壮顿挫，或韵或否者，楚声也；沅、湘、江、澧、修门、夏首者，楚地也；兰、茝、荃、药、蕙、若、芷、蘅者，楚物也。

鲁迅在《汉文学史纲要》中对《楚辞》也给予了极高评价：

战国之世，言道术既有庄周之蔑诗礼，贵虚无，尤以文辞，陵轹诸子。在韵言则有屈原起于楚，被谗放逐，乃作《离骚》。逸响伟辞，卓绝一世。后人惊其文采，相率仿效，以原楚产，故称“楚辞”。

与《诗经》四言体相比，楚辞体有着明显的不同。

第一，从句式上看。《诗经》的四言体以四言为主，两字一顿，两句才构成一个完整的意思；楚辞体句式则灵活自由，参差错落，一句一意，每句有动词，节奏感更强，并呈现出散文化的特色。如《离骚》开篇八句：

帝高阳之苗裔兮，朕皇考曰伯庸。

摄提贞于孟陬兮，惟庚寅吾以降。

皇览揆余初度兮，肇锡余以嘉名。

名余曰正则兮，字余曰灵均。

第二，从语词上看。大量吸收楚地方言入诗，大量使用虚字作语气助词，尤其是“兮”字，更是南音的标志。语言风格绚丽华美，词采缤纷，奇异浪漫，瑰丽雄伟。如《九章》中的《涉江》一诗：

余幼好此奇服兮，年既老而不衰。

带长铗之陆离兮，冠切云之崔嵬。

被明月兮佩宝璐。

世溷浊而莫余知兮，吾方高驰而不顾。

驾青虬兮骖白螭，吾与重华游兮瑶之圃。

登昆仑兮食玉英，与天地兮同寿，与日月兮同光。

第三，从结构上看。《诗经》一般是抒情短章，常常通过重章复沓，反复咏唱抒发感情。楚辞则大大增加了铺陈叙事成分，具有一定的故事性。

3.楚辞体的价值与影响。

《诗经》代表中国文学之现实主义源头，《楚辞》则为浪漫主义源头。东汉班固《离骚赞序》云：

其文弘博丽雅，为辞赋宗，后世莫不斟酌其英华，则象其从容。

鲁迅《汉文学史纲要》对《楚辞》的评价甚至在《诗经》之上：

(《离骚》）较之于《诗》，则其言甚长，其思甚幻，其文甚丽，其旨甚明，凭心而言，不遵矩度。故后儒之服膺诗教者，或訾而绌之，然其影响于后来之文章，乃甚或在《三百篇》以上。

简言之，《楚辞》在四言体向五言、七言诗过渡中占有重要地位，为后世诗人向民间语言学习树立了光辉的榜样，可以视为浪漫主义诗歌的代表之作。在诗体结是入唐以后的事。清人施补华《岘佣说诗》云："七言古虽肇自《柏梁》，在唐以前，具体而已。魏文《燕歌行》已见音节，鲍明远诗篇已见魄力。然开合变化，波澜壮阔，必至盛唐而后大昌。"

（五）近体诗（格律诗）的产生及其格律要求

唐代以前的古体诗歌没有严格的格律要求，可以不讲平仄、对仗——当然要讲押韵。南朝齐、梁开始，兴起一种讲究格律的新诗体，当时称作"今体诗"或"新体诗"（永明体）。入唐以后，格律诗渐趋成熟，被称为"近体诗"，而唐以前的诗体则被称为"古体诗"。其后至今，占据诗体之主导，我们不妨称之为"格律诗"。

1. 格律诗的产生。

今人杨仲义先生《中国古代诗体简论》认为，格律诗的产生有着如下条件及沿革历程："植根于汉语言的特点，萌芽于汉魏六朝古诗，初创于齐梁永明体，定型于初唐沈宋。"

第一，格律诗是一种章、句有"格"、声韵有"律"的诗体。句式上五言、七言定格（常见句式，五律、七律，五绝、七绝），修辞上讲究对仗（常用修辞方式，善譬喻者为能师），声韵上讲究平仄（阴阳上去之四声自然存在），皆与汉语言的特点有关。

第二，汉乐府民歌讲究对偶、押韵，流畅练达，琅琅上口。南北朝时诸多诗人，如曹植、陆机、潘岳、张华等，自觉讲求音韵、对仗，格律诗之胚胎在此时形成。

第三，南朝齐武帝永明年间（483—493），关于诗歌声韵的研究有一飞跃，出现永明体诗歌，并为格律诗的平仄搭配做了奠基性的规范。沈约《宋书·谢灵运传论》云：

夫五色相宣，八音协畅，由乎玄黄律吕，各适物宜。欲使宫羽相变，低昂互节。若前有浮声，则后须切响。一简之内，音韵尽殊；两句之中，轻重悉异。妙达此旨，始可言文。

照此作出的诗歌，便为永明体。比如庾信的《乌夜啼》，可说为七律之雏型：

促柱繁弦非子夜，歌声舞态异前溪。
御史府中何处宿，洛阳城头那得栖。
弹琴蜀郡卓家女，织锦秦川窦氏妻。
讵不自惊长泪落，到头啼乌恒夜啼。

第四，初唐沈佺期、宋之问长于声律，其作品使格律诗趋于定型。明人王世贞云："五言至沈、宋，始可称'律'。律为音律、法律，天下无严于是者。知虚实平仄不得任情而度，明矣，二君正是敌手。排律用韵称妥，事不傍引，情无牵合，当为最胜。"

2. 格律诗的昌盛。

唐代，格律诗进入创作高峰。作品丰富，5万余首；作家众多，《全唐诗》收录2000多人；诗体大备，各种诗体均臻完美。

关于唐代诗歌之繁盛，明人胡应麟《诗薮》有形象的描述：

甚矣，诗之盛于唐也！其体，则三、四、五言，六、七、杂言，乐府、歌行、近体、绝句，靡弗备矣。其格则高卑、远近、浓淡、浅深、巨细、精粗、巧拙、强弱，靡弗具矣。其调则飘逸、浑雄、沈深、博大、绮丽、幽闲、新奇、猥琐，靡弗诣矣。其人则帝王、将相、朝士、布衣、童子、妇人、缁流（僧人）、羽客（神仙方士），靡弗预矣。

唐代涌现出的著名诗人不胜枚举，比如有“初唐四杰”（王勃、杨炯、卢照邻、骆宾王），有“吴中四士”（张若虚、贺知章、张旭、包融），有“田园诗派”（王维、孟浩然），有“边塞诗人”（高适、岑参、王昌龄、王之涣），有“诗仙”李白，有“诗圣”杜甫，有“五言长城”刘长卿，有“七绝圣手”王昌龄等，名家云集，都有脍炙人口的作品流传后世！清人蘅塘退士所编《唐诗三百首》选本，流行亦极广泛！

3. 格律诗的基本要求。

格律诗是一种严格按照一定格律写成的诗。这些格律极其讲究。掌握这方面的知识，对鉴赏和创作格律诗，都十分必要。

第一，体类。根据诗行的多寡，格律诗分为律诗、绝句（律绝）、长律（排律）。按字数多少，又可分为五律、五绝，七律、七绝，五言长律、七言长律。

律诗分为四联，每两句为一联，分别为首联、颔联、颈联、尾联。比如杜甫的五律《春夜喜雨》：

好雨知时节（出句），当春乃发生（对句）。——（首联）
随风潜入夜（出句），润物细无声（对句）。——（颔联）
野径云俱黑（出句），江船火独明（对句）。——（颈联）
晓看红湿处（出句），花重锦官城（对句）。——（尾联）

四联之间，要讲究意义上的“起－承－转－合”，不可平铺直叙，没有变化。

第二，平仄。平仄是根据古汉语的声调来确定的。汉语四声平上去入，平声长音，不升不降，曰“平”；仄声短音，有升有降，曰“仄”。

五律和七律，各有两种基本的平仄格式：

（1）五律之仄起式，如杜甫的《春望》（国破山河在）：

仄仄平平仄，平平仄仄平。

平平平仄仄，仄仄仄平平。

仄仄平平仄，平平仄仄平。

平平平仄仄，仄仄仄平平。

（2）五律之平起式，如王维的《山居秋暝》空山新雨后）：

平平平仄仄，仄仄仄平平。

仄仄平平仄，平平仄仄平。

平平平仄仄，仄仄仄平平。

仄仄平平仄，平平仄仄平。

（3）七律之平起式，如白居易的《钱塘湖春行》（孤山寺北贾亭西）：

平平仄仄仄平平，仄仄平平仄仄平。

仄仄平平平仄仄，平平仄仄仄平平。

平平仄仄平平仄，仄仄平平仄仄平。

仄仄平平平仄仄，平平仄仄仄平平。

（4）七律之仄起式，如温庭筠的《题李处旧居》（水玉簪头白角巾）：

仄仄平平仄仄平，平平仄仄仄平平。

平平仄仄平平仄，仄仄平平仄仄平。

仄仄平平平仄仄，平平仄仄仄平平。

平平仄仄平平仄，仄仄平平仄仄平。

第三，对仗。即对偶，律诗严格讲求字数、词性、平仄、句型之相对一致。讲究对仗，是格律诗的基本要求。对仗又分许多种类：

如工对，许浑《咸阳城西楼远眺》“溪云初起日沉阁，山雨欲来风满楼”；如宽对，刘禹锡《西塞山怀古》“人世几回伤往事，山形依旧枕寒流”；如流水对，王之涣《登鹳雀楼》“欲穷千里目，更上一层楼”；如当句对，杜甫《闻官军收河南河北》“即从巴峡穿巫峡，便下襄阳向洛阳”。

格律诗的创作，一般要求中间二联（颔联、颈联），尤其是颈联，一定要对仗；亦有通篇对仗者，如杜甫的七律《登高》：

风急天高猿啸哀，渚清沙白鸟飞回。
无边落木萧萧下，不尽长江滚滚来。
万里悲秋常作客，百年多病独登台。
艰难苦恨繁霜鬓，潦倒新停浊酒杯。

后世相关书籍，则有《笠翁对韵》《声律启蒙》等可以参考。

第四，用韵。格律诗对用韵要求极其严格，尤其在偶数句，一定要讲求押韵。一般来讲，有“一三五不论，二四六分明”的说法，具体说来：

（1）首联出句句尾可押可不押，其他各联出句句尾不必押韵，而各联对句必须押韵，且要一韵到底，中途不能换韵。

（2）只能押平声韵，不能押仄声韵（押平声韵才算作格律诗）。

（3）只能押本韵（韵书中同一韵部之字），不许邻韵通押。

例如杜甫之《闻官军收河南河北》：

剑外忽传收蓟北，初闻涕泪满衣裳。

却看妻子愁何在，漫卷诗书喜欲狂。

白日放歌须纵酒，青春作伴好还乡。

即从巴峡穿巫峡，便下襄阳向洛阳。

押韵忌讳用重韵，即一诗中用了两个相同的字作韵脚。押韵所依据的韵书，有《切韵》《唐韵》《广韵》等。南宋江北平水人刘渊撰成《壬午新刊礼部韵略》，即平水韵，应用最广。

（六）唐宋词

词，是一种由乐定词的格律新体。我们通常讲唐诗宋词，但词并非到宋代才产生，在唐、五代就已经有了。只是到了宋代，词家蜂起，名篇竞秀，词成为宋代最有代表性的文学样式。相传李白作有《菩萨蛮》一词：

平林漠漠烟如织，寒山一带伤心碧。

暝色入高楼，有人楼上愁。

玉阶空伫立，宿鸟归飞急。

何处是归程？长亭连短亭。

在唐朝，词一般称作“曲子词”或“曲词”。到北宋，称为“歌词”“小歌词”，或“曲”“曲子”，或“乐府”“近体乐府”，或“乐章”“倚声”“长短句”“诗余”“歌曲”“琴曲”，等等。至南宋，定名为“词”。

著名女词人李清照说，词“别是一家”，词也是诗，而别具特点。词通常是按照乐谱曲调和节拍填写歌唱，故人们常说“赋诗填词”。

1. 关于标题。

早期词只有一个标题，为乐调名称，称为“词调”或“词牌”。标题通常与词之内容相符，词牌即题目。刘师培《论文杂记》云：

唐人之词，多缘题生咏：如填《临江仙》之调者，皆咏水仙；填《女冠子》之调者，皆咏道情；填《河渎神》之调者，皆咏祟祠；填《巫山一段云》之调者，皆咏巫峡。以调为题，此固唐人之遗法也。

但到五代尤其是宋初以后，词人往往会按照相对固定的词牌填词，词的内容渐渐与词牌无关，故需要在词牌后面另加一个题目，或加一段序文，点明主题或交代作词缘由。比如苏轼的《念奴娇·赤壁怀古》、周邦彦的《满庭芳·夏日溧水无想山作》、苏轼的《水调歌头》（丙辰仲秋，欢饮达旦，大醉。作此篇，兼怀子由）。关于词谱，清朝有《钦定词谱》，收录词牌800多种，算是词谱之集成之作。流传较广的简明之作，则有清人舒梦兰所编《白香词谱》（列举百种词谱之格式，规定每种之字数、平仄、用韵等，可据以填词），是较为重要的参考书。

2. 关于分类。

第一，根据乐调长短，词可以分为小令（少于58字）、中调（59 － 90字）、长调（多于90字）。

第二，根据词内段落的多少，可以分为单调、双调、三叠、四叠之类，双调最为常见。不同段落，又称“片”“阕”，一般来讲上片和下片的字数、韵位等皆相同，如苏轼的《卜算子·黄州定慧院寓居作》：

缺月挂疏桐，漏断人初静。谁见幽人独往来，缥缈孤鸿影。

惊起却回头，有恨无人省。拣尽寒枝不肯栖，寂寞沙洲冷。

亦有字数韵位有变化者，如苏轼的《念奴娇·赤壁怀古》：

大江东去，浪淘尽，千古风流人物。故垒西边，人道是，三国周郎赤壁。乱石穿空，惊涛拍岸，卷起千堆雪。江山如画，一时多少豪杰。

遥想公瑾当年，小乔初嫁了，雄姿英发。羽扇纶巾，谈笑间，樯橹灰飞烟灭。故国神游，多情应笑我，早生华发。人生如梦，一樽还酹江月。

3. 关于句式。

“句子长短，各随曲度”，词并非全为长短句，亦有齐言体词作。如晏殊《浣溪沙》，便是六句皆为七言：

一曲新词酒一杯，去年天气旧亭台。夕阳西下几时回？

无可奈何花落去，似曾相识燕归来。小园香径独徘徊。

4. 关于声韵。

与诗相比，词在声韵方面既灵活又严格，句式参差，用韵不一，韵位不固定，须按词牌要求填写。比如“虞美人”，词牌名，亦称“虞美人令”“一江春水”。双调五十六字，前后阕各两仄韵、两平韵，平仄换韵，每句不同韵，方式是“甲乙丙丁”。该词谱声韵方面的要求如下：

春花秋月何时了，往事知多少。

（平）平（仄）仄平平仄，（仄）仄平平仄。

◎ ○ ◎ ● ○ ○ ▲，◎ ● ○ ○ ▲。

小楼昨夜又东风，故国不堪回首月明中。

（平）平（仄）仄仄平平，（仄）仄（平）平（仄）仄仄平平。

◎ ○ ◎ ● ● ○ △，◎ ● ● ○ ◎ ● ● ○ △。

雕栏玉砌应犹在，只是朱颜改。

（平）平（仄）仄平平仄，（仄）仄平平仄。

◎ ○ ◎ ● ○ ○ ▲，◎ ● ○ ○ ▲。

问君能有几多愁，恰似一江春水向东流。

（平）平（仄）仄仄平平，（仄）仄（平）平（仄）仄仄平平。

◎ ○ ◎ ● ● ○ △，◎ ● ● ○ ◎ ● ● ○ △。

平仄：	平声	仄声	可平可仄	压平声韵	压仄声韵
符号：	○	●	◎	△	▲

词至宋代，繁荣鼎盛，为一代之文学。代表者如婉约派之晏殊、柳永、周邦彦、

李清照等，豪放派之苏轼、张孝祥、辛弃疾、陆游等，均有许多脍炙人口的代表性作品，可参《宋词三百首》。

（七）元明散曲

散曲兴起于金元时期，是以胡乐为主、胡汉融合的新声而相配合的歌词，最初被称为街市小令，后来文人参与，大量创作，遂成元朝主流。

散曲大致分为两类，一曰小令，一曰套数。前者为短小的单支小曲，后者则由多支曲子联缀而成。

小令如马致远的千古名作《天净沙·秋思》：

枯藤老树昏鸦，
小桥流水人家，
古道西风瘦马。
夕阳西下，
断肠人在天涯。

套数如马致远《双调·夜行船·秋思》（宫调+曲调+曲解）：

百岁光阴如梦蝶，重回首往事堪嗟。今日春来，明朝花谢。急罚盏夜阑灯灭。

【乔木查】想秦宫汉阙，都做了蓑草牛羊野。不恁么渔樵无话说。纵荒坟横断碑，不辨龙蛇。

【庆宣和】投至狐踪与兔穴，多少豪杰。鼎足三分半腰折，知他是魏耶？知他是晋耶？

【落梅风】天教你富，莫太奢。无多时好天良夜。看钱奴硬将心似铁，空辜负锦堂风月。

【风入松】眼前红日又西斜，疾似下坡车。晓来清镜添白雪，上床与鞋履相别。莫笑鸠巢计拙，葫芦提一向装呆。

【拨不断】名利竭，是非绝。红尘不向门前惹，绿树偏宜屋角遮。青山正补墙头缺，竹篱茅舍。

【离亭宴煞】蛩吟一觉才宁贴，鸡鸣万事无休歇。争名利，何年是彻。密匝匝蚁排兵，乱纷纷蜂酿蜜。闹攘攘蝇争血。裴公绿野堂，陶令白莲社。爱秋来时那些：和露摘黄花，带霜分紫蟹，煮酒烧红叶。人生有限杯，几个登高节。嘱咐俺顽童记者：便北海探吾来，道东篱醉了也。

明清时期，虽然也涌现出了许多著名诗人、词人（比如清代大学士明珠之子纳兰性德所作《纳兰词》，成就便非常高），但从体式上说，并未创造出某种新的样式。作为明清两代代表性文学样式的，则属于更能反映广阔社会生活的新文体——小说（四大古典小说名著都出现在这一时期）。

二

中国古典诗词鉴赏

首先要说，这里所谓的古典，不仅指一个时间概念上的古代，也指这些作品蕴含典雅气质，对古代士人精神世界产生了深远影响。这里所涉及的作品，都是一些经典名篇。

经典诗词的学习，一是需要反复诵读，二是需要大量诵读，另外还需掌握一定的鉴赏方法，要能够鉴别出来哪些作品是好的，哪些作品差一些；而且要知道某些作品为什么是好的，要能够说出个一二三（此即为“鉴赏”），光有一种好或坏的感觉是远远不够的。鉴赏是一种能力，也是一种修养。

下面我们就结合一些具体作品，从风格、意境、理趣、画意诗情四个方面展开。

（一）风格

所谓风格，是指作家或艺术家在作品中表现出来的某种格调特色。形成风格，是艺术作品（包括文学作品在内）成熟的一个重要条件。风格多种多样，本身并无好坏和高下之分，所谓“夫物之不齐，物之情也”（《孟子》）。

1. 隽永与雄浑。

肥肉为隽，深长为永。隽永指的是风格甘美，蕴味无穷。

隽永在内容上强调一个“味”字，刘熙载《艺概》称：“词之妙，莫妙于以不言言之，非不言也，寄言也。”言近旨远、意味无穷的境界，便是隽永所要追求的目标。比如南唐后主李煜的《望江南》：

闲梦远，

南国正清秋。

千里江山寒色远，

芦花深处泊孤舟。

笛在月明楼。

这首词像一幅清疏淡雅的山水画，表面写江南秋色，游子秋思，境界寥廓，背后又寄寓了亡国的沉痛，遂借梦中美景聊寻欢乐，意味深长。

又如范仲淹的名作《苏慕遮》：

碧云天，黄叶地，秋色连波，波上寒烟翠。山映斜阳天接水，芳草无情，更在斜阳外。

黯乡魂，追旅思，夜夜除非，好梦留人睡。明月楼高休独倚，酒入愁肠，化作相思泪。

此篇写别恨乡愁，低回婉转，回味无穷，亦是隽永的名篇。

隽永在仪态上则注重一个“秀”字，就是我们通常讲的清新隽永。即除去韵味悠长，隽永还讲究俊爽挺秀，格调清峻。上面两首作品，皆有此特点。再如刘禹锡的“清光门外一渠水，秋色墙头数点山”“山上层层桃李花，云间烟火是人家”等，都是清新隽永的名句。

雄浑与之不同，隽永以味取胜，雄浑以气取胜。雄浑讲究气宇轩昂，气量恢宏，气度豁达，气势磅礴，气魄雄伟。比如杜甫的名作《望岳》：

岱宗夫如何？齐鲁青未了。
造化钟神秀，阴阳割昏晓。
荡胸生层云，决眦入归鸟。
会当凌绝顶，一览众山小。

此诗为杜甫年轻时写的作品，整首诗读来令人感觉横绝六合，气吞宇宙，视野纵阔，器宇非凡，为雄浑之绝唱。

2. 纤秾与冲淡。

先说纤秾。纤，指纹理细密；秾，指色泽葱郁。纤细稠秾，谓之纤秾。

纤秾往往可以诉诸视觉，在人眼前展现一个绚烂多姿、花团锦簇的世界，通常适合描写富于生机、欣欣向荣的景象。比如杜甫的《江畔独步寻花七绝句》：

黄四娘家花满蹊，千朵万朵压枝低。
留连戏蝶时时舞，自在娇莺恰恰啼。

花朵茂盛繁密，蝶莺飞舞繁忙，可谓勃勃生机。

当然，纤秾也并非都是表现欣欣向荣和生机勃勃的景象，比如张若虚横绝天下的名篇《春江花月夜》：

春江潮水连海平，海上明月共潮生。

滟滟随波千万里，何处春江无月明。

江流宛转绕芳甸，月照花林皆似霰。

空里流霜不觉飞，汀上白沙看不见。

江天一色无纤尘，皎皎空中孤月轮。

江畔何人初见月？江月何年初照人？

人生代代无穷已，江月年年只相似。

不知江月待何人，但见长江送流水。

……

此诗被闻一多先生誉为“诗中的诗，顶峰上的顶峰”（《宫体诗的自赎》），可以说是“孤篇横绝，竟为大家”。全诗以月为主体，以细腻的笔触描摹春、江、花、月、夜之景，表达出作者迷茫的愁绪。从诗之前半段看，纤秾之法，用到极致！

再说冲淡。冲和，淡泊，谓之冲淡。冲淡与纤秾不同，纤秾用的是浓彩，冲淡用的是淡墨。纤秾要求纤而不繁，秾而不腻，冲淡亦非淡而无味。纤秾与冲淡，相辅相成，各擅胜场。正如苏轼在《饮湖上初晴后雨》中所说：“水光潋滟晴方好，山色空蒙雨亦奇。欲把西湖比西子，淡妆浓抹总相宜。”

晋人陶渊明“开千古平淡之宗”（胡应麟《诗薮》），这与魏晋时期的社会环境有关。魏晋文人濯足清流，不染尘俗，不愿与封建权贵合作的精神，以及对安静美好的理想境界的憧憬，是形成冲淡诗风的一个重要原因。

陶渊明自称“五柳先生”，有着高洁的品格，“不为五斗米折腰”。他看到了当时政治腐败的局面，既无力扭转乾坤，又不愿同流合污，于是弃官归隐，躬耕于山水田园之间，过着宁静闲淡的生活。比如其名作《饮酒》：

结庐在人境，而无车马喧。
问君何能尔？心远地自偏。
采菊东篱下，悠然见南山。
山气日夕佳，飞鸟相与还。
此中有真意，欲辨已忘言。

心远地偏的淡然，悠然见山的闲适，飞鸟与还的冲和，欲辨忘言的顺遂，表现出一个淡然自足的陶渊明，他的内心之气是充盈的。整首诗的风格静穆淡远，堪称“极品”。

又如其著名的《归园田居》：

少无适俗韵，性本爱丘山。误落尘网中，一去三十年。
羁鸟恋旧林，池鱼思故渊。开荒南野际，守拙归园田。
方宅十余亩，草屋八九间。榆柳荫后檐，桃李罗堂前。
暧暧远人村，依依墟里烟。狗吠深巷中，鸡鸣桑树颠。
户庭无尘杂，虚室有余闲。久在樊笼里，复得返自然。

这首诗极其生动地表现了陶氏对官场的厌倦，对田园生活的向往与享受，表现出道家见素抱朴、自然无为的哲学倾向。从风格来讲也是平淡冲和的，他所描绘的田园生活图景令人无比神往！后世亦多有“拟陶诗”“和陶诗”（苏轼、朱熹等），便体现出历代文人对这一精神境界的追求。

当然，诗风冲淡，不意味着蕴味缺乏。苏轼曾言陶诗“癯而实腴”（《与苏辙书》），朱熹亦称“语健而意闲”（《朱子语类》），施补华《岘佣说诗》称：“凡作清淡古诗，须有沉至之语，朴实之理，以为之骨，乃可不朽。非然，则山水清音，易流于薄，且白腹人可以袭取。读陶公诗知之。”

（二）意境

对于诗词的创作与鉴赏来讲，意境是极其重要的一个方面。意境是在佛教经典基础上（境）化用出的一个概念，用以指诗词的一种表现品格。

1. 何谓意境？

按照《汉语大词典》的说法：“意境指文艺作品或自然景象中所表现出来的情调和境界。明人朱承爵《存余堂诗话》又云：‘作诗之妙，全在意境融彻，出音声之外，乃得真味。’”还有一种更细致的说法：“意境是指艺术创造，特别是诗歌创造所达到的一种能令人感受领悟、玩味无穷却又难以明确言传、具体把握的艺术境界。它是形神、情理的统一，虚实、有无的协调，既生于意外，又蕴于象内。”

可见，意境实际包含两个方面，一为情意，二为境界，情中有境，境中含情，缺一不可。王昌龄的《诗格》云：

诗有三境：一曰物境，二曰情境，三曰意境。物境一。欲为山水诗，则张泉石云峰之境极丽绝秀者，神之于心。处身于境，视境于心，莹然掌中，然后用思，了然境象，故得形似。情境二。娱乐愁怨，皆张于意而处于身，然后驰思，深得其情。

意境三。亦张之于意而思之于心，则得其真矣。

这里所谓物境、情境、意境，其实都是我们所说的意境，只不过一个偏重于景物，一个偏重于抒情，一个偏重于言志。真正的“意境”，往往是三者的统一。

2. 如何才有意境？

南朝梁代著名诗文评家刘勰《文心雕龙·物色》云：

是以诗人感物，联类不穷，流连万象之际，沉吟视听之区。写气图貌，既随物以宛转；属采附声，亦与心而徘徊。故“灼灼”状桃花之鲜，“依依”尽杨柳之貌，“杲杲”为出日之容，“瀌瀌”拟雨雪之状，“喈喈”逐黄鸟之声，“喓喓”学草虫之韵。“皎日”“嘒星”，一言穷理；“参差”“沃若”，两字连形：并以少总多，情貌无遗矣。虽复思经千载，将何易夺？

这里提到了《诗经》中的许多名句，所强调的并非仅是锤炼字句，而是展现了情与境的交融，完成了意境的塑造——

《周南·桃夭》：“桃之夭夭，灼灼其华。之子于归，宜其室家。”

《小雅·采薇》：“昔我往矣，杨柳依依。今我来思，雨雪霏霏。”

《卫风·伯兮》：“其雨其雨，杲杲出日。愿言思伯，甘心首疾。”

《小雅·角弓》：“雨雪瀌瀌，见晛曰消。莫肯下遗，式居娄骄。”

《周南·葛覃》：“黄鸟于飞，集于灌木，其鸣喈喈。”

《召南·草虫》：“喓喓草虫，趯趯阜螽。未见君子，忧心忡忡。”

如上诸诗，“灼灼”“依依”图貌，“杲杲”“瀌瀌”写气，“喈喈”“喓喓”附声。六者既“随物宛转”，又“与心徘徊”，做到了“情貌无遗”，堪称富于意境！

《诗经》中富于意境者又有二诗，一曰《秦风·蒹葭》：

蒹葭苍苍，白露为霜。所谓伊人，在水一方。溯洄从之，道阻且长。溯游从之，宛在水中央。

蒹葭萋萋，白露未晞。所谓伊人，在水之湄。溯洄从之，道阻且跻。溯游从之，宛在水中坻。

蒹葭采采，白露未已。所谓伊人，在水之涘。溯洄从之，道阻且右。溯游从之，宛在水中沚。

二曰《豳风·东山》：

我徂东山，慆慆不归。我来自东，零雨其濛。我东曰归，我心西悲。制彼裳衣，勿士行枚。蜎蜎者蠋，烝在桑野。敦彼独宿，亦在车下。

我徂东山，慆慆不归。我来自东，零雨其濛。果赢之实，亦施于宇。伊威在室，蠨蛸在户。町畽鹿场，熠耀宵行。不可畏也？伊可怀也。

我徂东山，慆慆不归。我来自东，零雨其濛。鹳鸣于垤，妇叹于室。洒扫穹窒，我征聿至。有敦瓜苦，烝在栗薪。自我不见，于今三年。

我徂东山，慆慆不归。我来自东，零雨其濛。仓庚于飞，熠耀其羽。之子于归，皇驳其马。亲结其缡，九十其仪。其新孔嘉，其旧如之何？

《蒹葭》历来为人们所喜爱，喜欢此诗营造出一种朦胧的意境。台湾著名歌手邓丽君还曾经演唱过一首歌《在水一方》，流传甚广，其词便是在《蒹葭》基础上改造而成的。至于《东山》，更被一些学者认为是《诗经》中最美的一首。清末王照圆《诗说》云：

《东山》诗何故四章俱云“零雨其濛”？盖行者思家，惟雨雪之深最难为怀。所以《东山》劳归士则言雨,《采薇》遣戍役则言雪,《出车》之劳还帅亦言雪。《七月》诗中有画，《东山》亦然。古人文字不可及处，在一真字。如《东山》诗，言情写景，亦止是真处不可及耳。

今人程俊英、蒋见元《诗经注析》云：

这首诗叙室家离合之怀诚挚深切，最足感人。通篇表现的是归途中征夫的绵绵思绪，情感的跳跃和递进构成了联系整部作品的中心线索。……这首诗绘景如画，抒情如见，悲喜怅惧，浮想联翩，错综歌唱得天衣无缝，实在是三百篇中的佳构。后世许多名句，如“近乡情更怯，不敢问来人”“遥怜小儿女，未解忆长安”“夜阑更秉烛，相对如梦寐”“晓镜但愁云鬓改，夜吟应觉月光寒”，都可以从《东山》中找到影子。王渔洋推崇它“写闺阁之致，远归之情，遂为六朝、唐人之祖”(《渔洋诗话》)，诚非虚语。

今人扬之水先生又认为：“‘诗三百’，最好是《东山》。诗不算长，也不算短，而句句都好。它如此真切细微地属于一个人，又如此博大宽厚地属于每一个人。”

可谓真善于读《诗》者。

3. 关于有我之境和无我之境。

王国维《人间词话》有对意境的经典描述：

有有我之境，有无我之境。“泪眼问花花不语，乱红飞过秋千去。”（欧阳修《蝶恋花》）“可堪孤馆闭春寒，杜鹃声里斜阳暮。”（秦观《踏莎行》）有我之境也。“采菊东篱下，悠然见南山。”（陶渊明《饮酒》）“寒波澹澹起，白鸟悠悠下。”（元好问《颍亭留别》）无我之境也。有我之境，以我观物，故物皆著我之色彩。无我之境，以物观物，故不知何者为我，何者为物。古人为词，写有我之境者为多，然未始不能写无我之境，此在豪杰之士能自树立耳。

注意，这里的“无我之境”之“以物观物”并不绝对，展现何种面目的景物，亦体现出作者的心境与感想，比如“悠然见南山”之爱菊，“寒波澹澹起”之惜别。

王国维又说：“一切景语皆情语也。”诗歌意境塑造的最高境界便是情景交融。像王勃的《送杜少府之任蜀州》（城阙辅三秦）、杜甫的《登高》（风急天高猿啸哀）等，都是情景交融的名作。

（三）理趣

唐诗和宋诗，是中国诗歌史上的两种类型，有学者曾有这样的评价：

宋代的诗歌在中国诗歌史上占有特殊的地位，它与唐诗一道，成为中国古代诗歌的两种基本类型。宋诗与唐诗最大的区别在于——唐诗重“象”，宋诗重“意”；唐诗是诗人之诗，宋诗是学者之诗。这就是说，唐诗重在描绘形象，通过形象描绘来表现情感思想。与此特点相联系，唐诗意境鲜明、情寓于象，语言简洁，表现含蓄而耐人寻味。例如李白《望庐山瀑布》：“日照香炉生紫烟，遥看瀑布挂前川。飞流直下三千尺，疑是银河落九天。”描写的是瀑布本身的形象，为人们展示了瀑布的具体情形，从中透露出对庐山瀑布的喜爱之情。宋诗则侧重于直接表现情感、思想，“象”的描绘是次要的。因此，宋诗往往多议论，语言也不像唐诗那样简洁凝炼，表现也不太含蓄。例如苏轼《题西林壁》：“横看成岭侧成峰，远近高低各不同。不识庐山真面目，只缘身在此山中。”庐山的具体面目没有描绘出来，侧重表现由看山引发出来的哲理性思考，发人深省。唐诗基本上能做到用诗人自己自然平易的语言来表达，宋诗则往往用典故和前人的话来表现，因而宋代的诗人首先是学者。宋诗因为与唐诗不同，所以长期以来一直遭受批评。其实，言理、言情无关紧要，关键是能将诗写好。认定唐诗才是好诗的观点是十分狭隘的。春兰秋菊，各一时之秀。以唐诗为正宗，或以宋诗为正宗，都有碍于对中国古代诗歌的认识。

这里提到了宋诗的议论、说理的特点，便与理趣相关。理趣一词确由宋人首先提出，而且宋诗确实有重理的特点，这与宋代理学兴盛以及受韩愈“以文为诗”的影响有关。宋人包恢在《答曾子华论诗》中说：“古人于诗不苟作，不多作。而或一诗之出，必极天下之至精，状理则理趣浑然，状事则事情昭然，状物则物态宛然。”（《敝帚稿略》卷二）

不过这里所说的理趣，与纯粹说理为诗不同。即便说理，也要有趣，要有诗的味道。比如朱熹的《观书有感》：“半亩方塘一鉴开，天光云影共徘徊。问渠那得清如许，为有源头活水来。”虽亦说理，却富意趣！

南宋严羽《沧浪诗话·诗辨》云：“诗有别趣，非关理也。”其实并非否定“理”，而是强调不能仅仅是“理”，而必须要有“趣”。比如清人沈德潜在《说诗晬语》中曾比较杜甫的诗与理学家邵雍的诗：

杜诗：“江山如有待，花柳自无私。”（《后游》）“水深鱼极乐，林茂鸟知归。”（《秋野》）“水流心不竞，云在意俱迟。”（《江亭》）俱入理趣。邵子则云：“一阳初动处，万物未生时。”（《冬至吟》）以理语成诗矣。

由此可见唐诗与宋诗的区别，以及诗与理的区别。

我个人比较喜欢宋代著名理学家程颢的诗，感觉是有理趣的，是清新的，是冲淡的，是富有意境的。比如《千家诗》的第一首诗便是他的七绝《春日偶成》：

云淡风轻近午天，傍花随柳过前川。
时人不识余心乐，将谓偷闲学少年。

这首诗作于1058—1062年间，程颢任陕西鄠县（户县）主簿（掌管文书）时。诗人以清丽的语言描绘出春光融融的景象，通过自己的游赏之乐被“时人”误解，用反衬的手法抒写了诗人的闲适自得之乐，表达了理学家对平淡自然境界的追求。

又如收录到《千家诗》中的另外一首七律《秋日偶成》：

闲来无事不从容，睡觉东窗日已红，

万物静观皆自得，四时佳兴与人同。

道通天地有形外，思入风云变态中。

富贵不淫贫贱乐，男儿到此是豪雄。

这首诗则描绘出诗人作为一位理学大师潜心治学的闲适生活，以及体验到世间真知的快乐，富于浓厚的生活气息，毫无我们想象中的理学家的头巾气。诗中虽然嵌入理学术语，却丝毫不觉得生硬。

另外，唐代由于佛教的兴盛，特别是禅宗思想的广泛流行，使不少诗人常在自己的作品中表现禅理。以禅理入诗特别讲究体现禅趣，而切忌堆砌禅语。清人沈德潜在《虞山释律然息影斋诗钞序》一文中说：

诗贵有禅理禅趣，不贵有禅语。王右丞（维）诗："行到水穷处，坐看云起时""松风吹解带，山月照弹琴"；韦苏州（应物）诗："经声在深竹，高斋独掩扉""水性自云静，石中本无声。如何两相激，雷转空山惊"；柳仪曹（宗元）诗："寒月上东岭，泠泠疏竹根""山花落幽户，中有忘机客"，皆能悟入上乘。

他所举的王维、韦应物、柳宗元等的诗例，都体现了一种禅宗的空寂之旨，但又都寓于生动的山水田园风光之中，既有禅宗哲理，又有优美形象，是两者的融合统一。而有的作品纯用禅语，如王维《夏日过青龙寺谒操禅师》有句云："欲问义心义，遥知空病空。山河天眼里，世界法身中"，与上述诗作意味便不相同。

唐代自"安史之乱"以后，提倡儒学的思潮逐渐有所发展。杜甫在其诗中常以儒家义理入诗，如其名作《自京赴奉先县咏怀五百字》：

非无江海志，潇洒送日月。生逢尧舜君，不忍便永诀。

当今廊庙具，构厦岂云缺。葵藿倾太阳，物性固难夺。……

彤庭所分帛，本自寒女出。鞭挞其夫家，聚敛贡城阙。

圣人筐篚恩，实欲邦国活。臣如忽至理，君岂弃此物？

到中唐，随着韩愈等提倡“文以载道”，诗歌更有所发展。所有这一切，显然对宋诗中理趣特色的形成和发展有着深刻的影响。

（四）画意诗情

苏轼在《东坡题跋·书摩诘蓝田烟雨图》中曾有一段名言：“味摩诘之诗，诗中有画；观摩诘之画，画中有诗。”这一方面是对王维诗与画的评价，同时也引发了一个诗画相通的理论问题——我们往往可以从画卷中听出诗人的吟声，也往往可以从诗篇中看到画家的笔法。在中国古典诗词中，常常蕴含着一些绘画技法。画意与诗情，在一件作品中可以融贯相通。这里主要介绍两种，一是透视，一是设色。

1. 透视。透视是美术中一种很重要的技法，当然中国画传统的透视原则与透视方法与西方不同。西方采用的是焦点透视，中国采用的则是散点透视，或者叫多点透视，这从一些山水画名作中（比如元人黄公望的《富春山居图》）可见一斑。古代不少诗人在创作时，会自觉不自觉地运用到一些透视方法，而使诗情得以更好地展现。比如杜甫的名篇《绝句》：

两个黄鹂鸣翠柳，一行白鹭上青天。

窗含西岭千秋雪，门泊东吴万里船。

这首《绝句》是诗人住在成都浣花溪草堂时写的，描写了草堂周围明媚秀丽的春天景色。诗中使用了大量表示颜色的形容词，如“黄”“翠”“白”“青”等，使画面色彩绚丽鲜明，更显示出春天景色的明朗秀丽。通过诗中生机勃勃的春景描写，我们不难体会到诗人隐藏在字里行间的那种欢快喜悦之情。

全诗对仗工整，描摹细致，同时也富有极强的画面感。但这首诗到底好在哪里？尤其是“门泊东吴万里船”一句，到底体现出怎样的意趣？这就需要我们对之进行赏析，要说出其中的缘由。著名学者周振甫先生在《诗词例话》中曾对这首诗有过赏析，他说：

黄鹂在翠柳上鸣，白鸳飞上青天。从窗里看到西山上的雪，门口停着去东吴的船。黄鹂近景，白鹭远景，千秋雪远景，万里船近景。上联黄、翠、白、青，用了四种颜色，色彩鲜明。这样，就景物的远近和各种色彩构成画面。千秋雪显得时间永恒，万里船显得空间广阔，含义深远，那就不是画所能画出的了。

今人李思敬先生在《画意与诗情》一文中，曾对这一问题作过如下解析，他认为：

读了这段分析，仍然体会不出“门口停着去东吴的船”怎样会“显得空间广阔，含义深远”“不是画所能画出的”。关键问题是怎样解释“门泊东吴万里船”这句诗。老杜是不是在写他门口真的泊着一艘去东吴的船这样一个近景呢？恐怕不是，还应该是写远景，而且比“窗含西岭千秋雪”更远……

诗中的画境是前后相衔接的，即使是跳动的镜头也总有内在的联系，断不会“近——远——远——近”这样跳来跳去，所以我们理解第四句要从第三句入手。第三句说的是从窗里看到西山上的雪，但杜甫没有用“临”“迎”“邻”等字样，而用了一个“含”字。偌大的一座山竟然可以“含”在窗内，这是用什么眼光观察到的？是一种透视的眼光。这“窗”，犹如油画的框，而“西岭千秋雪”则是框中的画。这就是第三句的情趣所在，画境所在。“千秋雪”无非是说山很高，高得积雪终年不化，高到雪线以上。这么高的山而可以像一幅油画一样嵌在（含在）小小的窗中，可见“西山”之远——不远则“含”不进。越远越小，才可以“含”入窗内。所以说这句诗是运用绘画中的透视原理写成的。

现在再看第四句就很好理解了。诗人欣赏过以窗为框的西山雪景之后，再把眼光投向窗外，又发现了奇观：透过院门口，又看到辽远的水面上漂着东去的航船。这又是一层画境。那船因为太远了，所以觉不出它在动，只像停泊在那里一样。泊在哪里呢？就泊在杜宅院门的门框中间，这又是一个合乎透视学原理的描绘。杜甫这首诗所写的景，并不是“近——远——远——近”，而是“近——远——更远——极远”。

也就是说，以这种透视画法入诗，使诗情竟然得以更充分地展现，这是画意与诗情的密切关联。

2. 设色。中国画特别讲究设色，设色技法也有多种，比如水墨、青绿、金碧、没骨、浅绛、淡彩等。技法不同，与所要展示的意境之要求有关。古人作诗，亦讲求设色，这属于以画法入诗。

有的设色属于浓彩，诗作便有浓艳的风格。比如白居易的词作《忆江南》：

江南好，

风景旧曾谙。

日出江花红胜火，

春来江水绿如蓝，

能不忆江南?

诗人以极其强烈的红蓝色彩，将春日江景描绘得明艳如画，使作品极其富有感染力!

有的设色则显得清淡，是另外一种风格的美。比如韩愈的《早春呈水部张十八员外》:

天街小雨润如酥，草色遥看近却无。

最是一年春好处，绝胜烟柳满皇都。

韩愈此诗写早春之景，对色彩的设置是极其巧妙的。你可以说他施以淡色，甚至可以说他未曾设色，但却是极其真实的，符合生活经验，更生动巧妙地描摹出春草将萌未萌、新芽欲吐未吐的早春画卷，可谓以淡色或不设色而见真色的高手!

水墨画，可以说是不设色，但也可以说是设色，因为它本身确乎也是一种特别的颜色。画家或诗人，单靠黑白之浓淡、轻重、枯湿等技法，亦可展示出别有蕴味的意境。比如元人黄公望的《富春山居图》，比如近人齐白石的水墨芋叶等。就诗词而言，比如清人郑板桥的题画诗“请看十月清霜后，一种苍苍笼碧烟”，比如王维的“白云回望合，青霭入看无”，比如王维的“江流天地外，山色有无中”等，都是画意与诗情俱妙的典范。

从鉴赏的角度讲，还有其他一些值得注意的方面。比如诗词创作特别讲究炼字炼意，有的善用数量词，如北朝庾信的“一寸二寸之鱼，三竿两竿之竹”；唐朝李商隐的“锦瑟无端五十弦，一弦一柱思华年”；有的善用动词，如宋朝张先的“云破月来花弄影”；有的善用形容词，如宋朝宋祁的“红杏枝头春意闹”等，都因一字而境界全出，流芳千古！

当然就诗词创作而言，还有另外两句话，分别叫做“诗穷而后工”“工夫在诗外”，好的作品并非只是掌握了写作技法就可以创作出的，最重要的还是读书、修身以及“阅尽人间春色”的丰富人生阅历！

三

东瀛诗作与中国文化之影响

2017年寒假，我曾应邀到日本东京大学访问。访日期间，我在位于东京秋叶原的古旧书店“文行堂”淘得日本画家、汉诗人冈文涛（1867—1943）的十封书信，内容皆为与友人牧野信（牧野南山）之间关于诗作的通信。冈文涛写好诗作后，请牧野信指正，牧野信在其诗作上有修改，由此可以推测出日本人所受到的中国文化的影响。

比如其中一首云：

我学南宗心自闲，笔端驰处在仙寰。

利名毕竟非吾愿，任他俗辈笑痴顽。

这里的“南宗”当指禅宗，以六祖慧能为代表，讲顿悟；“北宗”当指五祖神秀，讲渐悟。唐代以来，日本文化受佛教影响极大，至于近现代依然不衰。

再如冈文涛写的一组题画诗，春、夏、秋、冬四季，对应有四首诗，其中“秋季题画诗”为：

黄云亘野晚风清，秋色横江绿水平。

郊外疏林连绝岳，瀑声滔滔弄银筝。

绝无村人临桥上，林鸟飞来何所争。

归牛已去斜日落，吟筇移来老儒生。

一者，其诗写得清新自然，颇有冲淡气质，略得陶诗之精神，实属不易。二者，从这两首诗，又可以见出冈文涛所受到的禅宗与儒学的深刻影响。这应当可以从一个侧面推考出日本诸多诗人甚至整个知识阶层的思想来源。由此可见，诗词也常常具有重要而特别的学术研究价值。

向外扩展一点，今日之国人，因为文化环境改变的原因，在古典诗词鉴赏及写作方面，修养相对较为欠缺。“他山之石，可以攻玉”，吾辈也应当从日本友人作诗互答的行为中得以启迪，努力加强古典文化修养，真正使中华优秀传统文化能够在今日得以继承与弘扬！

名作推荐

1. 龙榆生：《唐宋词格律》

（上海：上海古籍出版社，2010年版）

本书是著名词学大家龙榆生先生的遗著，专讲唐宋词体制格律。全书收录词牌百余调，其中大多数为唐宋词中所常见。每一词牌皆说明其产生来历及演变情况，间或指出适宜表达何种情感及其中某些特定的句法和字声。每一词牌附有定格、变格等词格，标明句读、平仄和韵位。每一词格又附有一首至数首唐宋词人的名作，供参考比较。本书既可以帮助读者全面了解唐宋词的体制格律，又可以作为唐宋词的选本使用。

2. 萧涤非等：《唐诗鉴赏辞典》

（上海：上海辞书出版社，2013年版）

《唐诗鉴赏辞典》是上海辞书出版社文学鉴赏辞典系列的第一部，选收唐诗名篇1105篇，由萧涤非、程千帆、马茂元、周汝昌、周振甫、霍松林等古典文学专家撰写赏析文章。所收唐诗作品量大面广，各种风格流派的诗篇兼收并蓄，较全面地展现了唐诗绚丽多彩的艺术风姿。鉴赏文字的撰稿人，皆为古典文学研究领域的名家，权威性强。本书是唐诗鉴赏方面的必读书。

3. 杨逢彬：《论语新注新译》

（北京：北京大学出版社，2016年版）

该书运用现代语言学的方法，考证了《论语》中一百六十多例见仁见智的疑难词句；得出了持之有故的看法，如认为“贤贤易色”句式同“贵货易土”，为两个谓宾结构组成的联合结构。这一意义的“易”也可用意义较为抽象的名词作宾语：“人之易其言也，无责耳矣。”（《孟子·离娄上》）解“易色”为轻视色；“贤贤易色”，即“尊贤轻色”。颇具启发性。

4. 丁纪:《论语读诠》

（四川：巴蜀出版社，2005年版）

作者认为《论语》是一部道理书。其所说道理，非一种特殊的道理，而是具有普遍性的道理。其中所说的道理，又非托之空言，而是落于实事实情。在对于《论语》的这一根本认识基础上，作者以朱子《论语集注》为楷模，以读者为自我身份期许，逐篇逐章、逐句逐字地对《论语》进行品读。作者通过《论语》阐述儒家哲学的根本，随时印证，随时揭明，并强调它的信仰意义，是另一种当代新儒家的解读。

5. 黄寿祺、张善文:《周易译注》

（上海：上海古籍出版社，2007年版）

在《周易》入门级的书籍中，黄寿祺和张善文两位先生合作译注的《周易》无疑是上乘佳作。黄、张两位先生是当今易学界公认的易学大家，由两位先生合作来注释和翻译《周易》经传，这足以保证此书和市场上某些仅追求经济利益的《周易》出版物绝不相同，具有令人放心的专业性。而另一方面，此书的宗旨是努力帮助一般读者比较容易地读懂《周易》，因此又具有很好的通俗性和可读性。从结构上说，此书主要包括原文、注释、译文、说明和总论，此外还有前言和附录，总共七个部分，内容甚是繁富。“译文”部分以现代汉语写就，甚是切合《周易》原著原义，语言精确而流畅。“注释”部分重在分析《周易》经传中较为疑难的字音、词义和文理，此部分捃摭了不少前贤旧说，并择善而从，力求避免穿凿附会，摒弃门户之见。“说明”部分，旨在补充“译文”和“注释”之所未及，随文附叙，详略不拘。“总论”部分，有概说六十四卦大义者凡六十四篇，分附各卦之末；另有简论《系辞传》《说卦传》《序卦传》和《杂卦传》诸文者凡五篇，则分附各传之后。“前言”部分，则对我们研读《周易》过程中面临的一系列不容回避的重要问题，如《周易》的创作过程、时代背景、命名之义、经传要旨，以及历代易学的源流派别、今天应当采取的研读方法等，都进行了专业性的介绍和回答，为读《易》、研《易》者提供了一个可靠途径。“附录”部分，包括“读易要例”和“主要引用书目”，前者简要介绍了一些较为重要的易学条例，供读者阅读时参考用；后者则为读者进一步查找和阅读相关专业书籍提供了一个要目。可以说，此书兼具专业性和通俗性，既适合专业人士的研读，也足以满足爱好《周易》的一般读者的求知需求。

6. 赵昌平：《唐诗三百首全解》

（上海：复旦大学出版社，2017年版）

赵昌平先生是著名唐诗研究专家及出版人，他所作的《唐诗三百首全解》，综合前人与今人注本的各种长处，为读者提供了一部比较切合时用的，知识性、资料性、鉴赏性相结合的读本。流行的说法“读诗只须凭感觉印象，不必详究”，是赵昌平先生反对的，他认为，如一味谈感觉和印象而无视“积学”，其效果当可想而知。这个详解本的目的就在于，为学诗初阶的《唐诗三百首》“加上一道比较牢靠的扶手”，使之能更好地发挥入门阶梯的作用。

7. 马茂元：《唐诗选》

（上海：上海古籍出版社，2017年版）

马茂元是清季桐城派殿军马其昶之孙，幼承庭训，熟读历代诗文，于唐诗研究卓有建树。唐诗研究专家陈尚君推荐此书说：“尤倡导在背诵、吟读基础上，体会唐诗的文辞之美、音节之美和意境之美，注意文史互取，知人论世，揭橥名篇，解读英华，详尽注释，准确阐释。”该书吸收了唐诗研究的前沿成就，注释准确充分，既避免掉书袋式的堆砌，又注意适合中等文化程度读者阅读之需要。

8. 刘学锴：《唐诗选注评鉴》

（郑州：中州古籍出版社，2013年版）

刘学锴，早年就读、执教于北京大学中文系。此书为刘学锴75岁后所著。唐诗研究专家陈尚君推荐此书说："可以说是长期坚持细读文本、寻绎诗意，晚年集中解说唐诗的总结性著作。"全书选诗650首，从选诗的数量和质量上，较充分地体现唐诗的艺术成就；从整理的方式上，为广大读者提供较为翔实的注释和丰富的资料，并为读者的鉴赏提供一些比较切实的参考。每部分都分选诗、校注、笺评、鉴赏四个部分。鉴赏部分非常精彩。

9. 钱穆：《中国思想通俗讲话》

（三联书店出版社，2010年版）

这本小书是在国学大师钱穆先生在1955年的四次讲演基础上增订随笔札记而成，主要讲解一些我们日常用语中习焉不察的词汇背后的思想含义，由此去体会中国文化思想的特质。这些平常词汇如：道理、性命、德行、气运、自然、自由、心血、味道、平安……在钱先生的娓娓讲解里，原来都蕴含深刻的中国智慧。如先生在前言里所揭示的，研寻中国传统思想一定要治史（考诸三王）、博求之社会礼俗、群众风习（征诸庶民），更要躬行体验、切问近思（本诸身），故此他用心揣摩中国社会人人习用的流行普遍观念名词，深入浅出，做到语言通俗易懂，又启人深思。比如他在解释中国人最喜欢讲的“道理”这个词，就指出东汉以前注重讲道，之后慢慢重谈理。道是创生变动的、完成一切的，类似西方的宗教精神；理是现在不变、规定一切的，类似近代的科学精神。但中国人抱有一种“道理合一相成”的宇宙观，西方那种宗教与科学的冲突在中国思想里融会调和了。大体说来，中国人重道甚于重理，因此肯定了人的创造精神，启发人去开辟出新道，不完全受现代科学理性所主宰。像这样以小见大的睿识，书中俯拾皆是，在当前面临人工智能挑战的科技时代，读起来尤感警切。

10. 朱熹：《四书章句集注·论语集注》

（北京：中华书局，1983年版）

朱熹是南宋著名的理学家，注解了《论语》《大学》《中庸》《孟子》，并将四书合并出版，正式确立了“四书”体系。《论语集注》是“四书”体系的一个组成部分，属于宋明理学的典范之作。朱熹对《论语》下了很大工夫，早年曾编撰过《论语集解》，其后将精华部分编为《论语要义》，此后又集中精力进行了修改，以《论语集注》之名出版。对于朱熹来说，《论语》集中体现了圣人道德修养的精要，因而他的注解着力于阐发孔子及孔门弟子言行的用意和用心。他在字词的使用方面也颇为考究，没有艰深之语，旨在为一般读书人提供简明而深入的道德修养门径。读他的注解，不仅可以了解宋明理学的思想，而且有助于提升个人的道德修养。同时，由于元代之后朱熹注解的"四书"被钦定为科举教材，对传统读书人产生了深远的影响。读他的注解，也可以把握传统读书人的心灵世界。